HANS-HERMANN DEHMEL

Übertragener Wirkungskreis, Auftragsangelegenheiten und Pflichtaufgaben nach Weisung

Schriften zum Öffentlichen Recht

Band 113

Übertragener Wirkungskreis Auftragsangelegenheiten und Pflichtaufgaben nach Weisung

Die Durchführung staatlicher Aufgaben durch
die Gemeinden — Grundlagen und Wandlungen

Von

Dr. Hans-Hermann Dehmel

DUNCKER & HUMBLOT / BERLIN

Alle Rechte vorbehalten
© 1970 Duncker & Humblot, Berlin 41
Gedruckt 1970 bei Alb. Sayffaerth, Berlin 61
Printed in Germany

Vorwort

Wilhelm Loschelder, einer der besten Kenner des deutschen Gemeinderechts, stellte in der Einführung zu seiner 1953 erstmals erschienenen Sammlung „Die Gemeindeordnungen in den westdeutschen Ländern" fest, daß die 1947 im Weinheimer Entwurf einer Gemeindeordnung unterbreiteten Vorschläge für die Neuordnung des gemeindlichen Aufgabensystems „im ersten Zeitraum ihrer Erörterung in ihrer Tragweite offenbar nicht überall recht erkannt worden sind". 15 Jahre nach Abgabe dieser Äußerung erschien es lohnend und reizvoll, die in der Zwischenzeit zu diesen Vorschlägen und ihrer gesetzlichen Verwirklichung geäußerten Auffassungen daraufhin zu untersuchen, ob eine solche Feststellung noch aufrechterhalten werden kann.

Die Arbeit lag im Wintersemester 1968/69 der Rechts- und Wirtschaftswissenschaftlichen Fakultät der Universität Tübingen als Dissertation vor. Sie wurde nur geringfügig überarbeitet.

Meinem verehrten Lehrer, Herrn Professor Dr. *Otto Bachof,* bin ich für die Anregung zu dieser Arbeit und die mir zuteil gewordene Förderung zu größtem Dank verpflichtet.

Herrn Ministerialrat a. D. Dr. *Johannes Broermann* danke ich für die Aufnahme der Arbeit in die Reihe „Schriften zum Öffentlichen Recht".

Reutlingen, den 15. Juni 1969

Hans-Hermann Dehmel

Inhaltsverzeichnis

Einleitung 15

Erster Teil: Grundlagen

Erstes Kapitel

Geschichtlicher Überblick über das Verhältnis von Staat und Gemeinde im Mittelalter und Absolutismus

I. Das Mittelalter 19
II. Der Absolutismus 21
III. Die Folgen für Staat und Stadt 23

Zweites Kapitel

Vorläufer der Wirkungskreislehre

I. Einführung 25
II. Vorläufer im französischen Recht 26
    1. Die Reformpläne bis 1789 26
    2. Die Gesetzgebung der Constituante 29
III. Vorläufer im preußischen Recht 32
    1. Die Städteordnung von 1808 32
    2. Ideengeschichtliche Zusammenhänge 35

Drittes Kapitel

Das dualistische Aufgabensystem der Gemeinde

1. Abschnitt: Die Begriffe

I. Eigener und übertragener Wirkungskreis 37
    1. Entstehung der Begriffe 37
    2. Ursprüngliche Bedeutung 38
        a) Der natürliche Wirkungskreis 38
        b) Der übertragene Wirkungskreis 42

	3. Heutige Bedeutung	43
	a) Der herrschende Staatsbegriff	43
	b) Auswirkungen auf die Wirkungskreislehre	46
II.	Selbstverwaltung und Auftragsverwaltung	51
	1. Entstehung der Begriffe	51
	2. Ihre Bedeutung	51
	a) Der Begriff der Selbstverwaltung	51
	aa) Der politische Selbstverwaltungsbegriff	51
	bb) Der juristische Selbstverwaltungsbegriff	53
	cc) Selbstverwaltung und Autonomie	54
	b) Der Begriff der Auftragsverwaltung	55
	aa) Die herkömmliche Bedeutung	55
	bb) Die Organleihe	56
	3. Der Begriff der mittelbaren Staatsverwaltung	59

2. Abschnitt: Die Rechtsstellung der Gemeinde bei der Wahrnehmung staatlicher Aufgaben

I.	Das Prinzip	65
	1. Inhalt	65
	2. Herkunft	67
	a) Gründe für die Entstehung	67
	b) Die Rechtsstellung der Gemeinde im Verfassungssystem der konstitutionellen Monarchie	68
	3. Kritik	72
	4. Andere Fälle von Auftragsverwaltung	73
	a) im Verhältnis zwischen Bund und Ländern	73
	b) im Verhältnis zwischen Staat und sonstigen öffentlich-rechtlichen Verbänden	75
II.	Gemeindliche Auftragsverwaltung im „Auftrag"	76
	1. der Länder	76
	2. des Bundes	77

Viertes Kapitel (Exkurs)
Grundzüge des gemeindlichen Aufgabensystems in den Rechten benachbarter Staaten

I.	Frankreich	80
II.	England	81
III.	Schweiz	81

Zweiter Teil: Wandlungen

Erstes Kapitel

Der Weinheimer Entwurf

I. Entstehung	83
II. Die dem Weinheimer Entwurf folgenden Gemeindeordnungen	85

Zweites Kapitel

Die Auffassungen von Praxis und Wissenschaft zum Aufgabensystem des Weinheimer Entwurfs

I. Freiwillige Aufgaben und (weisungsfreie) Pflichtaufgaben	87
II. Weisungsaufgaben	88
1. Die Gesetzesmaterialien	88
2. Lehre und Rechtsprechung	90
a) Identität von Weisungsaufgaben und Auftragsangelegenheiten	90
b) Identität von Weisungsaufgaben und Selbstverwaltungsangelegenheiten, Mittelmeinungen	94

Drittes Kapitel

Eigener Lösungsversuch

I. Textinterpretation	103
II. Das neue Aufgabensystem der Gemeinde	106
1. Ableitung des monistischen Aufgabensystems aus dem Grundsatz der Allseitigkeit	106
a) Der Grundsatz der Allseitigkeit	106
aa) Die herkömmliche Auffassung	106
bb) Die moderne Auffassung	108
b) Folgerungen	110
c) Gründe für die Ausdehnung des gemeindlichen Wirkungskreises	111
2. Die Beschränkung des gemeindlichen Wirkungskreises (Der gesetzliche Vorbehalt)	113
a) Weisungsaufgaben	113
b) Auftragsangelegenheiten	116
3. Weisungsaufgaben und Selbstverwaltung	117
4. Bund und Gemeinde	121

Viertes Kapitel

Folgerungen für die Weisungsaufgaben

I. Die Beschränkung des Weisungsrechts 125
II. Die Stellung der Gemeindevertretung 127
III. Weisungsaufgaben und Widerspruchsverfahren 128
    1. Die Zuständigkeit der Aufsichtsbehörden zum Erlaß des Widerspruchsbescheides 128
    2. Der Umfang der Prüfungsbefugnis der Widerspruchsbehörde .. 130
IV. Der Rechtsschutz der Gemeinde 131
    1. Der Rechtsschutz in Selbstverwaltungsangelegenheiten 131
    2. Der Rechtsschutz in Auftragsangelegenheiten 132
        a) Grundsatz 132
        b) Neuere Auffassungen 133
    3. Der Rechtsschutz in Weisungsangelegenheiten 142
        a) Auffassungen in Lehre und Rechtsprechung 142
            aa) Grundsätzliche Ablehnung 142
            bb) Grundsätzliche Bejahung 143
        b) Kritik und eigene Auffassung 146

Literaturverzeichnis 153

Abkürzungsverzeichnis

a.a.O.	am (zuletzt) angegebenen Ort
Abl.	Amtsblatt
Abs.	Absatz
ALR	Allgemeines Landrecht für die preußischen Staaten vom 5. 2. 1794
a. M.	andere Meinung
Anm.	Anmerkung
AöR	Archiv des öffentlichen Rechts
AS	Amtliche Sammlung
BaWüVerwBl.	Baden-Württembergisches Verwaltungsblatt
BayVBl.	Bayrische Verwaltungsblätter
Bd.	Band
BGBl. I	Bundesgesetzblatt Teil I
BGH	Bundesgerichtshof
BGHZ	Entscheidungen des Bundesgerichtshofes in Zivilsachen
BK, Bonner Kommentar	Kommentar zum Bonner Grundgesetz, von Abraham u. a., Hamburg 1950 ff.
bspw.	beispielsweise
BVerfGE	Entscheidungen des Bundesverfassungsgerichts
BVerwGE	Entscheidungen des Bundesverwaltungsgerichts
DGO	Deutsche Gemeindeordnung vom 30. 1. 1935 (RGBl. I S. 49)
Die Grundrechte	Die Grundrechte, Handbuch der Theorie und Praxis der Grundrechte, herausgegeben von Neumann—Nipperdey—Scheuner; später von Bettermann—Nipperdey—Scheuner, Berlin
Diss.	Dissertation
DJZ	Deutsche Juristenzeitung
DÖV	Die Öffentliche Verwaltung
DV	Deutsche Verwaltung
DVBl.	Deutsches Verwaltungsblatt
FN	Fußnote
GBl.	Gesetzblatt
GesBl.	Gesetzblatt
GG	Grundgesetz für die Bundesrepublik Deutschland vom 23. 5. 1949 (BGBl. S. 1)
GO BaWü	Gemeindeordnung für Baden-Württemberg vom 25. 7. 1955 (GBl. S. 129) in der Fassung des Gesetzes vom 20. 12. 1966 (GBl. S. 259)
GO Bay	Gemeindeordnung für den Freistaat Bayern vom 25. 1. 1952 (GVBl. S. 19) in der Fassung des Gesetzes vom 16. 6. 1964 (GVBl. S. 113)

GO Hs	Hessische Gemeindeordnung vom 25. 2. 1952 (GVBl. I S. 11) in der Fassung der Bekanntmachung vom 1. 7. 1960 (GVBl. I S. 103) und des Gesetzes vom 17. 12. 1964 (GVBl. I S. 209)
GO NRW	Gemeindeordnung für das Land Nordrhein-Westfalen vom 28. 10. 1952 (GVBl. S. 283) in der Fassung des Gesetzes vom 25. 2. 1964 (GVBl. S. 45)
GO Ns	Niedersächsische Gemeindeordnung vom 4. 3. 1955 (GVBl. S. 55) in der Fassung des Gesetzes vom 18. 4. 1963 (GVBl. S. 255)
GO RhPf	Selbstverwaltungsgesetz für Rheinland-Pfalz vom 27. 9. 1948 (GVBl. S. 335) in der Neufassung vom 25. 9. 1964 (GVBl. S. 145)
GO Saarl	Saarländisches Gesetz Nr. 788 über die Selbstverwaltung der Gemeinden, Ämter und Landkreise (Kommunalselbstverwaltungsgesetz) vom 15. 1. 1964 (ABl. S. 123)
GO Schl-H	Gemeindeordnung für Schleswig-Holstein vom 24. 1. 1950 (GVOBl. S. 25) in der Fassung vom 21. 4. 1964 (GVOBl. S. 39)
GS.	Preußische Gesetzessammlung
GVBl.	Gesetz- und Verordnungsblatt
GVOBl.	Gesetz- und Verordnungsblatt
HDStR	Handbuch des Deutschen Staatsrechts, 2 Bände, Tübingen, 1930/1932
Hirth's Annalen	Annalen des Deutschen Reichs für Gesetzgebung, Verwaltung und Statistik, herausgegeben vom G. Hirth und M. Seydel
HKWPr.	Handbuch der kommunalen Wissenschaft und Praxis, herausgegeben von Hans Peters, Berlin—Göttingen—Heidelberg 1956—1959 Erster Band: Kommunalverfassung Zweiter Band: Kommunale Verwaltung Dritter Band: Kommunale Finanzen und kommunale Wirtschaft
i. d. F.	in der Fassung
i. e.	im einzelnen
JZ	Juristenzeitung
LaVerf BaWü	Verfassung des Landes Baden-Württemberg vom 11. 11. 1953 (GBl. S. 173) in der Fassung des Gesetzes vom 8. 2. 1967 (GBl. S. 7)
LaVerf Bay	Verfassung des Freistaates Bayern vom 2. 12. 1946 (GVBl. S. 333)
LaVerf Hs	Verfassung des Landes Hessen vom 1. 12. 1946 (GVBl. S. 229)
LaVerf NRW	Verfassung für das Land Nordrhein-Westfalen vom 28. 6. 1950 (GVBl. S. 127)
LaVerf Ns	Vorläufige Niedersächsische Verfassung vom 13. 4. 1951 (GVBl. S. 103) in der Fassung vom 7. 7. 1960 (GVBl. S. 137)
LaVerf RhPf	Verfassung für Rheinland-Pfalz vom 18. 5. 1947 (GVBl. S. 209) in der Fassung vom 7. 12. 1960 (GVBl. S. 269)
LaVerf Saarl	Verfassung des Saarlandes vom 15. 12. 1947 (Abl. S. 1077) in der Fassung vom 29. 9. 1960 (Abl. S. 759)
LaVerf Schl-H	Landessatzung für Schleswig-Holstein vom 13. 12. 1949 (GVOBl. 1950, S. 3) in der Fassung vom 11. 3. 1958 (GVOBl. S. 178)

LKO	Landkreisordnung
LOG NRW	(Nordrhein-westfälisches) Landesorganisationsgesetz vom 10. 7. 1962 (GVBl. S. 421)
Loschelder-Salzwedel	Verfassungs- und Verwaltungsrecht des Landes Nordrhein-Westfalen, herausgegeben von Wilhelm Loschelder und Jürgen Salzwedel, Köln und Berlin 1964
MRVO	Militärregierungsverordnung
m. w. N.	mit weiteren Nachweisen
N. F.	Neue Folge
NJW	Neue Juristische Wochenschrift
OBG NRW	(Nordrhein-westfälisches) Ordnungsbehördengesetz vom 16. 10. 1956 (GVBl. S. 289)
OVG	Oberverwaltungsgericht
OVGE	Entscheidungen der Oberverwaltungsgerichte für das Land Nordrhein-Westfalen in Münster sowie für die Länder Niedersachsen und Schleswig-Holstein in Lüneburg
PrOVG	Preußisches Oberverwaltungsgericht
PrOVGE	Entscheidungen des Preußischen Oberverwaltungsgerichts
PreußVerwBl.	Preußisches Verwaltungsblatt
RdNr.	Randnummer
RegBl.	Regierungsblatt
revDGO	revidierte Deutsche Gemeindeordnung vom 1. 4. 1946 (Abl. der Britischen Militärregierung Nr. 127)
RGBl. I	Reichsgesetzblatt Teil I
RGZ	Entscheidungen des Reichsgerichts in Zivilsachen
Rspr.	Rechtsprechung
RV 1871	Verfassung des Deutschen Reichs vom 16. 4. 1871 (RGBl. S. 64)
s.	siehe
S.	Seite, Satz
StGHG	(Baden-Württembergisches) Gesetz über den Staatsgerichtshof vom 13. 12. 1954 (GBl. S. 171)
StO	Städteordnung
StuKV	Staats- und Kommunalverwaltung, Zeitschrift seit 1955
VerfGH	Verfassungsgerichtshof
VerwArch	Verwaltungsarchiv
VG	Verwaltungsgericht
VGH	Verwaltungsgerichtshof
VRspr.	Verwaltungsrechtsprechung in Deutschland Sammlung oberstrichterlicher Entscheidungen aus dem Verfassungs- und Verwaltungsrecht
VVDStL	Veröffentlichungen der Vereinigung der Deutschen Staatsrechtslehrer, Berlin
VwGO	Verwaltungsgerichtsordnung vom 21. 1. 1960 (BGBl. I S. 17)
WBStVwR	Wörterbuch des Deutschen Staats- und Verwaltungsrechts, begründet von Karl Frh. von Stengel, 3 Bände, 2. Auflage herausgegeben von Max Fleischmann, Tübingen 1911—1914
WRV	Die Verfassung des Deutschen Reichs (Weimarer Reichsverfassung) vom 11. 8. 1919 (RGBl. S. 1383)

Einleitung

1. Die Gemeinde, dem Staate eingegliedert und sein Gehilfe oder Partner in der Erfüllung öffentlicher Aufgaben, steht gleichwohl in einem ständigen Spannungsverhältnis zu diesem Staat: Dem von der Gemeinde verfolgten Anspruch nach größtmöglicher Eigenständigkeit steht das Streben des Staates nach einheitlicher Lenkung und Führung gegenüber. Es hängt von den jeweiligen verfassungsrechtlichen, politischen und soziologischen Gegebenheiten ab, auf welche Seite sich die Waage neigt.

Auf der Grundlage dieser Gegebenheiten suchte die Wissenschaft den jeweils erreichten oder geforderten Ausgleich gemeindlicher und staatlicher Interessen hauptsächlich mit dem Begriff der gemeindlichen *Selbstverwaltung* zu erfassen. Über seinen Inhalt und die damit verfolgten Zwecke bestanden verschiedene Vorstellungen: Stellte gemeindliche Selbstverwaltung für den Freiherrn *vom Stein* lediglich das Mittel zur Wiederheranführung des im Absolutismus von jeder politischen Verantwortung ferngehaltenen Bürgers an den Staat dar, so maß die naturrechtlich begründete Auffassung vom Wesen der Gemeinde, wie sie etwa von *Rotteck* in der ersten Hälfte des vorigen Jahrhunderts vertreten wurde, ihr einen Eigenwert zu und drängte sie in einen ausgesprochenen Gegensatz zum monarchischen Obrigkeitsstaat. Umgekehrt wiederum sahen *L. v. Stein* und *R. v. Gneist* in ihr das verbindende Element von Staat und Gesellschaft. Für konsequente Verfechter einer Auffassung, die in der gemeindlichen Selbstverwaltung nur den Vorläufer des demokratischen Staates sieht, mußte mit der in der Weimarer Reichsverfassung verkündeten Legitimation aller staatlichen Gewalt durch das Volk eine eigenständige demokratische Verwaltung auf der Ortsstufe ihren Sinn verlieren. Mit der Übertragung des die Struktur des nationalsozialistischen Staates kennzeichnenden Führerprinzips auf die Gemeindeverwaltung wurde gerade die demokratische Komponente des herkömmlichen Selbstverwaltungsbegriffs verleugnet. Was auch immer darunter verstanden wurde: Der Begriff der gemeindlichen Selbstverwaltung war ein Lieblingskind der deutschen Verwaltungsrechtswissenschaft. Eine kaum überschaubare Fülle an Literatur legt hiervon ein beredtes Zeugnis ab.

Demgegenüber blieb die Stellung der Gemeinde bei der Wahrnehmung staatlicher Aufgaben — also im sog. *übertragenen Wirkungskreis* oder bei der sog. *Auftragsverwaltung* — theoretisch wie praktisch im wesentlichen unangefochten. Die hierfür maßgeblichen Gründe lagen vor allem darin, daß diese Form der gemeindlichen Aufgabenerledigung allgemein als zweckmäßig anerkannt wurde und der Kreis der übertragenen Angelegenheiten überschaubar blieb.

Selbstverwaltung und Auftragsverwaltung können jedoch heute nicht mehr isoliert betrachtet werden. Wie intensiv die Wechselbeziehungen zwischen diesen beiden herkömmlichen Verwaltungsformen sind, zeigte sich nach den beiden Weltkriegen, als die Häufung der Auftragsangelegenheiten ein Unbehagen an dieser Aufgabenart aufkommen ließ. Die Tatsache, daß nach 1945 bis zu 80 % der Verwaltungstätigkeit der Gemeinde in der Ausführung staatlicher Aufgaben bestand, schien die Gemeinde wieder zur Staatsanstalt des absolutistischen Staates zu degradieren. Die Reformpläne konnten daher an dieser Tatsache nicht vorbeigehen. Die Verfasser des Weinheimer Entwurfs einer Gemeindeordnung aus dem Jahre 1947 begnügten sich nicht mit einer — wohl nutzlosen — Aufforderung an die Gesetzgeber, den Umfang der Auftragsangelegenheiten zu beschränken, sondern suchten mit einem neuen Aufgabensystem gemeindliche und staatliche Interessen wieder in Einklang zu bringen.

2. Das mit den Begriffen „eigener und übertragener Wirkungskreis" oder „Selbstverwaltungs- und Auftragsangelegenheiten" gekennzeichnete dualistische Aufgabensystem ist ohne historisch-dogmatische Grundlegung nicht zu verstehen. Im 19. Jahrhundert entstanden, stellt es das getreue Spiegelbild der Verfassungsstruktur der konstitutionellen Monarchie dar, die durch den eigenartigen Gegensatz von Staat und Gesellschaft geprägt wurde. Wollte der Staat in den autonomen Bereich der Gesellschaft eingreifen, so bedurfte er der Zustimmung ihrer Vertreter in der Form des Gesetzes. In seiner internen Sphäre, d. h. innerhalb des Bereiches der Exekutive, war der Staat nicht dem Recht unterworfen; die Verbindlichkeit des Befehls bedurfte hier nicht der Legitimation des Rechts. Grob skizziert stand der Untertan sonach in einer doppelten Beziehung zum Staat: Im allgemeinen Gewaltverhältnis brauchte er nach dem Prinzip der Gesetzmäßigkeit der Verwaltung Eingriffe in Freiheit und Eigentum nur zu dulden, wenn sie durch Gesetz oder auf der Grundlage eines Gesetzes erfolgten. Da hier in den Rechtsbereich eingegriffen wurde, stellten solche Anordnungen der Exekutive Rechtsakte — Rechtsverordnungen oder Verwaltungsakte — dar. Maßnahmen im besonderen Gewaltverhältnis blieben dagegen im Innenraum des Staates und konnten ohne gesetzliche Grundlage ergehen; bei ihnen handelte es sich um Verwaltungsinterna, die den Untertanen nicht als Rechtssubjekt, sondern als Glied des staatlichen Verwaltungsapparates betrafen.

Die Auffassung von der Gemeinde als vorstaatlichem Gebilde mit ihr von Natur aus zukommenden Rechten, als Hort kollektiver Freiheit hatte zur Folge, daß die Verwaltung ihrer eigenen Angelegenheiten in das Hausgut der Gesellschaft fiel. Diese Vorstellung führte dazu, daß das Verhältnis von Staat und Gemeinde dem Verhältnis von Staat und Untertan nachgebildet wurde. Bei der Verwaltung eigener Angelegenheiten stand die Gemeinde im allgemeinen Gewaltverhältnis zum Staat. Wie der Bereich von Freiheit und Eigentum war der eigene Wirkungskreis gegen staatliche Eingriffe geschützt: Da hier der Staat dem Recht unterworfen war, bedurften sie der gesetzlichen Grundlage. Demgegenüber entsprach die Stellung der Gemeinde bei der Wahrnehmung staatlicher Aufgaben der Stellung des Untertanen im besonderen Gewaltverhältnis: Als Organ der impermeablen Person Staat stellte sie ein unselbständiges Glied der staatlichen Exekutive dar. Die Folgen waren hier wie dort die gleichen.

Der verfassungsrechtliche Wandel, der sich mit der Ablösung des monarchischen Prinzips durch den Grundsatz der Volkssouveränität vollzog, hat sich — wenn auch erst in den letzten 20 Jahren — unverkennbar auf die verwaltungsrechtlichen Beziehungen zwischen Staat und Bürger ausgewirkt. So wird beispielsweise mit der grundsätzlichen Bejahung der Geltung der Grundrechte, des Vorbehaltsprinzips und des Rechtsschutzes die Aufgabe überkommener dogmatischer Vorstellungen beim besonderen Gewaltverhältnis Staat-Bürger evident.

Die Entwicklung im Verhältnis Staat-Gemeinde verläuft ähnlich. Trotz Beibehaltung herkömmlicher Begriffe wird beispielsweise der Rechtsschutz der Gemeinde gegen Weisungen der Fachaufsichtsbehörden nicht mehr von vornherein ausgeschlossen; die Bayerische Gemeindeordnung geht sogar ganz neue Wege. Der Einfluß der Verfassungen, insbesondere des Grundgesetzes, auf diese Entwicklung ist zwar nicht zu leugnen, doch gehen sie — mit Ausnahme der Landesverfassung von Nordrhein-Westfalen — von der überlieferten Zweiteilung in Selbstverwaltungs- und Auftragsangelegenheiten aus. Das Verdienst, den entscheidenden Wandel herbeigeführt zu haben, gebührt allein dem Weinheimer Entwurf, der den herkömmlichen Aufgabendualismus überwindet und mit einem monistischen Aufgabensystem die Unterscheidung von allgemeinem und besonderem Gewaltverhältnis in den Beziehungen von Staat und Gemeinde beendet.

3. Die vorliegende Arbeit gliedert sich in zwei Teile. Im ersten Teil werden die Grundlagen dargestellt, wie sie mit der Wirkungskreislehre und dem Begriffspaar Selbstverwaltungs- und Auftragsangelegenheiten für die gemeindliche Aufgabenerfüllung bestimmend waren und es z. T. noch sind. Im zweiten Teil werden die Wandlungen aufgezeigt, die nach 1945 eingetreten sind; Ausgangspunkt ist der Weinheimer Entwurf einer Gemeindeordnung, dessen Grundsätze von einigen Gemeindeordnungen übernommen wurden.

Gegenstand der Untersuchung ist das Verhältnis von Staat und Gemeinde, wie es sich nach der gegenwärtigen Rechtslage in den Ländern darstellt, deren Gemeindeordnungen dem Weinheimer Entwurf gefolgt sind. Die Beziehungen des Staates zu anderen Verbänden des öffentlichen Rechts, die denen des Staates zu den Gemeinden weitgehend nachgebildet sind, bleiben außer Betracht. Auf Einzelheiten in den verschiedenen Gemeindeordnungen wird nur soweit als nötig eingegangen. Die Gesetzestexte der dem Weinheimer Entwurf folgenden Gemeindeordnungen weichen auch kaum voneinander ab. Unerörtert bleibt auch, ob der Weinheimer Entwurf eine nach allen Richtungen hin befriedigende Lösung bietet; im Spannungsverhältnis von Staat und Gemeinde ist eine solche ohnehin kaum denkbar.

Erster Teil: Grundlagen

Erstes Kapitel

Geschichtlicher Überblick über das Verhältnis von Staat und Gemeinde im Mittelalter und Absolutismus

Sucht man einen groben geschichtlichen Überblick über die dauernder Wandlung unterworfenen Beziehungen zwischen Staat und Gemeinde zu gewinnen, so kann die Stellung der Gemeinde im Staat, wie sie sich unter der Geltung der von der deutschen konstitutionellen Staatsrechtslehre des 19. Jahrhunderts in Anlehnung an das Ideengut der französischen Revolution und der *Stein*schen Reformen entwickelten Wirkungskreislehre schließlich darstellte, als geschichtlicher Kompromiß bezeichnet werden. Denn gemessen an den Machtbefugnissen des Staates, regelnd in den Bereich des kommunalen Gemeinwesens einzugreifen, hat die Geschichte bis zum Ende des 18. Jahrhunderts nur die beiden extremen Gestaltungsmöglichkeiten gekannt, die in diesem Verhältnis denkbar sind: Völlige Freiheit von der Herrschaftsgewalt des Staates auf der einen und völlige Unterwerfung unter diese Herrschaftsgewalt auf der anderen Seite. Mittelalter und Absolutismus kennzeichnen Glanz und Elend geschichtlicher Gemeindefreiheit.

I. Das Mittelalter

Für die Entwicklung der Stadt[1] von einem losen Zusammenschluß mehrerer am selben Ort wohnender Personen zu einer Stadtpersönlichkeit als Subjekt von Rechten und Pflichten, wie man es seit der Mitte

---

[1] Die Darstellung kann hier auf die Stadt als die Urform aller heutigen kommunalen Gemeinwesen beschränkt werden. Die Bewohner des flachen Landes, die meist als Hintersassen ihren Schutzherren hörig waren, erreichten nie den Grad der Unabhängigkeit der Stadtbewohner („Stadtluft macht frei!"). Die rechtliche Zurückstellung der Landbevölkerung dauerte bis in die Neuzeit fort; in Mecklenburg wurde die altständische Verfassung, welche die Landbevölkerung besonders benachteiligte, erst 1919 beseitigt. Vgl. dazu insbes. *Heffter*, S. 15, 771, 782; vgl. auch *Bosl*, Handbuch der Deutschen Geschichte, Bd. 1, S. 665 ff.

des 12. Jahrhunderts vereinzelt beobachten kann, waren verschiedene, hier nicht näher zu untersuchende Einflüsse maßgebend[2]. Nachdem die Stadtbevölkerung in zähem Ringen die vom Vogte des Burgherrn über die Stadt ausgeübte Herrschaft abgeschüttelt hatte, wurde dann, als sie nur noch die kaiserliche oder landesherrliche Gewalt über sich anerkannte, die durch das Aufblühen von Handel und Gewerbe gewonnene wirtschaftliche Macht[3] in politische umgemünzt. Dem Sinken der kaiserlichen und landesherrlichen Macht folgte ein Aufschwung der Reichs- und Territorialstädte.

Die letzten vier Jahrhunderte des Mittelalters[4] zeigen im Ergebnis „eine ganz neue und intensivere Gemeindefreiheit in den Städten, welche in Wahrheit selbständige Republiken ... wurden und nur einer monarchischen Schutzherrschaft ... unterworfen zu sein pflegten"[5]. Die Stadt wurde zum Staat im Staate; ihre Abhängigkeit von den oberen Gewalten war allein politischer Natur[6]. Rechtsbeziehungen bestanden nur zwischen diesen und der Stadt, der als solcher Privilegien verliehen und Freiheitsbriefe erteilt wurden[7]. Der einzelne Stadtbewohner war nur noch der Stadtobrigkeit untertan; die Stadt war Zurechnungsendsubjekt aller öffentlich-rechtlichen Beziehungen. Selbst das letzte Reservat landesherrlicher Gewalt in den Städten, die Gerichtshoheit, ging in vielen Fällen durch Abtretung, Kauf oder Verpfändung auf diese über[8]. Im Verkehr mit anderen gleichgeordneten Städten, Fürsten und Herren traten sie, was die Konsequenz ihrer Stellung war, als völkerrechtliche Personen auf; sie schlossen Bündnisse und Friedensverträge mit ihnen ohne Befragen ihrer Landesherren oder als selbständige Partner neben diesen[9]. Die süddeutschen Städtebünde und die Hanse zeigen den ganzen Glanz mittelalterlicher Städtefreiheit. Die Stadt hatte, wenn man so will, nur einen eigenen Wirkungskreis.

---

[2] Vgl. hierzu insbes. *Gierke*, Genossenschaftsrecht Bd. 2, S. 573 ff.; *Becker*, Selbstverwaltung, S. 70 ff.

[3] *Hartung*, S. 57, spricht von der „wachsenden Geldmacht der Städte." Grundlage hierfür war die Entwicklung des Zunftwesens.

[4] Der Höhepunkt wurde im 14. Jahrhundert erreicht, vgl. *Hartung*, S. 57.

[5] *Gierke*, Artikel „Gemeinde", S. 44; vgl. auch *Zoepfl*, S. 469 und *Heffter*, S. 15.

[6] *Zachariä*, Staatsrecht Bd. 1, S. 567 f.; *Gierke*, Genossenschaftsrecht Bd. 2, S. 705, 719; *Brie*, S. 15 Anm. 1; *Hartung*, a. a. O. S. 55; *Forsthoff*, Verfassungsgeschichte, S. 3 ff.

[7] *Gierke*, a. a. O. S. 706.

[8] *Gierke*, a. a. O. S. 712 ff.; *Hartung*, S. 55.

[9] *Gierke*, a. a. O. S. 720 ff. — Zur Stellung der mittelalterlichen Stadt vgl. noch *Brater*, Artikel „Gemeinde", S. 118 ff.; *Schoen*, S. 16 ff.; *Becker*, a. a. O. S. 70 ff.; *Bosl*, a. a. O. (s. oben Anm. 1) S. 665 ff., 668 ff., jeweils m. w. N. aus der historischen Literatur.

II. Der Absolutismus

Die Gründe, die mit dem Ende des Mittelalters zum Niedergang der Städte führten, sind mannigfaltig: Die Zünfte, die einst die treibende Kraft des innerstädtischen Lebens waren, erstarrten zu einer leeren Form. Das Erlöschen der handwerklichen Konjunktur hatte Arbeitslosigkeit und sinkende Steuererträge zur Folge[10]. Die spürbar werdende Konkurrenz des englischen und niederländischen Handels wurde durch die Auswirkungen des Dreißigjährigen Krieges noch verstärkt. Der durch die Nachwehen der Reformation und das Aufkommen neuer Ideen wie die des Naturrechts unsicher gewordene Bürger zog sich auf seinen Besitzstand zurück und verschwendete seine meiste Kraft und Zeit mit innerstädtischen Kabalen. Die Ämterpatronage blühte, der Gemeinsinn erlosch[11].

Die allen menschlichen Zusammenschlüssen innewohnende Dynamik läßt keine machtleeren Räume zu. In dem Maße, in dem die Macht der Städte sank, nahm die der jeweiligen Landesherren zu[12]. Die Städte, die zuerst „in ihren Ringmauern den erloschenen Staatsbegriff zu neuem Leben geweckt und bis ins Einzelne durchgeführt" hatten, mußten, „nachdem sie ihre Mission vollendet, ihre Aufgabe an eine höhere Staatseinheit abgeben"[13].

Das Ergebnis dieser Entwicklung kommt in Preußen[14], das unter Friedrich Wilhelm I. (1713—1740)[15] den Höhepunkt des Absolutismus erreichte, am deutlichsten zum Ausdruck[16]. Der relativ kleine, von den

---

[10] *Forsthoff*, a. a. O. S. 25 f.; vgl. auch *Hartung*, S. 86.

[11] *Brater*, a. a. O. S. 121 f.; *Becker*, a. a. O. S. 123 ff.; *Heffter*, S. 30 f.; *Forsthoff*, a. a. O. S. 50.

[12] Der Druck der jeweiligen Landesherren — nicht des Kaisers, der kein Interesse an der Stärkung der ihn mit ständischen Forderungen bedrängenden Landesherren hatte — auf die Städte war immer sehr groß. So wurden bspw. Versuche unternommen, die Städte mit Hilfe der Reichsgewalt wenigstens teilweise in die Gewalt zu bekommen (Griff nach der Gerichtshoheit in den Städten auf den Reichstagen von Eger 1437 und Nürnberg 1438, vgl. dazu *Baethgen*, Handbuch der Deutschen Geschichte, Bd. 1, S. 551 ff., insbes. S. 553, 557). Auch führten einzelne Fürsten frühzeitig Kriege gegen Städte, wie bspw. Friedrich II. von Brandenburg gegen Berlin und Cölln im Jahre 1442; vgl. *Hartung*, S. 14, 59 ff. Dieser Druck führte erst dann zum vollen Erfolg, als ihm die Städte infolge innerer Schwächung nichts mehr entgegenzusetzen hatten.

[13] *Gierke*, Artikel „Gemeinde", S. 44.

[14] Zur Lage in Württemberg vgl. *v. Mohl*, Staatsrecht Bd. 2, S. 149 ff.

[15] Bekannt ist sein 1717 im Kampf mit den Ständen um das einseitige Steuerfestsetzungsrecht gefallene Wort: „... ich komme zu meinem Zweg und stabiliere die Suverenität und setze die Krohne fest wie einen Rocher von Bronse ..." Zit. nach *Jesch*, Gesetz, S. 104 Anm. 10.

[16] Vgl. i. e. *Schmoller*, Das Städtewesen unter Friedrich Wilhelm I.; weiterhin *v. Raumer*, S. 16 ff.; *Brater*, Artikel „Gemeinde", S. 122 ff.; *Zachariä*, Staatsrecht Bd. 1, S. 568; *Gierke*, Genossenschaftsrecht Bd. 1, S. 697 ff.; ders.,

Großmächten eingekeilte Staat, der sich mit seinen weit zersplitterten Gebieten immer der Gefahr einer kriegerischen Auseinandersetzung mit seinen Nachbarn gegenüber sah, bedurfte eines starken stehenden Heeres, um sich Respekt verschaffen zu können. Durch die schmale wirtschaftliche Grundlage gezwungen, alle Kräfte des Landes auf diesen Zweck zu konzentrieren, führte der Soldatenkönig mit harter Hand eine straffe zentralistische Verwaltung ein, deren Hauptaufgabe es war, die Versorgung des Heeres sicherzustellen[17]. Der Druck richtete sich insbesondere gegen das städtische Bürgertum, das sich den „rathäuslichen Reglements"[18] ohne nennenswerten Widerstand fügte[19]. Die Reformen, die Friedrich Wilhelm I. in der städtischen Verwaltung durchführte, ließen von der überkommenen Städtefreiheit nichts mehr übrig: Fest besoldete Beamte auf Lebenszeit, die vom König ernannt wurden, traten an die Stelle der von der Bürgerschaft gewählten Vertreter. Das Stadtvermögen wurde zum Staatsgut erklärt. Steuererhebungsrechte und Gerichtsherrschaft wurden den Städten genommen bzw. unter scharfe Aufsicht gestellt[20]. Wirtschafts-, Finanz- und Polizeiverwaltung beaufsichtigte, sofern nicht der örtliche Garnisonskommandant der tatsächliche Gebieter war, bis ins letzte Detail ein Steuerrat (commissarius loci), d. h. ein Mann, „der laut seines Prüfungszeugnisses oft nicht Regierungsrat werden sollte, aber doch für tauglich galt, zehn bis zwölf Bürgerschaften zu regieren"[21]. Die Stadt wurde zum bloßen Verwaltungsbezirk, zur geografischen Unterteilung des Staatsgebietes[22]. Da Rechtsbeziehungen zwischen Staat und Untertan nur auf dem Gebiete des Zivilrechts denkbar waren, konnten juristische Personen auch nur auf diesem entstehen. Träger der öffentlichen Gewalt waren ausschließlich natürliche Perso-

---

Artikel „Gemeinde", S. 44 f.; *Schoen*, S. 20 ff.; *Ritter*, Stein Bd. 1, S. 283 ff., S. 392; *Heffter*, S. 19 ff.; *Hartung*, S. 94 ff.; *Forsthoff*, Verfassungsgeschichte, S. 41 ff.

[17] Die Folge von Heer-Militärverwaltung-Zentralismus als allgemeines Kennzeichen für Entwicklung und Aufbau absolutistischer Staaten betont auch *Heffter*, S. 22.

[18] Ein solches Reglement für die Landeshauptstadt Berlin aus dem Jahre 1736 enthielt folgenden charakteristischen Satz: „Es werden S. Kgl. Majestät und dero geordnete hohe Collegia besser als der Magistrat urteilen und wissen, wie das Rathaus besetzt, die Stadt regieret und das Gemeine Beste gehandhabt werden müsse." Zit. nach *Kantel*, S. 3.

[19] *Hartung*, S. 98. — Zum Teil haben die Städte solche Bevormundung nicht widerspruchslos hingenommen; einen Protest des Düsseldorfer Magistrats aus dem Jahre 1786 zitieren bspw. *Muntzke-Schlempp*, S. 207 Anm. 1.

[20] *Ritter*, Stein Bd. 1, S. 392.

[21] *v. Raumer*, S. 17.

[22] In der Weimarer Zeit und danach finden sich Stimmen, die in diesem Zusammenhang eine positivere Haltung zum Absolutismus einnehmen. So spricht bspw. *Steinbach*, S. 73 ff. (S. 79), unter Hinweis auf landschaftliche Verschiedenheiten vom „arg verkannten deutschen Absolutismus". Vgl. auch *Becker*, Selbstverwaltung, S. 202 ff. Etwas abschwächend auch *Hartung*, S. 117 ff.

nen: Der König und seine Beamten[23]. Konsequent erkannte das ALR den Städten lediglich den Status „privilegirter Corporationen" und „in Ansehung ihres Kämmereivermögens die Rechte der Minderjährigen" zu[24].

Öffentliche Verwaltung war die ausschließliche Domäne des mit der Person des Monarchen identifizierten Staates. Die Stadt besaß daher nur einen staatlichen Wirkungskreis, der einen gemeindlichen ausschloß.

III. Die Folgen für Staat und Stadt

Eine kritische Betrachtung dieser geschichtlichen Beziehungen zwischen Staat und Stadt kommt zu dem Ergebnis, daß ihre Einseitigkeit wesentlich zum Untergang der jeweiligen Verfassungsepoche beigetragen hat[25].

Die von den Autonomiebestrebungen der Bünde und Städte geprägte Verfassungswirklichkeit des Mittelalters führte mit dem Übermaß an Selbständigkeit der einzelnen Glieder zum Niedergang des alten Deutschen Reiches[26]. Die Interessen am Ergehen des Gesamtstaates erschöpften sich in dem egoistischen Motiven entspringenden Bestreben, die Macht der Landesherren zu beschränken[27]. Positive Vorschläge für die zweckmäßige Gestaltung des Gesamtstaates ließ die rücksichtslose Interessenpolitik der Landesherren wie auch der Städte nicht zu[28]. Der Ruin des Staates hatte mittelbar den Ruin der Städte zur Folge.

Während sich die städtische Selbstregierung des Mittelalters im Verhältnis zum Staatsganzen als Sprengkraft auswirkte, wurde die kommunale Eigenständigkeit von der Allmacht des absolutistischen Staates erdrückt. Das künstliche Wesen des Obrigkeitsstaates krankte „an dem Mangel der inneren Elastizität, der spontanen Volkskräfte, der moralischen Reserven, die in der Freiwilligkeit beschlossen sind"[29]. Der Bür-

---

[23] Zur Entwicklung der Fiskustheorie, die hiermit im Zusammenhang steht, vgl. O. *Mayer*, Verwaltungsrecht Bd. 2, S. 326 ff.

[24] §§ 108, 157, II 8 ALR. — Vgl. dazu *Koch*, Bd. 3, S. 777 ff.; *Gierke*, Genossenschaftsrecht Bd. 1, S. 707 ff.; *Schoen*, S. 21 ff.; *Hatschek*, Selbstverwaltung, S. 69 f.

[25] Im Ergebnis ebenso *Brater*, Artikel „Gemeinde", S. 152; *Heffter*, S. 14 ff., 26 ff.; *Hartung*, S. 56 ff.; kritisch auch *Stahl*, Rechtsphilosophie, S. 38 ff.

[26] *Heffter*, S. 14, bezeichnet in diesem Zusammenhang den mittelalterlichen Zustand treffend als „Anarchie eines überwuchernden Partikularismus".

[27] Die Landtage dieser Epoche galten vornehmlich dem Zweck, die Landesherren durch Steuerbewilligung oder Steuerverweigerung unter Kontrolle zu halten: Landtag ist Geldtag!

[28] Zum Ringen um die Reichsreform vgl. *Baethgen* a. a. O. (s. oben Anm. 12) S. 551 ff., 579 ff.

[29] *Heffter*, S. 26.

ger, zwischen dem und der zumeist von Ortsfremden geführten Stadtverwaltung ein latentes Spannungsverhältnis bestand, weil diese seine Eigeninitiative nicht aufkommen lassen durfte, verlor die Fähigkeit, aktiv an der Gestaltung des öffentlichen Lebens teilzunehmen. Die dadurch bewirkte Erstarrung des preußischen Staatswesens machte sich besonders nach den Niederlagen von Jena und Auerstädt (1806) bemerkbar. Das Verdienst des absolutistischen Preußens, ein straff organisiertes und zuverlässiges, vom Pflichtgedanken erfülltes Beamtentum geschaffen zu haben[30], dessen Grundsätze z. T. heute noch Geltung beanspruchen[31], konnte die im System begründeten Nachteile nicht aufwiegen. Denn nach 1806 zeigte sich, daß die zum Wiederaufbau des Staates von unten her notwendigen Kräfte des städtischen Bürgertums erst mühsam geweckt werden mußten. Die Unterdrückung gemeindlicher Freiheit hatte mittelbar den Ruin des Staates zur Folge. Es ist naheliegend, daß das Verhältnis von Staat und Gemeinde in Anbetracht der geschichtlichen Erfahrungen zu grundlegenden Reformen herausforderte; das Ergebnis konnte nur in einem Kompromiß bestehen.

---

[30] Vgl. hierzu allgemein *Fleiner*, Beamtenstaat und Volksstaat, in „Ausgewählte Schriften und Reden", S. 138 ff. (140).
[31] Vgl. Art. 33 Abs. 5 GG.

Zweites Kapitel

Vorläufer der Wirkungskreislehre

I. Einführung

Die Meinungen darüber, wann die Scheidung von eigenen und übertragenen Aufgaben der Gemeinde der Sache nach zum ersten Mal in der Praxis oder der Gesetzgebung zum Ausdruck gekommen ist, reichen von der fränkisch-germanischen Zeit[1] über die brandenburgische Kreisverfassung z. Z. des Großen Kurfürsten (1640—1688)[2], die Gesetzgebung der französischen Constituante von 1789[3] und die preußische Städteordnung von 1808[4] bis zu dem österreichischen Gemeindegesetz vom 17. März 1849[5, 6].

Alle diese Auffassungen sind weder falsch noch unbedingt richtig. Es ist durchaus möglich, daß der gemeindlichen Praxis im Frühmittelalter und im Absolutismus[7] eine solche Trennung dem Grundsatz nach be-

---

[1] *Steinbach*, S. 64 und ff.; *Loy*, DV 1949, S. 31; *Muntzke-Schlempp*, S. 231; wohl auch *Becker*, Selbstverwaltung, S. 48 ff. (54, 69); vgl. auch S. 292.

[2] *Bornhak*, Staatsrecht Bd. 2, S. 113, 271 ff. (272) m. w. N. Nach dieser Verfassung sollen die Organe der ständischen Kreiskorporationen Organe des Staates für dessen Polizei- und Steuerverwaltung gewesen sein. — *Gneist*, Rechtsstaat, S. 139, trifft eine Unterscheidung von „aufgetragenen und autonomen Wirkungskreis" der Gemeinde, die sich im Zeitalter des Absolutismus in Preußen besonders in der Verwaltungspraxis herausgebildet hätte; der autonome Wirkungskreis habe die wirtschaftliche Verwaltung und untergeordnete Funktionen der Ortspolizei umfaßt. Vgl. auch *Becker*, a. a. O. S. 131 ff. (138).

[3] *G. Jellinek*, System, S. 277 f. (278); ders., Staat und Gemeinde, S. 337 ff.; ders., Staatslehre, S. 664 ff.; *Loening*, S. 181 Anm. 1; *Hatschek*, Selbstverwaltung, S. 34 ff.; 60 ff.; 69 ff.; *Meyer-Anschütz*, S. 406; *Schildheuer*, Diss., S. 14; *Gönnenwein*, Gemeinderecht, S. 86; *Merk*, S. 653; ablehnend vor allem *Gierke*, Genossenschaftsrecht Bd. 1, S. 709.

[4] *Hensel*, S. 16; *Peters*, Grenzen, S. 186; *Görg*, DÖV 1955, S. 276; ders., DÖV 1961, S. 41; *Cantner*, HKWPr. Bd. 1, S. 420; wohl auch *Schoen*, S. 200 und *v. Meier*, Verwaltungsorganisation, S. 278 ff. (282).

[5] Zu diesem Gesetz vgl. die Ausführungen unten im 3. Kapitel 1. Abschnitt, I. 1. und 2.

[6] So *Gierke*, Genossenschaftsrecht Bd. 1, S. 744.

[7] Naturgemäß war das Interesse des Staates an bestimmten Angelegenheiten der Städte, wie bspw. deren Wirtschaftsverwaltung, nicht sehr groß, so daß sie in der Praxis in diesem Bereich nicht immer unter strenger Kuratel standen, vgl. die Ausführungen von *Gneist* a. a. O. (oben Anm. 2). Auch gab

kannt war. Für die Entstehung und das Verständnis der Wirkungskreislehre ist jedoch eine historisch exakte Bestimmung dieses Zeitpunktes bedeutungslos; Begriffe und Institutionen können nicht allein aus historischer Sicht erklärt werden, denn letztlich kommt es hierfür, worauf *Preuss*[8] einmal hingewiesen hat, nur darauf an, wo man mit der Historie anfängt.

Die Wirkungskreislehre ist, wie zu zeigen sein wird, das Ergebnis des Machtkampfes zwischen Staat und Gesellschaft um die Verwaltung der Gemeinde. Der eigene Wirkungskreis zeigt den Umfang, inwieweit die Gesellschaft den Staat aus der Gemeindeinstanz hinausgedrängt hatte, der übertragene, inwieweit die Gemeinde noch als Staatsanstalt im absolutistischen Sinne angesehen wurde. Wie die Verfassungsepoche der konstitutionellen Monarchie stellt daher die Wirkungskreislehre eine Reaktion auf den Absolutismus dar. Sucht man nach Vorläufern oder Vorbildern dieser Lehre, so können sie nur in den Reformen gefunden werden, die auf die Überwindung absolutistischer Vorstellungen im Verhältnis von Staat und Gemeinde abzielten.

Von den ideengeschichtlichen Zusammenhängen im einzelnen abgesehen[9], berufen sich daher die oben[10] genannten Autoren zu Recht auf die französische Gesetzgebung der Constituante, die wiederum auf den zuvor entwickelten Reformplänen aufbaute, und auf die preußische Städteordnung. Denn die Forderung nach Gemeindefreiheit war in Frankreich wie in Preußen gegen den umfassenden Herrschaftsanspruch des absolutistischen Staates gerichtet.

II. Vorläufer im französischen Recht

1. Die Reformpläne bis 1789

Wenn auch das Schicksal der Gemeinde im Zeitalter des ancien régime im wesentlichen dem der Gemeinde im preußisch-deutschen Absolutismus entsprach, so wies es doch in Einzelheiten bedeutsame Abweichungen auf, die den Verwaltungsaufbau auf der untersten Stufe von innen her schwächten: Den Ämterkauf und die dadurch zerrütteten Finanzen der Städte[11]. Die Erkenntnis, daß diese Verhältnisse den Anforderungen

---

es landschaftliche Unterschiede, vgl. *Steinbach*, S. 73 ff. Eine scharfe Trennung gab es nicht; diese scheitert schon daran, weil es an einer echten eigenverantwortlichen Wahrnehmung dieser Aufgaben fehlte.

[8] Drucksachen des preuß. Landtags, 1. Wahlperiode 1921/24 Nr. 8320 A, S. 175.

[9] Hier ist vieles streitig, vgl. unten III. 2.

[10] S. Anm. 3 und 4.

[11] Einzelheiten vgl. *L. Stein*, Municipalverfassung, S. 42 ff.; *Hatschek*, Selbst-

II. Vorläufer im französischen Recht

einer neuzeitlichen Verwaltung nicht genügen, führte vor dem ideengeschichtlichen Hintergrund der Aufklärung zu Reformversuchen, die sich insbesondere mit den Namen von d'Argenson[12] und Turgot[13] verknüpfen. Der wesentliche Inhalt der von ihnen verfaßten Reformschriften[14] kann mit einigen Schlagworten charakterisiert werden: Dienstbarmachung der nach Ansicht der Physiokraten im Volk vorherrschenden Triebkräfte für die Zwecke des Staates durch Einrichtung von „municipalités"[15] in bestimmten Bezirken[16], welche die Staatsverwaltung in einigen Punkten[17] ergänzen sollten[18]; Einführung eines geordneten Steuersystems durch Anknüpfung der Steuerpflicht und der Wahlberechtigung zu den Munizipalitäten an den Grundbesitz[19] unter Beseitigung ständischer Privilegien.

---

verwaltung, S. 34 ff.; *Ritter*, HistZ Bd. 137 (1928), S. 442 ff.; *Heffter*, S. 23. — So führten bspw. die Intendanten eine ebenso strenge Aufsicht über die Gemeindeverwaltung wie in Preußen die Steuerräte.

[12] Der Marquis d'Argenson war Intendant im frz. Hennegau, wo er mit der niederländischen Städtefreiheit in Berührung kam. Schon 1737 schrieb er sein Reformwerk „Considérations sur le gouvernement ancien et présent de la France". Vgl. dazu inbes. *Hatschek* a. a. O. S. 41 ff.; *Ritter* a. a. O. (vgl. oben Anm. 11); *Becker*, Selbstverwaltung, S. 186 m. w. N.; ferner *G. Jellinek*, System, S. 277 Anm. 4; *Heffter*, S. 50.

[13] Die bekannteste physiokratische Reformschrift — d'Argenson gehört noch zu den Vorläufern des Physiokratismus — stammt von Dupont de Nemours, der sie 1775 im Auftrage des damaligen Finanzministers Turgot schrieb. Vgl. dazu neben den in der vor. Anm. genannten Autoren insbes. *Hatschek*, a. a. O. S. 45 ff.

[14] Es wurden noch eine Reihe anderer Reformpläne vorgelegt, so bspw. von Mirabeau, Le Troisne, Necker, Calonne, Letrône, die sich jedoch in bezug auf die Stellung der Gemeinde nicht wesentlich von den im Text behandelten Plänen unterschieden; vgl. dazu *Becker*, a. a. O. S. 190 ff.

[15] Diese stellen (Volks-)Versammlungen dar, die den grundbesitzenden Teil der Bürgerschaft repräsentieren. Die Erfassung dieses Instituts mit heutigen Begriffen ist kaum möglich; nach *Hatschek*, a. a. O. S. 47, stellen sie „für Staatszwecke thätige Kollektivverbände auf örtlicher Grundlage dar, die selbst und ohne Zutun des Staats thätig werden", nach *Becker*, a. a. O. S. 189, „Interessentenschaften".

[16] Provinces, communautes, villes, villages.

[17] Innere- und Finanzverwaltung.

[18] Dadurch wäre das bisher privatrechtlich aufgefaßte Verhältnis von Staat und Gemeinde in ein öffentlich-rechtliches umgewandelt worden, was die Abschaffung des Ämterkaufes zur Folge gehabt hätte.

[19] Die Verknüpfung von Steuerkraft und Wahlrecht blieb auch Preußen nicht fremd, wo bis 1917 für die Wahlen zum Landtag das Dreiklassenwahlrecht galt. Nur diente es hier dazu, dem steuerkräftigen Bürger ein größeres Stimmgewicht zu verleihen, während Turgot mit der Anknüpfung des Wahlrechts zu den Munizipalitäten an die Zahlung der Steuern — nach *Hatschek*, a. a. O. S. 48 Anm. 5, ein „sozialer Mechanismus der Rechtsordnung" — das Interesse des absoluten Staates an der pünktlichen Erfüllung der Steuerpflichten im Auge hatte. Ob er damit Ludwig XVI. den Reformplan schmackhaft machen wollte, sei dahingestellt; dieser lehnte ihn jedenfalls als „un beau rêve" ab, vgl. *Hatschek*, a. a. O. S. 49.

In der Zielsetzung dieser Reformpläne kommt deutlich zum Ausdruck, daß der Physiokratismus noch von der Vorstellung der absolutistischen Staatsallmacht beherrscht wurde. Nicht die Erziehung der Bürgerschaft zu politischer Mündigkeit durch eigenverantwortliche Wahrnehmung ihrer örtlichen Angelegenheiten oder gar der Aufbau des Staates von unten nach oben standen im Vordergrund dieser Reformbestrebungen, sondern das Interesse des absolutistischen Staates an seiner Stärkung durch die Nutzbarmachung bisher für seine Zwecke brachliegender Kräfte. Der hierdurch gewonnene Ansatz zu einer Gemeindefreiheit, von Selbstverwaltung im heutigen Sinne weit entfernt, war mehr eine Folgeerscheinung denn eigentlich gewünschtes Ergebnis.

Da den Munizipalitäten eine echte eigenverantwortliche Erledigung der ihnen zur Ausführung zugewiesenen Angelegenheiten nicht zugestanden werden sollte[20], läßt sich eine Unterscheidung strukturell verschiedener Aufgaben kaum nachweisen; sie ist im Ansatz allenfalls bei d'Argenson zu finden[21]. Die Vorstellung von einem starken Königtum mit starker Exekutivgewalt, die seinem Reformplan zugrundelag[22], ließ eine scharfe Trennung „eigener" von übertragenen Angelegenheiten auch nicht zu. Diesem Plan wird daher eher die Auffassung gerecht, daß es sich bei dem Aufgabenkreis der Munizipalitäten um einen einheitlichen Komplex ihnen zugewiesener, noch insgesamt als staatlich gedachter Aufgaben handelte, die nur unter einer verschieden stark ausgestalteten Aufsicht ausgeführt werden sollten. In dem Memoire des Ministers Turgot findet sich überhaupt kein Anhaltspunkt für eine Unterscheidung der von den Munizipalitäten auszuführenden Aufgaben; ihr Aufgabenbereich sollte auf die „Ausführung allgemeiner Regeln und Gesetze, die von der souveränen Macht ausgehen"[23], beschränkt bleiben. Denn auch Turgot „wollte die Bürger in den Gemeinden zwar für Staatszwecke tätig werden lassen, aber weder eigene Rechte der Gemeinden noch die Wahrnehmung ihrer öffentlichen Aufgaben im eigenen Namen und unter eigener Verantwortung anerkennen"[24]. In einem Satz zusammengefaßt, war der Zweck dieser Reformpläne lediglich die Teilnahme der grundbesitzenden Bürger an der Staatsverwaltung[25].

---

[20] Zu den umfangreichen Aufsichtsbefugnissen der königlichen Intendanten nach diesen Plänen vgl. insbes. *Ritter*, HistZ Bd. 137 (1928), S. 442 ff. (463).

[21] Vgl. insbes. *Becker*, a. a. O. S. 186; unklar *Hatschek*, a. a. O. S. 43.

[22] *Hatschek*, a. a. O. S. 44.

[23] *Ritter*, a. a. O. S. 473.

[24] *Becker*, a. a. O. S. 190.

[25] Die Teilhabe des Bürgers an der — im heutigen Sinne: unmittelbaren — Staatsverwaltung in den Munizipalitäten hat starke Ähnlichkeit mit dem politischen Selbstverwaltungsbegriff, wie er in der späteren konstitutionellen

2. Die Gesetzgebung der Constituante

Auf der Grundlage dieser Reformpläne, jedoch in ihrer tatsächlichen Gestaltung darüber hinausgehend, führte die Constituante von 1789, die sich der Wichtigkeit dieser Aufgabe bewußt war und sie als eine ihrer ersten in Angriff nahm, die völlige Neuordnung der Kommunalverwaltung und, damit in engem Zusammenhang stehend, der Verwaltungsorganisation des Reiches durch. Das Ergebnis der gesetzgeberischen Beratungen stellte das auf den Vorarbeiten von Thouret[26] beruhende „Décret sur la constitution des municipalités" vom 14. Dezember 1789 dar, das in doppelter Hinsicht Bedeutung erlangte: Einmal wurde der bisherige bürokratische Verwaltungsaufbau durch ein System über- und untergeordneter Versammlungen in den Departements, Distrikten[27] und Gemeinden[28] ersetzt; zum anderen kommt in der Unterscheidung der von der Munizipalität der Gemeinde auszuführenden Aufgaben in „les unes propres au pouvoir municipal" und „les autres propres a l'administration générale de l'Etat et déléguées par elle aux municipalités"[29] eine Differenzierung der Aufgaben deutlich zum Ausdruck.

Von Einzelheiten des Wahlrechts abgesehen[30], läßt sich die bei der Darstellung der von d'Argenson und Turgot entworfenen Reformpläne getroffene Feststellung für die öffentlich-rechtliche Funktion dieser Versammlungen der Gemeinden wiederholen: Auch nach dem Gesetz vom 14. Dezember 1789 übten die Munizipalitäten im Rahmen des ihnen nach Art. 51 vom Staat zugewiesenen Aufgabenbereiches[31] Staatsverwaltung aus, nur eben nicht als staatliche Behörden mit ernannten Beamten, sondern als eine von der Bürgerschaft gewählte Vertretung. Becker[32] spricht hier zutreffend von einem „Anteil der Bürger an dem dekonzentrierten[33] Teil der Staatsverwaltung". Die Gemeinde war keine

---

Zeit vor allem von R. v. Gneist vertreten wurde; siehe unten 3. Kapitel, 1. Abschnitt, II. 2. a).

[26] Thouret war Berichterstatter; vgl. zu dessen Einfluß insbes. Becker, a. a. O. S. 192, Anm. 75.

[27] Später Arrondissements genannt.

[28] Eine Verwaltung der einzelnen Gemeinden sollte nach dem 1. Entwurf dieses Gesetzes sogar ganz abgeschafft und durch nach Einwohnerzahl, Gebietsgröße und Steueraufkommen abstrakt-geometrisch eingeteilte Kantone ersetzt werden (vgl. Hatschek, a. a. O. S. 51 ff.), ein Plan, der für das schematische Gleichgewichtsstreben dieser Zeit typisch ist. Kritisch zu dieser Gemeindegesetzgebung Stahl, Rechtsphilosophie, S. 30 ff.

[29] Art. 49 des Gesetzes; zit. nach G. Jellinek, System, S. 278.

[30] Vgl. dazu L. Stein, Municipalverfassung, S. 70; Becker, a. a. O. S. 206.

[31] Beitreibung der Steuern, Leitung öffentlicher Arbeiten, Verwaltung öffentlicher Gebäude sowie Aufsicht über sonstiges öffentliches Eigentum.

[32] A. a. O. S. 193; ähnlich Hatschek, a. a. O. S. 53.

[33] Zu den Begriffen Dekonzentration und Dezentralisation vgl. Forsthoff, Lehrbuch, S. 426 f.; vgl. auch Becker, HKWPr. Bd. 1, S. 116.

öffentlich-rechtliche Körperschaft, welche jene Aufgaben durch die Munizipalität wie etwa durch einen Gemeinderat ausführte, sondern sie blieb ein Glied der unmittelbaren Staatsverwaltung[34]. In diesem Bereich hatten sie die Pflicht, aber kein Recht auf die Wahrnehmung der Aufgaben. Auch stand die Gemeinde nicht unter der Aufsicht einer staatlichen Behörde[35], sondern unter der Aufsicht der ihr übergeordneten und aus den Munizipalitäten der Gemeinden gebildeten Versammlung der höheren Einheit[36].

Der eigentliche Fortschritt dieser Gemeindegesetzgebung lag in der Anerkennung eines pouvoir municipal und der aus ihm gefolgerten Stellung der Gemeinde als rechtsfähige Individualität des *Privatrechts*. Dieses für heutige Begriffe merkwürdig anmutende Institut stellte den mißlungenen Versuch der Constituante dar, die Vorstellungen vom nationalen Einheitsstaat mit denen des Naturrechts zu verbinden; der pouvoir municipal war der staatstheoretische Trick, der die Aufsplitterung der „une et indivisible" begriffenen Staatsgewalt verhinderte. Der ebenfalls zum Ideengut der Französischen Revolution gehörenden Auffassung vom schlagkräftigen nationalen Einheitsstaat, in der letzte, bei den Physiokraten noch in verstärktem Ausmaß vorhandene Vorstellungen des absolut-zentralistischen Staates nachgewirkt haben mögen, widerstrebte eine weitgehende Selbständigkeit örtlicher Verbände. Umgekehrt sah das naturrechtliche Denken in der Gemeinde, ebenso wie in der Familie, eine dem Staat vorgegebene Einrichtung mit ihr von Natur aus zukommenden Rechten, ging also über die Vorstellungen der Physiokraten hinaus. So einfach sich diese beiden Ideen bei der Anerkennung von Menschen- und Bürgerrechten vereinbaren ließen[37], so schwierig gestaltete sich dies bei der Anerkennung einer nicht unter der bevormundenden Aufsicht des Staates stehenden Eigensphäre der Gemeinde. Die Theorie glaubte diesen Zwiespalt dadurch überbrücken zu können, daß sie das Problem auf eine andere Ebene verlagerte: Einmal wurde trotz des naturrechtlichen Ausgangspunktes die Anerkennung von Grundrechten der Gemeinde abgelehnt[38], da in diesem Falle ein Aufleben der alten Privilegienwirtschaft befürchtet wurde; vielmehr stellte die Munizipalgewalt eine selbständige Gewalt im Staate dar, die

---

[34] *Becker*, a. a. O. S. 194, 223 (staatlicher Verwaltungsbezirk); ähnlich *Hatschek*, a. a. O. S. 51, 55, 58.

[35] D. h. einer mit ernannten Beamten besetzten Behörde, die nicht dem gleichen Instanzenzug angehört.

[36] Art. 55 des Gesetzes („sous l'autorité des assemblées administratives"; zit. nach *Becker*, a. a. O. S. 206 Anm. 5).

[37] Hier herrschte „enthusiastische Begeisterung für das amerikanische Vorbild", so *Hatschek*, a. a. O. S. 57.

[38] *Hatschek*, a. a. O. S. 56; *Becker*, Selbstverwaltung, S. 194; a. M. *G. Jellinek*, System, S. 279.

II. Vorläufer im französischen Recht

ihren Rang neben den zwei Gewalten der klassischen Lehre Montesquieus[39] erhielt[40, 41]. Zum anderen wollte die Constituante auf jeden Fall vermeiden, „eine konsolidierte öffentlich-rechtliche Gemeindegewalt zu schaffen", was „nach der damaligen Vorstellung gleichbedeutend mit der Umwandlung des Einheitsstaates Frankreich in einen Staat auf föderalistisch-demokratischer Grundlage nach amerikanischem Muster"[42] gewesen wäre. Das Verhältnis von Staat und Gemeinde wurde daher in diesem Bereich konsequent dem Verhältnis von Staat und Bürger nachgebildet: Wie das Individuum und die Familie war die Gemeinde als Rechtsperson dem Staat unterworfen und konnte wie diese keine Hoheitsrechte, sondern nur private Rechte besitzen[43]. Da sie somit keinen Teil des Staatsorganismus bildete, wurde das Dogma der einheitlichen und unteilbaren Staatsgewalt nicht durchbrochen[44]. Die eigenen Aufgaben („les unes propres au pouvoir municipal"), welche die Gemeinde als Subjekt des Privatrechts ausführte, bestanden nach Art. 50 des Gesetzes vom 14. Dezember 1789 in der Verwaltung wirtschaftlicher Angelegenheiten und der Ortspolizei; hier stand sie nur „sous la surveillance et l'inspection des assemblées administratives"[45].

Aus diesen Ausführungen ergibt sich, daß in der Gesetzgebung der Constituante eine Trennung strukturell verschiedener Aufgaben der Gemeinde deutlich zu erkennen ist. Dies darf jedoch nicht zu der

---

[39] Montesquieu gliederte die Staatsgewalt materiell nur in die gesetzgebende und die ausführende Gewalt, vgl. dazu i. e. *H. J. Wolff*, Verwaltungsrecht I, S. 61.

[40] Thouret sprach von „le pouvoir municipal qui a sa nature propre et son objet à part avec les pouvoirs nationaux qui s'exercent tant par la legislature, que par l'administration générale". Zit. nach *Hatschek*, a. a. O. S. 55. Diese Gewalt sollte der Gemeinde verblieben sein, als sie sich der übrigen Gewalten entkleidete, um sich mit anderen Staatsgliedern in der Staatsgemeinschaft zu vereinigen, vgl. *Hatschek*, a. a. O. S. 56.

[41] Die heute z. T. in diesem Zusammenhang verwendeten Begriffe „vertikale Gewaltenteilung" (vgl. bspw. *Salzwedel*, VVDStL Heft 22 [1965] S. 232) oder „dezentralisierende Gewalt-Teilung" (vgl. bspw. *H. J. Wolff*, Verwaltungsrecht I, S. 63) bezeichnen lediglich die Machtauftteilung schon bestehender öffentlicher Gewalten, insbes. der Exekutive, auf die Träger der sog. mittelbaren Staatsverwaltung.

[42] *Hatschek*, a. a. O. S. 56 f.

[43] *Hatschek*, a. a. O. S. 57; *G. Jellinek*, System, S. 278; Becker, a. a. O. S. 194 ff., 223; *Heffter*, S. 57.

[44] Pouvoir municipal und institutionelle Garantie der Selbstverwaltung weisen in der Zielsetzung eine gewisse Ähnlichkeit auf. Hier wie dort wird der Gemeinde ein von staatlichen Eingriffen grundsätzlich freier Aufgabenbereich eingeräumt, ohne ihr jedoch Grundrechte zu verleihen (Nach h. L. enthält Art 28 Abs. 2 GG kein Grundrecht, vgl. *Maunz-Dürig*, Art. 28 RdNr. 28) Der Unterschied besteht nur darin, daß heute die Gemeinde eine öffentlichrechtliche Körperschaft darstellt, die auch im Selbstverwaltungsbereich hoheitlich tätig wird.

[45] Art. 50 des Gesetzes, zit. nach *Becker*, a. a. O. S. 206 Anm. 5.

Folgerung verleiten, daß damit eine Scheidung in einen eigenen und übertragenen Wirkungskreis im Sinne der späteren deutschen Lehre gewollt war. Allzuleicht ist man geneigt, in rückschauender Betrachtung das durch die Verfassungsstruktur der konstitutionellen Monarchie geprägte Verhältnis von Staat und Gemeinde in Deutschland in das französische Gesetzgebungswerk hineinzudeuten. Nicht nur die staatsrechtlichen Grundlagen[46], sondern auch die Vorstellungen von der Stellung der Gemeinde im Staat waren verschieden. Wie in der Absonderung der in Art. 50 des Gesetzes genannten Angelegenheiten aus der Staatsverwaltung und ihrer Ausübung durch die Gemeinde als Person des Privatrechts nur „die Idee des eigenen Wirkungskreises der Gemeinde"[47] zum Ausdruck kam, so stellt auch die Wahrnehmung der in Art. 51 genannten Aufgaben durch die Munizipalität der Gemeinde nur einen Vorläufer des übertragenen Wirkungskreises dar. Denn der Staat bediente sich nicht bestehender öffentlich-rechtlicher Körperschaften und der zur Durchführung ihrer eigenen Angelegenheiten geschaffenen Einrichtungen, sondern die Gemeinde blieb staatlicher Verwaltungsbezirk.

III. Vorläufer im preußischen Recht

1. Die Städteordnung von 1808

Die Trennung von eigenen und übertragenen Aufgaben, die beide von der Gemeinde als öffentlich-rechtlicher Körperschaft ausgeführt werden, findet sich zum erstenmal in der preußischen Reformgesetzgebung des Jahres 1808. Insbesondere das Institut der gemeindlichen Auftragsverwaltung hat hier im Prinzip erstmals eine festumrissene Ausgestaltung in der deutschen Gemeindegesetzgebung erfahren.

Der den preußischen Staat tragende Unterbau aus königlichem Heer und königlicher Beamtenschaft war im Gegensatz zu Frankreich noch so gefestigt, daß eine Notwendigkeit zu Reformen auf dem Gebiete der städtischen Verwaltung nicht augenfällig, der Wunsch hierzu auch nicht geäußert wurde[48]. Erst die Niederlagen von 1806 und deren Folgen, also ein Anstoß von außen, bereiteten den Boden für das in den folgenden Jahren geschaffene Reformwerk vor. Das berühmteste Ergebnis der mit dem Namen des Freiherrn *vom Stein* (1757—1831) verbundenen

---

[46] Prinzip der Volkssouveränität einerseits, monarchisches Prinzip andererseits.

[47] *G. Jellinek*, System, S. 278.

[48] *Ritter*, Stein Bd. 1, S. 283. — Das gilt nicht nur für Preußen, sondern war ein allgemeines Zeichen der Zeit, vgl. *G. Jellinek*, Staat und Gemeinde, S. 338.

Reformgesetzgebung der Jahre 1807 und 1808 ist die „Ordnung für sämtliche Städte der Preußischen Monarchie" vom 19. November 1808[49, 50].

vom Stein und seine Mitarbeiter[51] erzielten Übereinstimmung darüber, „der Bürgerschaft die usurpierten Rechte wieder zu geben, ihr die Verwaltung ihres Privateigentums und sämtlicher Kommunalangelegenheiten nach einem wohlgeordneten Plan selbst zu überlassen..."[52]. Einig war man sich auch darüber, daß diese vom absolutistischen Staat „usurpierten Rechte" von den Städten in eigenem Namen und unter eigener Verantwortung ausgeübt werden sollten, jedoch im Gegensatz zu Frankreich „nicht in Wahrung privater Interessen, sondern in Ausübung vom Staate anerkannter hoheitlicher Funktionen zur Förderung und Erhaltung der örtlichen Gemeinschaft"[53]. Mit Erlaß der StO schied die Stadt somit als „öffentlich-rechtliche Körperschaft"[54] aus der bisher zentralistischen Staatsverwaltung aus.

Bei der Wahrnehmung der Kommunalangelegenheiten stand die „Stadtgemeine"[55] unter „der obersten Aufsicht des Staats"[56]. Die wenigen in § 2 StO vorgesehenen Aufsichtsbefugnisse zeigen jedoch, daß die Stadt keiner staatlichen Bevormundung mehr unterlag[57].

Im Verlauf der Beratungen zur StO setzte sich auch die Ansicht durch, daß Justiz und Polizei in den Aufgabenbereich des Staates fallen[58]. Nach der Auffassung *v. Schoens* sollte die Polizei als ausschließlich dem Staate zukommende Angelegenheit nicht wieder den Städten übertragen, sondern nur durch staatliche Behörden (Polizeidirektionen) aus-

---

[49] GS. S. 324; die StO ist auch abgedruckt bei *Wendt*, Denkschrift, 2. Teil, S. 98 ff.
[50] Zur Bauernbefreiung und Neuorganisation der Bürokratie vgl. *Ritter*, a. a. O. S. 321 ff., 359 ff.
[51] Hierzu gehörte, neben *v. Schoen, Staegemann* und *Altenstein*, vor allem der Königsberger Polizeidirektor *Frey* als wichtigster Bearbeiter der StO; vgl. *Ritter*, a. a. O. S. 381 ff., 529 Anm. 34.
[52] *Frey* in seinem Entwurf zur StO, zit. nach *Ritter*, a. a. O. S. 383.
[53] *Becker*, Selbstverwaltung, S. 196; vgl. auch S. 177.
[54] Dieser Begriff ist erst später entstanden, vgl. dazu allgemein *Köttgen*, VerwArch Bd. 44 (1939), S. 1 ff.
[55] Vgl. Titel V, §§ 46 ff. StO.
[56] Vgl. die Überschrift des Titels I der StO, der nur die §§ 1 und 2 umfaßt.
[57] Die verhältnismäßige Milde der Staatsaufsicht in der StO betonen auch *v. Meier*, Verwaltungsorganisation, S. 316 ff.; *Hensel*, S. 16 (kritisch); *Becker*, a. a. O. S. 177. Fehlende Aufsichtsbefugnisse machten sich insbesondere in bezug auf die städtische Finanzwirtschaft bemerkbar. Sehr weitgehend war aber bspw. das in § 153 der StO geregelte Mitspracherecht des Staates bei der Ernennung des Oberbürgermeisters.
[58] *v. Meier*, Französische Einflüsse, S. 332 ff.; ders., Verwaltungsorganisation, S. 278 ff.; *Wendt*, Denkschrift, 1. Teil, S. 59; *Schildheuer*, Diss., S. 17; *Ritter*, Stein Bd. 1, S. 391 ff.; *Becker*, a. a. O. S. 177.

geführt werden, um eine Vermischung von höchster Gewalt und Kommune zu vermeiden. Dieser als zu doktrinär empfundenen Meinung widersprachen vor allem *Frey* und *Staegemann* mit dem Hinweis auf die alte Städteverfassung. Unter dem vermittelnden Einfluß *v. Steins* einigte man sich schließlich darauf, „daß der Staat das Recht haben müsse, eigne staatliche Polizeiverwaltungen einzurichten, daß aber da, wo dies nicht für nötig gehalten werde, dem Magistrat ... die Ausübung übertragen werden könne"[59]. Die als Normalfall gedachte Ausführung polizeilicher Aufgaben durch den Magistrat „ex jure delegato" sollte demnach von Zweckmäßigkeitserwägungen abhängen. Soweit nicht übergeordnete Sicherheitsinteressen eine einheitliche Organisation der Polizei erforderten, wie dies in den größeren Städten der Fall war, wo später fast ausnahmslos (staatliche) Polizeidirektionen errichtet wurden[60], sollte der Magistrat mit der Ausführung der Polizei als staatlicher Angelegenheit beauftragt werden.

Diese Möglichkeit enthob die Verfasser der StO ihrer Meinung nach auch der Aufgabe, den Begriff der Polizei genau zu definieren. So wollte *v. Stein* nur die Orts(Sicherheits-)polizei dem Staate vorbehalten, während bspw. das Gesundheits-, Armen- und Schulwesen, das ebenfalls von dem damals herrschenden Polizeibegriff umschlossen wurde, als Kommunalangelegenheit der städtischen Verwaltung überlassen werden sollte[61]. Da Einigkeit über den Begriff der Polizei nicht erzielt werden konnte[62], glaubte man, mit der Vereinigung aller polizeilichen Befugnisse in der Hand des Magistrats die städtische Unabhängigkeit genügend gesichert zu haben[63].

Das Ergebnis dieser Überlegungen wurde im Titel VIII (§§ 165 ff.) der StO[64] zusammengefaßt. § 166 StO als die in diesem Zusammenhang wichtigste Bestimmung lautet:

---

[59] *v. Meier*, Französische Einflüsse, S. 333; vgl. auch die oben in Anm. 58 Genannten. Kritisch zu dieser Regelung *Preuss*, Amtsrecht, S. 141, und *Hensel*, S. 16.

[60] *v. Meier*, Verwaltungsorganisation, S. 282; *Ritter*, Stein Bd. 1, S. 395.

[61] *v. Meier*, a. a. O. S. 280 ff.; *Ritter*, a. a. O. S. 394.

[62] Gerade auf dem Gebiet der Polizei zeigt sich ganz deutlich, daß weder die Nassauer Denkschrift *v. Steins* noch der *Freysche* Entwurf und die StO selbst eine genaue Abgrenzung der Aufgabenbereiche von Staat und Stadt enthalten; vgl. insbes. *Ritter*, a. a. O. S. 283, 290, 389, 392 ff.; a. M. *Voigt*, S. 23, ohne nähere Begründung.

[63] *Ritter*, a. a. O. S. 395. Nach *Ritter*, a. a. O., stellt die ungenügende Abgrenzung der Polizeigewalt gegenüber der eigentlichen Stadtverwaltung den „zweifellos bedenklichsten Mangel der Städteordnung" dar. Vor allem in den Städten, in denen eine Polizeidirektion errichtet wurde, kam es zu dauernden Reibereien, weil der Polizeidirektor in fast allen städtischen Angelegenheiten unter Berufung auf seine Zuständigkeit umfassende Befugnisse für sich in Anspruch nahm.

[64] „Von der Geschäftsorganisation und dem Verhältnis der Behörden gegeneinander", insbes. §§ 165—172.

„Dem Staate bleibt vorbehalten, in den Städten eigene Polizeibehörden anzuordnen oder die Ausübung der Polizei dem Magistrate zu übertragen, der sie sodann vermöge Auftrags ausübt. So wie die besondere Polizeibehörden, welche in den Städten angeordnet werden, unter den obern Polizeibehörden stehen, so steht auch der Magistrat, welcher die Polizei vermöge Auftrags erhält, unter diesen höhern Behörden rücksichtlich alles dessen, was auf die Polizeiübung Bezug hat. Die Magisträte werden in dieser Hinsicht als Behörden des Staates betrachtet. Der Magistrat muß die Ausübung der Polizei, so weit sie ihm übertragen wird, unweigerlich übernehmen, und die ganze Bürgerschaft in diesem Falle sowohl, als auch dann, wenn die Polizei durch eine eigne Behörde verwaltet wird, unterstützen."[65]

Deutlich tritt in der Formulierung des § 166 S. 3 StO das Prinzip der Auftragsverwaltung zutage: Die Stadt *ist* kein staatlicher Verwaltungsbezirk, sondern deren Magistrat wird nur, beschränkt auf den Bereich der Polizei, *als* Behörde des Staates betrachtet und daher *wie* eine solche behandelt.

2. Ideengeschichtliche Zusammenhänge

Über die auf *v. Stein* und seine Mitarbeiter einwirkenden Einflüsse sowie über ihre Vorbilder herrscht bis heute keine Einigkeit, wovon eine umfangreiche historische und juristische Literatur Zeugnis ablegt[66]. Besonders in der wohl als Kern des Disputs zu bezeichnenden Frage, ob die französischen Reformpläne und die Gesetzgebung der Constituante den Schöpfern der StO als Vorlage dienten, stehen sich die Meinungen unversöhnlich gegenüber[67]. Dieser Streit bezieht sich jedoch

---

[65] § 167 StO regelt die Pflicht der Stadt zur Tragung der Kosten: „Da die Ortspolizei jeder Stadt hauptsächlich für die Sicherheit der städtischen Einwohner tätig ist, so liegt der Stadtgemeine auch ob, die Kosten, welche die Erhaltung des nöthigen Polizeipersonals und die nach der Disposition der Polizeibehörde erforderlichen Anstalten nothwendig machen, aufzubringen ..." Erst § 10 Nr. 3 des Allgemeinen Abgabengesetzes vom 30. 5. 1820 hat die Städte von der Unterhaltung der staatlichen Polizeidirektionen befreit, vgl. *v. Meier*, Verwaltungsorganisation, S. 283.

[66] Vgl. bspw. die bei *Becker*, DÖV 1957, S. 740 ff., angeführte Literatur (Anm. 3, 4, 5 und 10).

[67] Erinnert sei hier nur an die einer persönlichen Fehde nahekommende Auseinandersetzung zwischen *Lehmann*, „Der Ursprung der Städteordnung von 1808", Preuß. Jahrbücher Bd. 93 (1898), S. 471 ff., sowie „Freiherr vom Stein", Bd. 2, S. 447 ff., 452 ff. (einen Zusammenhang bejahend) und *v. Meier*, Französische Einflüsse, insbes. S. 314 ff. (strikt verneinend). Die überwiegende Meinung folgt im wesentlichen *v. Meier*, vgl. dazu etwa *Thimme* in der Einleitung zu *v. Meier*, Verwaltungsorganisation, S. XXV ff.; *Ritter*, Stein Bd. 1, S. 385 ff., ders., HistZ Bd. 137 (1928), S. 442 ff.; *Hartung*, S. 240, und *Braubach*, Handbuch der Deutschen Geschichte, Bd. 3, S. 61 ff. (63 f., 69 Anm. 1 m. w. N.). In etwas anderer Fragestellung, jedoch mit wesentlich gleichem Inhalt taucht dieser Streit in der Auseinandersetzung darüber auf, ob der Absolutismus einen Bruch in der Rechtsgeschichte und die StO daher „die Geburtsurkunde neuzeitlichen Kommunallebens" darstellt (so bspw. *Hensel*, S. 14; ferner *Hatschek*, Selbstverwaltung, S. 34 ff.; *Heffter*, S. 98; *Forsthoff*, Lehrbuch, S. 438; vgl. auch dens., Krise, S. 8) oder die StO unter Aufzeigen eigener ge-

nur auf das richtige Verständnis der *Stein*schen Selbstverwaltung; für die Auftragsverwaltung ist er mangels entsprechender Vorbilder bedeutungslos.

Was das allgemeine Verhältnis von Staat und Gemeinde betrifft, so ist die Auffassung der französischen Constituante von der Stellung der Gemeinde im Staat[68] den Verfassern der StO fremd geblieben. *vom Stein* war Pragmatiker, kein Dogmatiker[69]; seine staatspolitischen Vorstellungen zielten nicht auf die Anerkennung von Eigenrechten ab, die der Stadt als einem vorstaatlichen Verband von Natur aus zustehen. Er erkannte zwar den Gegensatz von Staat und Gesellschaft in dem bisher unverbundenen Nebeneinander von Bürokratie und Bürgertum; doch wollte er mit der Überlassung ursprünglich vom Staat in eigener Regie ausgeführter Aufgaben an das Bürgertum keine scharfe Trennung zwischen diesen Bereichen im Sinne der späteren liberalistischen Staatsauffassung ziehen, was die Absonderung der Gesellschaft vom Staate zur Folge gehabt hätte, sondern bezweckte gerade „die Integration des dritten Standes, des Bürgertums in den Staat hinein"[70]. Der organische Zusammenhang zwischen Staats- und Stadtverwaltung, der schon im Vorspruch zur StO deutlich zum Ausdruck kommt, wurde dadurch betont, daß man die Bestimmungen über die Staatsaufsicht gleich an den Anfang der StO setzte[71].

Daher wird auch die ungenügende Abgrenzung der städtischen von den staatlichen Aufgaben verständlich, wie sie sich besonders im Polizeiwesen zeigte. Denn Bürokratie und Bürgertum sollten miteinander auf das große Ziel eines deutschen Nationalstaates hinarbeiten, nicht einen Kampf um ihre gegenseitigen Rechte führen. Der Mangel einer genauen Abgrenzung der beiderseitigen Aufgaben und Befugnisse mußte zum Vorschein kommen, als das Bürgertum nach dem Wiener Kongreß begann, seine Kräfte gegen den Staat zu richten und die örtliche Selbstverwaltung als natürliches Eigenrecht für sich in Anspruch nahm.

---

schichtlicher Wurzeln nur bestehende Verhältnisse reformiert hat (so insbes. *Steinbach*, S. 73 ff., und *Becker*, Selbstverwaltung, S. 168 ff., 180 ff. (202); ders., DÖV 1957, S. 741 m. w. N.).

[68] S. oben II.

[69] Zur überwiegend ablehnenden Haltung *v. Steins* zur französischen Revolution vgl. bspw. *Ritter*, Stein Bd. 1, S. 143 ff.; *Forsthoff*, Krise, S. 7; *Becker*, Selbstverwaltung, S. 182 ff.; ders., DÖV 1957, S. 742; *Braubach*, a. a. O. S. 63 f.

[70] *Forsthoff*, Krise, S. 7. — Zu dem weiteren Ziel *v. Steins*, der Errichtung eines deutschen Einheitsstaates, vgl. *Forsthoff*, a. a. O. S. 6 ff.; *Becker*, DÖV 1957, S. 741 m. w. N. — Zu *Hardenberg*, der ein zentralistisches System nach französischem Muster bevorzugte, vgl. *Hartung*, S. 245.

[71] S. oben Anm. 56.

Drittes Kapitel

Das dualistische Aufgabensystem der Gemeinde

1. Abschnitt: Die Begriffe

I. Eigener und übertragener Wirkungskreis

1. Entstehung der Begriffe

Die Begriffe eigener und übertragener Wirkungskreis der Gemeinde gehören erst seit der Mitte des vorigen Jahrhunderts zur Nomenklatur des Gemeinderechts. Der Begriff des übertragenen Wirkungskreises taucht zum erstenmal in Art. IV des provisorischen österreichischen Gemeindegesetzes vom 17. März 1849[1] auf; die deutsche Rechtslehre hat ihn alsbald übernommen[2].

Dagegen läßt sich die formale Entstehung des Begriffs des eigenen Wirkungskreises nicht genau nachweisen. In der Literatur findet er sich, soweit ersichtlich, erst nach 1860[3], als sich die Lehre von der These eines der Gemeinde von Natur aus zukommenden Aufgabenkreises bereits

---

[1] RGBl. für das Kaisertum Österreich, 1849, Nr. 170. Art. IV des Gesetzes, das auf Grund der österreichischen Verfassung vom 4. 3. 1849 erging, lautet:
„*I. Die Grundfeste des freien Staates ist die freie Gemeinde.*
II. Der Wirkungskreis der freien Gemeinde ist:
    a) der natürliche, b) ein übertragener.
III. Der natürliche umfaßt alles, was die Interessen der Gemeinde zunächst berührt und innerhalb ihrer Grenzen vollständig durchführbar ist. Der übertragene umfaßt die Besorgung bestimmter öffentlicher Geschäfte, welche der Gemeinde vom Staat im Delegationswege zugewiesen werden.
IV. Die Verwaltung der in den natürlichen Wirkungskreis der Gemeinde gehörenden Angelegenheiten steht der Gemeinde selbst zu, welche sich durch die Majorität ihrer Vertretung ausspricht.
V. In bezug auf den übertragenen Wirkungskreis ist der Gemeindevorsteher das vollziehende Organ."

[2] *Brater*, Artikel „Gemeinde", S. 143; *Gierke*, Genossenschaftsrecht Bd. 1, S. 740, 744; *L. Stein*, Verwaltungslehre 1. Teil 2. Abt., S. 321. — Z. T. werden auch andere Begriffe vorgeschlagen, bspw. staatlicher, aufgetragener, delegierter oder fremder Wirkungskreis; vgl. *Brater*, a. a. O. S. 112; *G. Jellinek*, System, S. 288; *Neuwiem*, S. 8.

[3] Vgl. bspw. *Gierke*, a. a. O. S. 744; *L. Stein*, a. a. O. S. 321. — *Brater*, a. a. O. S. 109 ff., verwendet diesen Begriff noch nicht.

zu distanzieren begann. Bis dahin waren Begriffe wie natürlicher[4], selbständiger[5], unmittelbarer, organischer und kommunaler[6] Wirkungskreis gebräuchlich, falls man sich nicht ohne Verwendung bestimmter Begriffe auf eine allgemeine Beschreibung des Verhältnisses von Staat und Gemeinde beschränkte[7]. Erst später hat die Lehre den inzwischen üblich gewordenen Begriff des *eigenen* Wirkungskreises auch im naturrechtlichen Sinne verstanden[8].

2. Ursprüngliche Bedeutung

a) Der natürliche Wirkungskreis

Die Wirkungskreislehre stellt den im Ergebnis mißlungenen Versuch dar, einen von staatlichen Eingriffen grundsätzlich freien und einen der unbeschränkten Weisungsgewalt des Staates unterworfenen Bereich gemeindlicher Tätigkeit vom *Objekt* — also der einzelnen Aufgabe — her zu bestimmen. Diese Bestimmung war weitgehend von der Entscheidung der begrifflich-theoretischen Streitfrage abhängig, welche Rechtsstellung der Gemeinde im Staate zukommt.

Der Begriff des natürlichen Wirkungskreises, wie er in der angeführten österreichischen Gemeindegesetzgebung[9] verwendet wurde, ist das Ergebnis einer naturrechtlichen Auffassung vom Wesen der Gemeinde, die in der 1. Hälfte des 19. Jahrhunderts die herrschende war. Im Gegensatz zu absolutistischen und streng demokratischen Staatsvorstellungen, die keine öffentlich-rechtlichen Institutionen zwischen Staat und Individuum dulden, entsprach nach 1815 eine öffentlich-rechtliche, auf ihren natürlichen Rechten beruhende Gliedstellung der Gemeinde im Staat der allgemeinen Zeitauffassung in Deutschland, die in diesem Punkt vor allem durch *Rotteck*[10] und die belgische Verfassung vom

---

[4] Art. IV des österr. Gemeindegesetzes 1849 (s. oben Anm. 1); *Brater*, a. a. O. S. 112.

[5] Art. IV des österreichischen Gemeindegesetzes vom 5. 3. 1862 (RGBl. für das Kaisertum Österreich, 1862, Nr. 18; das Gesetz ist auch abgedruckt bei *L. Stein*, Verwaltungslehre, 1. Teil 2. Abt., S. 286 ff.).

[6] *Brater*, a. a. O. S. 128, 129, 159.

[7] Bspw. *Aretin-Rotteck*, Bd. 2, 2. Abt., S. 22 ff.; *Zoepfl*, S. 467 ff.; *Zachariä*, Staatsrecht Bd. 1, S. 567 ff.; *Gerber*, Staatsrecht, S. 59 ff.

[8] Etwa *Meyer-Anschütz*, S. 406; *Becker*, HKWPr. Bd. 1, S. 118; *Jesch*, DÖV 1960, S. 739 ff.

[9] Der österreichischen Gemeindegesetzgebung (vgl. dazu *Ulbrich*, S. 167 ff.) wurde von der zeitgenössischen Literatur in Deutschland vorbildliche Bedeutung zugemessen, vgl. etwa *Brater*, a. a. O. S. 125 f.; *Gierke*, Genossenschaftsrecht Bd. 1, S. 740, 744 f.; *L. Stein*, a. a. O. S. 283 f.; *Schulze*, S. 411; *Rosin*, Hirth's Annalen 1883, S. 292.

[10] Nach ihm (*Aretin-Rotteck*, Bd. 2, 2. Abt., S. 23 f.) stellen die Befürworter einer zentralistischen Auffassung, die die Gemeinde wieder zur „Staatsanstalt" degradiert, „Sachwalter der Despotie" und „exaltierte Freiheits- und Gleichheitsfreunde" dar. Ähnlich *Brater*, a. a. O. S. 112.

I. Eigener und übertragener Wirkungskreis

25. Februar 1831, letztlich jedoch durch die Gesetzgebung der französischen Constituante[11] beeinflußt wurde[12]. So beruft sich *Rotteck*[13] insbesondere auf die französische Literatur im Zeitalter der Restauration, die sich unter Hinweis auf das Gesetz vom 14. Dezember 1789 — allerdings vergeblich — gegen das im Jahre 1800 eingeführte Präfektensystem wandte. Der Einfluß der belgischen Verfassung von 1831, die in ihren Art. 31 und 108 mit der Anerkennung eines pouvoir provincial et communal für Provinzen und Gemeinden den Gedanken einer selbständigen Gemeindegewalt des Jahres 1789 wieder aufnahm, auf die deutsche, insbesondere preußische Verfassungsentwicklung ist bekannt[14]. Wenn auch die Konstruktion eines pouvoir municipal von der deutschen Lehre und Gesetzgebung nicht übernommen wurde, so war es doch die hieraus abgeleitete Folgerung, der Gemeinde einen von staatlicher Bevormundung freien Wirkungsbereich einzuräumen[15]. Der naturrechtliche Ausgangspunkt blieb derselbe; so begründet *Rotteck* die Freiheit[16] der Gemeinden als „ein ursprünglich ihnen zustehendes Recht"[17] damit, daß er Individual- und Kollektivfreiheit gleichsetzend den beliebten Vergleich mit den Familien heranzieht, die „naturgemäß sich bilden *ohne* den Staat und schon *vor* dem Staat"[18], daher ihre Aufgaben auch nicht von diesem erhalten haben können.

Der naturrechtlichen Schule, die sich erwartungsgemäß auf die — nicht in Kraft getretene — Verfassung der Frankfurter Paulskirche auswirkte[19], kommt die Lehre *O. Gierkes*[20] sehr nahe, der auf Grund

---

[11] S. oben 2. Kapitel II. 2.

[12] Zu den Zusammenhängen vgl. insbes. *G. Jellinek*, Staat und Gemeinde, S. 344 ff., und *Hatschek*, Selbstverwaltung, S. 60 ff., 72 ff.

[13] *Aretin-Rotteck*, a. a. O. S. 27 ff. Anm. 2 und 3.

[14] Vgl. i. e. *Smend*, S. 1 ff.; bzgl. des Kommunalrechts S. 71 ff. Vgl. auch *Hatschek*, a. a. O. S. 60 ff.

[15] Ähnlich *Smend*, S. 71 f.; vgl. auch *Nawiasky-Leusser-Schweiger-Zacher*, Art. 10 RdNr. 2 und 4.

[16] In der Verbindung des Begriffs der Freiheit als ein *gegen* den Staat gerichtetes Grundrecht mit dem der Selbstverwaltung, die zum ersten Mal, soweit ersichtlich, von *Pagenstecher* (1818), S. 5, vorgenommen wird, kommt die Abwendung von der Konzeption des *Frh. vom Stein* (s. oben 2. Kapitel III. 2.) deutlich zum Ausdruck.

[17] *Aretin-Rotteck*, a. a. O. S. 23; ähnlich Bd. 3, S. 32.

[18] *Aretin-Rotteck*, Bd. 2, 2. Abt., S. 25. — Zu den Vertretern dieser Schule gehören u. a. *Brater*, a. a. O. S. 109 ff.; *Zachariä*, Staatsrecht Bd. 1, S. 568, 572 ff.; *Gerber*, Staatsrecht, S. 59 ff.; *Schulze*, S. 409 ff; grundsätzlich auch *v. Mohl*, Staatsrecht Bd. 2, S. 144 f., und *Stahl*, Rechtsphilosophie, S. 21 ff. (32 ff.); wohl auch *Zoepfl*, S. 467 ff.

[19] Art. XI § 184 im Abschnitt VI (Die Grundrechte des deutschen Volkes) der Verfassung des Deutschen Reiches vom 28. 3. 1849 (RGBl. 16. Stück S. 101) sicherte den natürlichen Wirkungskreis der Gemeinde durch ein Grundrecht ab:

„*Jede Gemeinde hat als Grundrechte ihrer Verfassung*

seiner historisch-deutschrechtlichen Vorstellung vom Leben der Gemeinde als genossenschaftlicher Verband zum gleichen Ergebnis kommt. Auch nach ihm ist die Ansicht von der Gemeinde als staatlicher Schöpfung verfehlt, da sie dann „in Wahrheit eine künstliche bewegte Maschine"[21] darstellt; ihr steht vielmehr „eine eigene, originäre Persönlichkeit zu, welche der Staat so wenig wie die des einzelnen Staatsbürgers schafft, wohl aber so gut wie die des einzelnen Staatsbürgers zur rechtlichen Geltung bringt, begrenzt und sich dienstbar macht"[22].

Das Ergebnis der naturrechtlich begründeten Auffassung vom Wesen der Gemeinde ist, daß sie als natürliche, in ihrer Entstehung vom Staat völlig unabhängige Erscheinung ein „Analogon des Staates"[23] darstellt. Ihr Wirkungskreis, den sie als Lebensminimum zurückbehalten hat, als sie wie das Individuum mit anderen Staatsgliedern den Staatsvertrag schloß, ist daher durch die Vernunft gegeben und unabänderlich[24].

Eine genaue und allseits anerkannte Umschreibung der in den vorgegebenen Wirkungskreis der Gemeinde fallenden Angelegenheiten ist Lehre und Gesetzgebung[25] jedoch nicht gelungen. Sie war ohnehin unmöglich. Wie immer, wenn das Naturrecht zur Begründung einer Rechtsposition herangezogen wird, hängt die Bestimmung ihres Inhalts und ihrer Grenzen von philosophischen, sozialen und politischen Wertungen ab, die sich je nach der herrschenden Zeitauffassung an ganz

---

a) *die Wahl ihrer Vorsteher und Vertreter;*
b) *die selbständige Verwaltung ihrer Gemeinde-Angelegenheiten mit Einschluß der Ortspolizei, unter gesetzlich geordneter Oberaufsicht des Staates;*
c) *die Veröffentlichung ihres Gemeindehaushalts;*
d) *Öffentlichkeit der Verhandlungen als Regel."*
Vgl. auch Art. 104 der oktroyierten preuß. Verfassung vom 5. 12. 1848 und Art. 105 der rev. preuß. Verfassung vom 31. 1. 1850; dazu *Hatschek,* Staatsrecht Bd. 1, S. 115 ff.

[20] Genossenschaftsrecht Bd. 1, S. 709 ff., 757 ff.; Artikel „Gemeinde", S. 42 ff. — Ihm im wesentlichen folgend *Preuss,* Amtsrecht, S. 133 ff.; ders., Gemeinde, S. 199 ff.

[21] Genossenschaftsrecht Bd. 1, S. 714.

[22] A. a. O. S. 759. — Kritisch zu *Gierke,* der aus seiner Auffassung, z. T. über frühere Ansichten und Forderungen hinausgehend, sehr weitgehende Folgerungen für die Selbständigkeit der Gemeinden ableitet, insbes. *Peters,* Grenzen, S. 21 ff., 56 ff.

[23] Ein beliebter Ausdruck dieser Lehre, vgl. etwa *Zachariä,* Staatsrecht Bd. 1, S. 575.

[24] Vgl. dazu (kritisch) *Hatschek,* Selbstverwaltung, S. 78.

[25] Z. T. wird eine allgemeine Umschreibung versucht, wie in Art. IV des österreichischen Gemeindegesetzes 1849 (s. oben Anm. 1), wobei zur Bestimmung der natürlichen Gemeindeaufgaben auf das Gemeindeinteresse abgestellt wird (ebenso *Zachariä,* a. a. O. S. 575), z. T. werden die einzelnen Angelegenheiten enumerativ, aber nicht abschließend, aufgezählt, wie in Art. V des österreichischen Gemeindegesetzes 1862 (s. oben Anm. 5) oder § 184 der Reichsverfassung 1849 (s. oben Anm. 19).

I. Eigener und übertragener Wirkungskreis

verschiedenen Maßstäben und Zielen orientieren können[26]. Diese Erkenntnis spiegelt sich in den Ansichten wider, die zum Umfang des natürlichen Wirkungskreises geäußert wurden. Einig war man sich praktisch nur darüber, daß die wirtschaftlichen Angelegenheiten (Verwaltung des Gemeindevermögens) zu den natürlichen Aufgaben der Gemeinde gehören[27]; darüber hinaus gingen die Meinungen auseinander. Besonders umstritten war die Zugehörigkeit der Ortspolizei zum natürlichen Wirkungskreis, was von der Mehrzahl der Gemeindegesetze verneint[28], von der Literatur aber allgemein gefordert wurde[29].

Die Auffassung von der Ursprünglichkeit des der Gemeinde zukommenden Wirkungskreises hatte zur *Folge,* daß die Verwaltung der hierzu gehörigen Angelegenheiten grundsätzlich keinen staatlichen Eingriffen unterlag. Dem Staat stand lediglich ein Aufsichtsrecht zu. Aus der alten, am Gemeinwohl orientierten Oberaufsicht (jus supremae inspectionis) entwickelte sich die an feste Rechtsmaßstäbe gebundene Staatsaufsicht über die Gemeinden[30], die wegen der Gleichartigkeit von Staats- und Gemeindeaufgaben[31] und dem daraus sich ergebenden Interesse des Staates an der rechtmäßigen Ausführung der letzteren zwar grundsätzlich bejaht, in ihrer tatsächlichen Handhabung jedoch z. T. als Kuratelsystem empfunden wurde[32].

---

[26] Das wird z. T. auch durchaus erkannt, vgl. etwa *Aretin-Rotteck,* Bd. 2, 2. Abt., S. 117; *Brater,* a. a. O. S. 129. Eine umfassende Kritik gibt *Peters,* Grenzen, S. 21 ff.; vgl. auch unten 3. b).

[27] *Aretin-Rotteck,* a. a. O. S. 61 ff., 121 Anm. 1; *Zoepfl,* S. 483; *Zachariä,* a. a. O. S. 576 ff.; vgl. auch *Hatschek,* Selbstverwaltung, S. 76; *Schildheuer,* Diss., S. 23. Kritisch zu dieser Beschränkung vor allem *Gierke,* Genossenschaftsrecht Bd. 1, S. 744; *Preuss,* Gemeinde, S. 228.

[28] Zum natürlichen Wirkungskreis wurde sie gerechnet in §§ 3 Abs. 2, 14 Abs. 1 Württ. Gemeindeedikt vom 1. 3. 1822; Art. 104 Abs. 3 preuß. Verfassung vom 5. 12. 1848; Art. 119 österr. Gemeindegesetz 1849; § 184 Buchst. b) Reichsverfassung 1849; § 1 StadtGO 1850 und § 3 LandGO 1850 von Braunschweig; Art. 9, 111 GO von Weimar 1854; vgl. i. e. *Brater,* a. a. O. S. 131; *Blodig,* S. 214 ff.

[29] *Aretin-Rotteck,* a. a. O. S. 118; *Brater,* a. a. O. S. 133 ff., 144; *Zachariä,* a. a. O. S. 578; *Gierke,* Genossenschaftsrecht Bd. 1, S. 753 f.; *Schulze,* S. 415; *Rosin,* Hirth's Annalen 1883, S. 295 f.; a. M. *Gerber,* Staatsrecht, S. 62 Anm. 6. Vgl. auch *Heffter,* S. 184, und *Peters,* a. a. O. S. 196 ff.

[30] Zur Entwicklung vgl. *Bullinger,* VVDStL Heft 22 (1965), S. 275 ff. (281 ff.).

[31] Die h. L. der frühkonstitutionellen Zeit geht trotz ihrer naturrechtlichen Argumentation von der Gleichartigkeit staatlicher und gemeindlicher Aufgaben aus (sog. vermittelndes System); eine spezifische Verschiedenartigkeit dieser Aufgaben (sog. absolutes System) wurde allgemein abgelehnt; vgl. etwa *v. Mohl,* Staatsrecht Bd. 2, S. 144 f.; *Gierke,* a. a. O. S. 713 f.; vgl. ferner *Gluth,* S. 8, und *Blodig,* S. 6.

[32] Vgl. i. e. *Aretin-Rotteck,* a. a. O. S. 34 ff., 61 ff., 96 ff.; *v. Mohl,* a. a. O. S. 146 f.; *Stahl,* Rechtsphilosophie, S. 22 f.; *Brater,* a. a. O. S. 152 ff.; *Gierke,* Genossenschaftsrecht Bd. 1, S. 744 f., 763 m. N. aus der Gesetzgebung. Vgl. auch *Hatschek,* Selbstverwaltung, S. 76 ff.

b) *Der übertragene Wirkungskreis*

Alle übrigen von der Gemeinde wahrgenommenen Aufgaben gehörten, da sie der Gemeinde nicht von Natur aus zukamen, sondern *staatlichen* Ursprungs waren und diese Eigenschaft durch die Übertragung nicht verlieren konnten, dem *übertragenen* Wirkungskreis an. Ihre unabänderliche Zuordnung zum staatlichen Bereich hatte notwendig zur *Folge*, daß „in dieser Sphäre ... die Gewalt des Staates (vorherrscht)"[33], die Gemeinde daher den Weisungen der vorgesetzten Staatsbehörde ebenso unterworfen war wie eine im Instanzenzug nachgeordnete Behörde; der Magistrat stand bei der Ausführung staatlicher Aufgaben „unabhängig von der Gemeinde nur unter der Leitung der vorgesetzten Regierungsbehörde"[34], regierte „also nicht im Namen und Auftrag der Gemeinde, sondern im Namen und Auftrag des Staats"[35]. Auf eine kurze Formel gebracht, wurde die Gemeinde, bzw. das die staatliche Angelegenheit ausführende Gemeindeorgan, bei der Durchführung der in den übertragenen Wirkungskreis fallenden Angelegenheiten als Organ der Staatsgewalt[36], unterste Staatsbehörde, Organ der Obrigkeit, Diener des Staates, Staatsorgan o. ä.[37] bezeichnet.

Der Umfang der in den übertragenen Wirkungskreis fallenden Angelegenheiten war anfangs nicht sehr groß; hierzu gehörten in der Regel neben der Ortspolizei[38] die Eintreibung der Steuern, die Erfassung der Wehrpflichtigen und die Verkündung von Gesetzen[39].

---

[33] *Aretin-Rotteck*, a. a. O. S. 39; vgl. auch S. 96.

[34] § 71 der StO von Hannover vom 1. 5. 1851, zit. nach *Brater*, a. a. O. S. 143.

[35] *Gierke*, Genossenschaftsrecht Bd. 1, S. 739.

[36] § 84 der revidierten StO für die Preußische Monarchie vom 17. 3. 1831 (GS. S. 9), die die StO von 1808 ablöste, lautete:
„Jeder Stadt soll als deren Obrigkeit ein Magistrat vorgesetzt sein, welcher in einer doppelten Beziehung steht:
a) als Verwalter der Gemeindeangelegenheiten,
b) als Organ der Staatsgewalt."

[37] Zu den einzelnen Bezeichnungen in Gesetzgebung und Literatur vgl. bspw. *Brater*, Artikel „Gemeinde", S. 143, und *Gierke*, Genossenschaftsrecht Bd. 1, S. 738 f.

[38] So insbesondere in Preußen; § 109 rev. StO 1831, der an die Stelle des § 166 StO 1808 trat, lautete bspw.:
„Insofern wir es nicht für nötig erachten, besondere Polizeibehörden zu bestellen, ist der Magistrat und insbesondere der Bürgermeister oder Oberbürgermeister oder dasjenige Magistratsmitglied, welches damit speziell beauftragt werden möchte, verbunden, auch die Polizeiverwaltung in dem Stadtbezirk zu übernehmen. Er handelt dabei aber nur im Auftrag der vorgesetzten Regierung unabhängig von seinem Verhältnis als Gemeindevorsteher."
Vgl. auch oben Anm. 28 f.

[39] Vgl. i. e. *Aretin-Rotteck*, a. a. O. S. 118 ff., *Brater*, a. a. O. S. 143 ff.

I. Eigener und übertragener Wirkungskreis

3. Heutige Bedeutung

a) Der herrschende Staatsbegriff

Der naturrechtlichen Doktrin gelang es nicht, der Wirkungskreislehre ein dogmatisch befriedigendes Fundament zu geben. Die in der Gemeindegesetzgebung unterschiedlich beantwortete Frage nach der Zugehörigkeit der Ortspolizei in einen der beiden Wirkungskreise zeigte schon die Unmöglichkeit, den der Gemeinde von Natur aus zukommenden und unabänderlichen Wirkungskreis nach vorgegebenen Merkmalen vom übertragenen abzugrenzen. Diese Theorie wurde vollends unhaltbar, als die Praxis dazu überging, an sich staatliche Aufgaben durch Gesetz dem eigenen Wirkungskreis der Gemeinde zuzuschlagen[40].

Von einem umfassenden Staatsbegriff ausgehend, überwand die Lehre in der 2. Hälfte des vorigen Jahrhunderts die naturrechtliche Anschauung vom Wesen der Gemeinde. Die originäre öffentlich-rechtliche Gemeindegewalt widerstrebte der Erkenntnis, daß allein der Staat die Befugnis besitzt, alle aus kollektiven Bedürfnissen entspringenden Aufgaben an sich zu ziehen und diese erst dadurch den Rang von öffentlichen erhalten. Da die gesamte öffentliche Verwaltung dem Staate zugerechnet wird, stellt auch die Verwaltung der eigenen Angelegenheiten der Gemeinde einen Teil der Staatsverwaltung dar[41]; alle von der Gemeinde ausgeübten Rechte sind daher vom Staate abgeleitet.

Diese Auffassung wurde vor allem dadurch beeinflußt, daß die Lehre schon frühzeitig begann, über die wirtschaftlichen Angelegenheiten hinaus typisch hoheitliche zu den natürlichen Aufgaben der Gemeinde zu rechnen, was die umstrittene Zuordnung der Ortspolizei zu einem der beiden gemeindlichen Wirkungskreise deutlich zeigt. Die äußere Unterscheidung zwischen wirtschaftlicher Tätigkeit (= natürlicher Wirkungskreis) und hoheitlicher Tätigkeit (= übertragener Wirkungskreis) wurde damit hinfällig, der Zusammenhang von Staats- und Selbstverwaltung offensichtlich.

Mit dieser Ansicht konnte auch ein politisches Postulat verwirklicht werden, mit dem die Gesellschaft neben der bereits erreichten ver-

---

[40] Auf die generelle Möglichkeit, Aufgaben zur eigenverantwortlichen Erledigung auf Selbstverwaltungsorgane zu übertragen, weist bspw. schon § 115 (vgl. auch § 116 Ziffer 10) der preuß. Kreisordnung vom 13.12.1872 (GS. S. 661) hin:
„Der Kreistag ist berufen, den Kreis-Kommunalverband zu vertreten, über die Kreisangelegenheiten nach näherer Vorschrift dieses Gesetzes, sowie über diejenigen Gegenstände zu beraten und zu beschließen, welche ihm zu diesem Behufe durch Gesetze oder königliche Verordnungen überwiesen sind, oder in Zukunft durch Gesetz überwiesen werden."
Vgl. dazu *Hatschek*, Selbstverwaltung, S. 82.

[41] Zum Begriff der mittelbaren Staatsverwaltung, dem dieser umfassende Staatsbegriff zugrunde liegt, s. unten II. 3.

3. Kap.: Das dualistische Aufgabensystem der Gemeinde

fassungsmäßigen Teilnahme an der Gesetzgebung eine solche an der Verwaltung erstrebte[42]. Die Doktrin sah daher in der Gemeinde nicht mehr einen Hort kollektiver Freiheit, wodurch ein vom Staate weitgehend unabhängiges Eigenleben zum Ausdruck kommen sollte, sondern betrachtete die Selbstverwaltung als ein Mittel zur beiderseitigen Durchdringung der Bereiche von Staat und Gesellschaft[43]. Abgesehen davon, daß sich diese Forderung mit der Verwaltung wirtschaftlicher Angelegenheiten als ausschließlichem Inhalt des natürlichen Wirkungskreises nicht hinreichend befriedigen ließ[44], konnte mit dem Dogma von der ursprünglichen Herrschaftsgewalt der Gemeinde eine Teilnahme der Gesellschaft an der *Staatsverwaltung* nicht gut begründet werden.

Die Entwicklung des umfassenden Staatsbegriffs ist vor allem ein Verdienst *L. v. Steins*[45]. Zwar ist die Lehre seinem System der „freien Verwaltung", wozu neben der körperschaftlichen Selbstverwaltung[46] auch das Vereinswesen[47] gehörte, nicht gefolgt, doch hat er sie in der theoretischen Erfassung aller öffentlichen Verwaltung als Staatsverwaltung nachhaltig beeinflußt[48].

Die auf der Zurückführung aller hoheitlichen Gewalt auf den Staat beruhende Ansicht von der abgeleiteten Herrschaftsgewalt der Gemeinde hat sich im Ergebnis durchgesetzt, mag die Begründung im einzelnen auch verschieden sein[49]. Während man sich bis in die Wei-

---

[42] Vgl. *Blodig*, S. 6.

[43] In dieser politischen Zielrichtung, die schon der *Frh. vom Stein* verfolgte (s. oben 2. Kapitel III. 2.), entsprechen sich *L. Stein* und *Gneist*, worauf besonders *Forsthoff* hingewiesen hat (vgl. Körperschaft, S. 8 ff.; Krise, S. 11 ff.; vgl. ferner W. *Weber*, Selbstverwaltung, S. 32 ff.); allerdings gehen die Meinungen über die juristische Durchführung, wie der Streit um den Begriff der Selbstverwaltung zeigt, auseinander, vgl. unten II. 2. a).

[44] Vgl. dazu etwa *Rosin*, Hirth's Annalen 1883, S. 293.

[45] Insbesondere: Die Verwaltungslehre, 1. Teil: Die vollziehende Gewalt, 2. Abt.: Die Selbstverwaltung und ihr Rechtssystem, 1869.

[46] A. a. O. S. 109 ff.

[47] A. a. O. S. 27 ff.

[48] *Steins* Lehre, die besonders deutlich im Zusammenhang mit der Darstellung des Vereinswesens zum Ausdruck kommt (vgl. die vorige Anm.), wird nur verständlich, wenn man sich den von ihm vertretenen Begriff der Verwaltung vergegenwärtigt. Verwaltung muß nach seiner Ansicht stets die Gesamtheit der Staatsangehörigen umfassen (a. a. O. S. 28); ein Mensch, der sein Vermögen „verwaltet", kann ebensowenig in diesem Sinne Verwaltung ausüben wie ein Verband, der seine Zwecke und seine Tätigkeit nur auf seine Mitglieder beschränkt. Ist dies der Fall, so liegt eine Gesellschaft vor. Da die Verfolgung der auf die Gesamtheit der Staatsangehörigen sich beziehenden Zwecke Aufgabe des Staates ist, kann es eine andere öffentlich-rechtliche Verwaltung als die des Staates nicht geben.

[49] H. L., vgl. aus der umfangreichen Literatur etwa *Gneist*, Selfgovernment, S. 882 f.; *Loening*, S. 31 ff., 153 ff., 180 ff.; *Hänel*, S. 135 ff.; *Schoen*, S. 6 ff., S. 13 ff.; *Hatschek*, Selbstverwaltung, S. 80 ff., 87 ff., 97 ff.; G. *Jellinek*, System,

marer Zeit hinein z. T. mit der Widerlegung historisierender Ansichten begnügte[50], hat die heutige Lehre ein befriedigendes rechtsdogmatisches Fundament für die vom Staate abgeleitete Rechtsstellung der Gemeinde gefunden. Nach ihr müssen tatsächliche und rechtliche Existenz eines Menschen oder eines Verbandes scharf unterschieden werden[51, 52]. *Rechtliche* Existenz kommt der Einzelperson und ihren Gruppierungen dadurch zu, daß ihnen die Rechtsordnung, die nur der Staat kraft seiner originären Gewalt schaffen kann, Rechte und Pflichten verleiht, sie dadurch zu Rechtssubjekten macht. Erst mit der Verleihung der Rechtsfähigkeit als eines Bündels — nicht aller denkbaren — subjektiven Rechte und Pflichten wird der Mensch zur „juristischen Person"[53]. Ebenso wird der Gemeinde als vorgefundener sozialer Erscheinung die Rechtsfähigkeit erst durch die Erhebung zur juristischen Person verliehen[54]; eine natürliche Einzel- oder Verbandsperson, die a priori mit Rechten ausgestattet ist, gibt es nicht. *Rechtlich* ist daher die Gemeinde eine Schöpfung des Staates.

S. 275 ff.; ders., Staatslehre, S. 644; ders., Staat und Gemeinde, S. 358 ff.; *Smend*, S. 72 f.; *Bornhak*, Staatsrecht Bd. 2, S. 101 ff.; *Laband*, Staatsrecht Bd. 1, S. 70, 102 ff. (Anm. 4); ders., Reichsstaatsrecht, S. 27 Anm. 1, S. 153; *Meyer-Anschütz*, S. 407; *Peters*, Grenzen, S. 21 ff., 56 f.; *W. Jellinek*, S. 530; *Forsthoff*, Körperschaft, S. 7; ders., Lehrbuch, S. 436 ff.; *Loy*, DV 1949, S. 30; *Mangoldt-Klein*, Bd. I, S. 705; *Krüger*, Staatslehre, S. 866; *Gönnenwein*, Gemeinderecht, S. 86 ff.; *Köttgen*, Gemeinde, S. 13 ff., 44; *Maunz-Dürig*, Art. 19 Abs. III RdNr. 37 f.; *Salzwedel*, VVDStL Heft 22 (1965), S. 209 ff., 222 ff.

[50] Dazu vgl. *Peters*, Grenzen, S. 22 ff.; *Neuwiem*, S. 3 f.; ferner *Bornhak*, a. a. O. (oben Anm. 49). Selbst noch historisch argumentierend bspw. *Smend*, S. 72 f.

[51] Vgl. insbes. *Nawiasky*, Rechtslehre, S. 172 ff. und *H. J. Wolff*, Verwaltungsrecht I, S. 157 ff.; ferner *Dressler*, Diss., S. 12 ff.; *Maunz-Dürig*, Art. 19 Abs. III, RdNr. 38. — Allgemein zum Problemkreis Rechtssubjekt — Rechtsfähigkeit — juristische Person neuerdings *Bachof*, AöR Bd. 83 (1958), S. 208 ff., und *Rupp*, Grundfragen, S. 15 ff. Aus der älteren Literatur vgl. vor allem *G. Jellinek*, System, S. 28 ff., ferner *Bornhak*, a. a. O. S. 102 f.

[52] Diese Trennung ist keineswegs neu, sondern war schon früheren Rechten bekannt. So besaß der Sklave im römischen Recht zwar die Handlungs-, nicht aber die Rechtsfähigkeit; vgl. *Lehmann*, Allgemeiner Teil, S. 71. — Nach § 1199 II 11 ALR wurden Mönche und Nonnen in Ansehnung aller weltlichen Geschäfte als verstorben angesehen (sog. bürgerlicher Tod), so daß sie gemäß § 1200 a. a. O. unfähig waren, „Eigentum oder andere Rechte zu erwerben, zu besitzen, oder darüber zu verfügen"; vgl. dazu *Koch*, Bd. 1, S. 104, Bd. 4 1. Abt., S. 459 ff.; *Anschütz*, Verfassungsurkunde, S. 177 ff.

[53] Vgl. *H. J. Wolff*, a. a. O. S. 160: „Alle Personen im Rechtssinne sind daher juristische." Ähnlich *Nawiasky*, a. a. O., S. 178 f.

[54] Gegen die weitergehende Ansicht von *Peters*, Grenzen, S. 31 ff., wonach die Anerkennung der Gemeinden als öffentlich-rechtliche Körperschaften „logisch die Verleihung des Rechts auf eigene Organe, auf eigene Finanzverwaltung und auf Ausübung derjenigen Tätigkeiten (umschließt), die sich aus der Notwendigkeit, die Organisation zu schaffen und zu erhalten, ergeben" (a. a. O. S. 31), auf der Grundlage der hier skizzierten Auffassung überzeugend *Dressler*, Diss., S. 15 f.

Die Vorstellung von der Gemeinde als ursprünglicher Persönlichkeit mit einem ihr von Natur aus zukommenden Wirkungskreis hat sich jedoch trotz aller rechtstheoretischen Erkenntnisse und trotz vernichtender Kritik[55] bis in die heutige Zeit zäh gehalten. So wird z. T. in Verfassungen[56] und Gemeindeordnungen[57] der Nachkriegszeit ein ausdrückliches Bekenntnis zur Lehre von den ursprünglichen Rechten der Gemeinde abgelegt, z. T. werden Verfassungsbestimmungen, deren Text hierfür keine Anhaltspunkte bietet, in diesem Sinne interpretiert[58].

b) *Auswirkungen auf die Wirkungskreislehre*

Mit der Anerkennung eines umfassenden Staatsbegriffs entfiel das bisherige Merkmal zur Abgrenzung des eigenen vom übertragenen Wirkungskreis der Gemeinde: Da alle von ihr ausgeübten Rechte vom Staate verliehen sind, ist eine eigene, originäre Rechtssphäre der Gemeinde nicht mehr denkbar. Ihrer begrifflichen Grundlage beraubt, mußte daher die herkömmliche Wirkungskreislehre konsequent abgelehnt werden[59].

---

[55] Vgl. vor allem *Peters*, Grenzen, S. 21 ff., 55 ff.; *Maunz-Dürig*, Art. 19 Abs. III RdNr. 3 (S. 3 Anm. 1), 37 f.

[56] Art. 11 Abs. 2 S. 1 der Verfassung des Freistaats Bayern vom 2. 12. 1946 (GVBl. S. 333) lautet: „Die Gemeinden sind ursprüngliche Gebietskörperschaften des öffentlichen Rechts." Kritisch dazu *Nawiasky-Leusser-Schweiger-Zacher*, Art. 10 RdNr. 4 und Art. 11 RdNr. 4; diese Kritik ist aber sehr viel vorsichtiger als die in der Vorauflage (*Nawiasky-Leusser*, Die Verfassung des Freistaats Bayern vom 2. Dezember 1946, München und Berlin 1948, S. 86: „rechtstheoretisch anfechtbare Charakterisierung ... weil von einem selbständigen Recht der Gemeinden gegenüber dem Staat heute gar keine Rede mehr sein kann."). Kritisch auch *Stern*, VerwArch. Bd. 49 (1958), S. 136. — Nach *Gönnenwein*, Gemeinderecht, S. 87 Anm. 1 m. w. N., klingt in Art. 71 Abs. 2 und 3 LaVerf BaWü die Vorstellung einer naturrechtlichen Aufteilung der „öffentlichen Aufgaben" auf Staat und Gemeinde an. In dieser Richtung auch *Gützkow*, DÖV 1956, S. 8, der von vorgegebenen Staatsaufgaben ausgeht, ohne diese aber näher zu bestimmen.

[57] Auch Art. 1 S. 1 GO Bay spricht von „ursprünglichen Gebietskörperschaften"; vgl. hierzu die vorsichtige Kritik von *Masson*, Gemeindeordnung, S. 3, und *Krüger*, Staatslehre, S. 866. — § 1 Abs. 1 GO SchlH bezeichnet das Selbstverwaltungsrecht als Grundrecht demokratischer Staatsgestaltung (?); kritisch hierzu *Markull*, S. 18.

[58] *Süsterhenn-Schäfer*, S. 218 ff., zu Art. 49 LaVerf RhPf mit Hinweis auf dessen Entstehungsgeschichte. Im Ergebnis ebenso VerfGH RhPf, RhPf VerwBl 1948, S. 221, zit. nach *Salzmann-Schunk*, S. 72, die ebenfalls vom Selbstverwaltungsrecht als einem Naturrecht sprechen. — Grundsätzlich dafür auch *Becker*, HKWPr. Bd. 1, S. 120, der diese Frage aber als für die Praxis belanglos im Ergebnis unentschieden läßt; ferner *E. R. Huber*, Wirtschaftsverwaltungsrecht Bd. 1, S. 110; *Linckelmann*, DÖV 1959, S. 561 ff., 813 ff.; *Zuhorn-Hoppe*, S. 44 ff.

[59] So richtig *Loening*, S. 32, 181 Anm. 1; *Schoen*, S. 13 ff. (14); *Hatschek*, Selbstverwaltung, S. 83, 103; *Meyer-Anschütz*, S. 406; vgl. auch *Peters*, Grenzen, S. 189 ff.

I. Eigener und übertragener Wirkungskreis

Diejenigen Autoren, welche die begriffliche Unterscheidung zwischen eigenem und übertragenem Wirkungskreis beibehielten, sahen sich vor die Notwendigkeit gestellt, beide Bereiche nach neuen Kriterien abzugrenzen. So führte der Abgrenzungsversuch L. v. Steins[60] zu dem schon bei der naturrechtlichen Schule unausweichlichen Ergebnis, alle der Gemeinde vom Staate ausdrücklich übertragenen Angelegenheiten dem übertragenen Wirkungskreis zuzuordnen. Nach ihm bilden „die Thätigkeiten der Gemeinde, die einen selbständigen Beschluß derselben ausführt, ... in ihrer Gesamtheit den eigenen Wirkungskreis derselben; diejenigen Thätigkeiten dagegen, welche ein Gesetz oder eine Verordnung des Staats ausführen, enthalten das, was man den übertragenen Wirkungskreis nennen kann"[61]. Die hierfür vorgeschlagene Begriffsbildung „innerer" und „amtlicher" Wirkungskreis, mit der v. Stein[62] die herkömmlichen Bezeichnungen ablösen wollte, setzte sich schon deswegen nicht durch, weil sie die fakultativen nicht von den obligatorischen (Selbstverwaltungs-)Aufgaben[63] der Gemeinde zu trennen vermochte. Die Lehre hat sich in der Folgezeit bemüht, andere Kriterien für die Unterscheidung der beiden Wirkungskreise herauszuarbeiten. So wird bspw. der Zweck[64], die Lokalbezogenheit[65] oder, wie schon früher bei der Bestimmung des natürlichen Wirkungskreises[66], das Interesse[67] sowie die Einteilung der Aufgaben in wirtschaftliche und hoheitliche[68] als Abgrenzungsmerkmal für tauglich gehalten.

Alle diese Versuche sind jedoch ungeeignet, gemeindliche („eigene") und staatliche Aufgaben nach vorgegebenen Merkmalen zu bestimmen, um auf diesem Wege zu einer juristisch klaren und praktikablen Unterscheidung der beiden Wirkungskreise zu gelangen. So wenig eine genaue Festlegung der Aufgaben gelang, die der Gemeinde von Natur aus

---

[60] Verwaltungslehre, 1. Teil 2. Abt., S. 320 ff.

[61] A. a. O. S. 321.

[62] A. a. O. S. 321 ff.; vgl. auch S. 284.

[63] Diese Unterscheidung wurde schon früh gemacht, vgl. Loening, S. 181; Blodig, S. 33 f., 209; siehe ferner oben Anm. 40 mit dazugehörigem Text.

[64] Nach Neuwiem, S. 8, kommt der Gemeinde „ein eigener, aus ihrem Dazeinszweck sich ergebender Wirkungskreis zu"; ebenso schon Rosin, Hirth's Annalen 1883, S. 291 ff.; Leidig, S. 35; v. Blume, S. 12, 28 Anm. 6. — Diese Ansicht unterscheidet sich kaum von der Auffassung Gierkes.

[65] So noch Art. 7 GO Bay. — Nach H. Gerber, VerwArch Bd. 36 (1931) S. 23, entspringen die eigenen Aufgaben der Gemeinde dem „nachbarschaftlichen Zusammenleben der Staatsbürger". Ähnlich eine Definition der Selbstverwaltungsangelegenheiten, die der preuß. Landtagsausschuß (Drucksachen des preuß. Landtags, 1. Wahlperiode 1921/24 Nr. 8320 A, S. 177) für § 68 des Entwurfs einer StO vorschlug; dagegen mit Recht Peters, Grenzen, S. 17.

[66] Siehe oben 2. a).

[67] Stahl, Rechtsphilosophie, Bd. 2 2. Abt., S. 21 f.; Ulbrich, S. 169.

[68] Helfritz, S. 54 ff., 62 ff.; kritisch hierzu Peters, a. a. O. S. 187 f. Siehe auch oben Anm. 27.

zukommen sollen[69], so wenig läßt sich nach den oben genannten Kriterien von vornherein ein Kreis eigener, d. h. eigenverantwortlich zu erledigender Aufgaben bestimmen; selbst wiederum ausfüllungsbedürftig, wird mit solchen Merkmalen „lediglich eine Unbekannte durch eine andere ersetzt"[70]. Im Grunde werden durch den Versuch, typisch gemeindliche Aufgaben nachzuweisen, nur naturrechtliche Gedankengänge in kaum verhüllter Form wiederaufgenommen.

Daß eine genaue Bestimmung gemeindlicher Aufgaben nach inneren Merkmalen nicht möglich ist, wird durch die Auslegung des Art. 28 Abs. 2 GG bestätigt. Die h. L.[71] umgrenzt den verfassungsrechtlich gesicherten Kern der Selbstverwaltung nicht durch eine allgemeingültige, an objektiven Kriterien orientierte Definition der „Angelegenheiten der örtlichen Gemeinschaft", sondern zieht die für den Gesetzgeber unüberschreitbare Grenze weitgehend danach, was entwicklungsgeschichtlich hierzu gehört. Dadurch wird zugestanden, daß eine bestimmte Aufgabe nicht generell als örtlich, eine andere als überörtlich angesehen werden kann[72]. Die gleiche Folgerung läßt sich daraus ziehen, daß in den verschiedenen deutschen Ländern keine Einigkeit darüber besteht, welche Aufgaben zu den eigenen und welche zu den übertragenen Angelegenheiten der Gemeinde gehören[73].

Eine enumerative Aufzählung der eigenen Aufgaben[74] mit der Folge, daß alle anderen von der Gemeinde ausgeführten Aufgaben in den übertragenen Wirkungskreis fallen, ist zwar möglich. Wie jede Kasuistik

---

[69] Siehe oben 2. a).

[70] *Peters*, Grenzen, S. 193; im Ergebnis ebenso Lehrbuch, S. 307.

[71] BVerfGE Bd. 1, S. 167 (178); Bd. 7, S. 358 (364); Bd. 8, S. 332 (359); Bd. 11, S. 266 (274); Bd. 17, S. 172 (182); BVerwGE Bd. 6, S. 19; Bd. 6, S. 342; VerfGH NRW OVGE Bd. 9, S. 74 (83); Bd. 11, S. 149; *Bachof*, VerfR I, S. 119 ff.; VerfR II, S. 61 ff.; *Maunz-Dürig*, Art. 28 RdNr. 30. Die Abgrenzung örtlich — überörtlich machte schon früher Schwierigkeiten, vgl. PrOVGE Bd. 13, S. 89 (106); Bd. 59, S. 48 (52); Bd. 82, S. 82 (98); vgl. auch *Schoen*, S. 8; *Fleiner*, Institutionen, S. 108.

[72] So ausdrücklich OVG Münster, DÖV 1966, S. 508 Nr. 143 = DVBl. 1966, S. 342 mit Anmerkung von *Wagner*.

[73] Ebenso *Fleiner*, a. a. O. S. 113; *Diez*, Verhandlungen des Landtags von BaWü, 1. Wahlperiode 1952/56, Protokolle Bd. IV, S. 3490, bei den Beratungen zu § 2 Abs. 3 GO BaWü; *Kantel*, S. 41; *Gelzer*, DVBl. 1958, S. 88 f.; *Zuhorn-Hoppe*, S. 87.

[74] Beispiele: Art. 83 Abs. 1 LaVerf Bay, Art. 57 Abs. 2 GO Bay. Die GO Bay ist, wie insbesondere die Art. 1, 7 und 57 zeigen, unverkennbar von dem Bestreben geprägt, einen der Gemeinde vorgegebenen Wirkungskreis nach inneren Merkmalen zu bestimmen. Interessant ist, daß trotz der allgemeinen Definition des „eigenen Wirkungskreises" in Art. 7 noch eine Aufzählung eigener Angelegenheiten im Art. 57 erfolgt. Die Kommentierung der genannten Artikel von *Helmreich-Widtmann* ist deshalb in begrifflicher Hinsicht äußerst unklar.

kann eine solche Aufzählung jedoch nie vollständig sein[75]; im übrigen bestätigt sie nur, daß kein sicheres Abgrenzungsmerkmal gefunden wurde. Auch aus Verfassungsgarantien wie etwa Art. 28 Abs. 2 GG lassen sich keine eindeutigen Kriterien gewinnen. Denn einmal wird durch diese nur ein Kernbereich gemeindlicher Tätigkeit verfassungsrechtlich abgesichert, der, wie eben ausgeführt, selbst nicht eindeutig bestimmt werden kann; zum anderen müßte dann der gesamte überschießende Aufgabenbereich dem übertragenen Wirkungskreis zugeordnet werden, was, da diese Zuordnung ein umfassendes Weisungsrecht des Staates zur Folge hat, schon nach positivem Recht nicht richtig sein kann. Denn viele von der Gemeinde ausgeführten Aufgaben gehören nicht zum Kernbereich der Selbstverwaltung, werden aber dennoch eigenverantwortlich wahrgenommen. Mit solchen Einteilungen kann weder die juristische Theorie noch die Praxis arbeiten[76]. Als Ergebnis ist somit festzustellen, daß es weder spezifisch eigene noch spezifisch staatliche Aufgaben der Gemeinde gibt; beide sind „auswechselbar"[77]. Mangels klarer begrifflicher Grenzen ist daher die Wirkungskreislehre in ihrer überlieferten Form nicht haltbar.

Die Lehre hat sich nur schwer von der vertrauten Vorstellung zweier gemeindlicher Wirkungskreise zu lösen vermocht. Zwar wurde schon früher der Versuch unternommen, ein Kriterium für ihre Unterscheidung nicht in der Einteilung der Aufgaben, sondern abstrakt in den Rechtsbeziehungen zwischen Staat und Gemeinde zu finden, ohne aber eine exakte Begriffsbestimmung zu geben. So wird bspw. auf die schon der Zivilrechtsdogmatik[78] bekannte Trennung von Rechtszuständigkeit und Rechtsausübung[79] oder darauf abgestellt, ob die Gemeinde die Aufgaben „im eigenen Namen oder im Namen und Auftrag des Staates"

---

[75] Dies wird auch für das bayrische Recht zugegeben; vgl. *Nawiasky-Leusser-Schweiger-Zacher*, Art. 83 RdNr. 3; vgl. auch *Gönnenwein*, Gemeinderecht, S. 87.

[76] Ebenso *Jesch*, DÖV 1960, S. 739.

[77] *Maunz-Dürig*, Art. 19 Abs. III RdNr. 38 sub 2. d) cc) unter Hinweis auf *Köttgen*, Das Grundrecht der deutschen Universität, 1959, passim. — Im Ergebnis wie hier, neben den oben in Anm. 70, 73 und 76 Genannten, *Hensel*, S. 51 f.; *Surén-Loschelder*, Bd. 1, S. 32 f.; *Spreng-Birn-Feuchte*, S. 248 f.; *Gönnenwein*, Gemeinderecht, S. 86, 93 m. w. N.; *Kunze-Schmid*, S. 36; *Kottenberg*, S. 467.

[78] Vgl. etwa das Verhältnis Gemeinschuldner-Konkursverwalter.

[79] So *Hänel*, S. 137 ff. Nach ihm sind und bleiben die Funktionen der Gemeinde im übertragenen Wirkungskreis die eigenen Rechte des Staates, sind somit nur zur Ausführung übertragen, während beim eigenen Wirkungskreis dieser Unterschied nicht hervortritt, da hier der Gemeinde vom Staate verliehene „eigene" Rechte zustehen. Ähnlich *G. Jellinek*, System, S. 275 ff. (288 ff., 293 ff.); im Ansatz auch richtig *Loening*, S. 180; *Preuss*, Gemeinde, S. 229; ders., Amtsrecht, S. 136 f.

besorgt[80]. Erst mit der Unterscheidung von der Weisungsgewalt des Staates her, die spätestens seit *Peters*[81] zu den gesicherten Erkenntnissen des deutschen Gemeinderechts gehört, ist es gelungen, eigene und staatliche Aufgaben der Gemeinde klar zu trennen. Ihre adaequate begriffliche Fixierung fand diese Abgrenzung, die endlich allen rechtstheoretischen Ballast über Bord warf, in dem Begriffspaar Selbstverwaltungs- und Auftragsangelegenheiten: Diejenigen Aufgaben, deren Durchführung nur der Rechtsaufsicht des Staates unterliegt, bezeichnet man seither als Selbstverwaltungsangelegenheiten, diejenigen Aufgaben, deren Durchführung einem unbegrenzten Weisungsrecht des Staates unterworfen ist, als Auftragsangelegenheiten[82].

Erst nach der auf der Grundlage des positiven Rechts getroffenen Feststellung, ob eine Selbstverwaltungs- oder eine Auftragsangelegenheit vorliegt, erfolgt die Zuordnung zu einem der beiden Wirkungskreise: Der eigene besteht sonach aus der Summe aller Selbstverwaltungs-, der übertragene aus der Summe aller Auftragsangelegenheiten[83]. In dieser zusammenfassenden Bedeutung werden die herkömmlichen Bezeichnungen „eigener — und übertragener Wirkungskreis" heute noch in Gesetzgebung[84], Rspr.[85] und Literatur[86] gebraucht, wenn dies auch nicht immer klar zum Ausdruck kommt[87]. Diese Begriffsbildung ist jedoch überflüssig, weil sie über den Inhalt der Begriffe Selbstverwaltungs- und Auftragsangelegenheiten hinaus nichts aussagt; sie ist überdies gefährlich, weil sie in formaler Anlehnung an die herkömmliche Wirkungskreislehre leicht zu Mißverständnissen führen kann. Denn während früher aus der Zugehörigkeit einer Aufgabe zu dem einen oder anderen Wirkungskreis auf die jeweiligen Eingriffsbefugnisse des Staates geschlossen wurde, stellen diese nunmehr das entscheidende Kriterium für die Trennung der beiden Bereiche dar; Tatbestand und Folge sind also vertauscht.

---

[80] So *Blodig*, S. 34 ff. — Noch ganz der alten Terminologie verhaftet *O. Mayer*, Bd. 2, S. 362, ohne überhaupt ein Abgrenzungskriterium anzubieten.

[81] Grenzen, S. 186 ff.

[82] Siehe i. e. unten II.

[83] *Peters*, a. a. O. S. 190.

[84] §§ 4 und 5 GO Ns; zu Art. 7, 8, 57, 58, 109 GO Bay vgl. oben Anm. 74.

[85] Bspw. BVerwGE Bd. 19, S. 122 f.

[86] Bspw. *Spreng-Birn-Feuchte*, S. 246 ff.; *Kantel*, S. 38 f.; *Fröhler*, passim; *Obermayer*, Verwaltungsakt, passim; *Gönnenwein*, Gemeinderecht, S. 86 ff.; *Kunze-Schmid*, S. 35; *Nawiasky-Leusser-Schweiger-Zacher*, Art. 11 RdNr. 11; *Helmreich-Widtmann*, Art. 1, 7, 8 passim; *Bachof*, Diskussionsbeitrag, VVDStL Heft 22 (1965), S. 336 f.; *Maunz-Dürig*, Art. 28 RdNr. 33, Art. 84 RdNr. 25; *Forsthoff*, Lehrbuch, S. 445 f.; *H. J. Wolff*, Verwaltungsrecht II, S. 135 f.

[87] Insbesondere *Helmreich-Widtmann* a. a. O.

II. Selbstverwaltung und Auftragsverwaltung

1. Entstehung der Begriffe

Der Begriff „Selbstverwaltung", dessen Entstehung in die Zeit nach 1840 fällt, wurde ursprünglich nur in bezug auf eine selbständige Tätigkeit der Gemeinde verwendet; er war aber keineswegs der einzige[88]. Als allgemein gebräuchlicher Begriff hat er sich erst mit den Werken *Gneists*[89] durchgesetzt, der ihm jedoch einen anderen als den ursprünglichen Sinn beilegte und so den Anstoß zur wissenschaftlichen Auseinandersetzung um den richtigen Selbstverwaltungsbegriff gab.

Die Begriffe „Selbstverwaltungsangelegenheiten" und „Auftragsangelegenheiten" finden sich zum ersten Mal in Art. 72 der preußischen Verfassung vom 30. November 1920[90], dessen Formulierung auf *Drews*[91] zurückgeht. Obwohl der Begriff „Auftragsangelegenheiten" im Hinblick auf den zivilrechtlichen Begriff des Auftrags[92] wenig glücklich gewählt war, hat sich diese Terminologie als begriffliche Grundlage des dualistischen Aufgabensystems in der Folgezeit durchgesetzt[93].

2. Ihre Bedeutung

a) Der Begriff der Selbstverwaltung

aa) Der politische Selbstverwaltungsbegriff

Nach dem insbesondere von *Gneist*[94] aus dem englischen „self-government" entwickelten sog. politischen[95] Selbstverwaltungsbegriff bedeutet

---

[88] Dazu eingehend *Voigt*, S. 125 ff., 133 ff.; ferner *Becker*, HKWPr. Bd. 1, S. 115; *Forsthoff*, Lehrbuch, S. 439 Anm. 2, jeweils m. w. N.

[89] Insbesondere „Selfgovernment", passim. Vgl. in diesem Zusammenhang *L. v. Stein*, Verwaltungslehre, 1. Teil 2. Abt., S. 26; *Loening*, S. 35; *Schoen*, S. 1 ff.; *Bornhak*, Staatsrecht Bd. 2, S. 109; *Laband*, Staatsrecht Bd. 1, S. 103 FN 4.

[90] GS. S. 543. — Art. 72 Abs. 1 lautet: „*Die Provinzen verwalten nach Maßgabe des Gesetzes durch ihre eigenen Organe:*
a) selbständig die ihnen gesetzlich obliegenden oder freiwillig von ihnen übernommenen eigenen Angelegenheiten (Selbstverwaltungsangelegenheiten);
b) als ausführende Organe des Staates die ihnen übertragenen staatlichen Angelegenheiten (Auftragsangelegenheiten)."

[91] Vgl. die Verhandlungen des preuß. Verfassungsausschusses, Bd. 1, S. 211 ff., Bd. 2, S. 278 und 299 ff.; DJZ 1919, Sp. 361 ff.; ferner *Kitz*, PreußVerwBl. Bd. 45 (1923/24), S. 250 ff.

[92] Auftrag i. S. der §§ 662 ff. BGB ist ein Vertrag; vgl. in diesem Zusammenhang LVG Schleswig, DÖV 1960, S. 464 ff. (465).

[93] Allerdings verwenden, von Übergangsbestimmungen abgesehen, nur noch die GO Saarl. (§§ 5, 6) und die GO RhPf (§§ 2, 3) diese Begriffe.

[94] Selfgovernment, S. 879 ff.; Rechtsstaat, S. 278 ff. — Daß *Gneist* die eng-

Selbstverwaltung die „innere Landesverwaltung der Kreise und Ortsgemeinden nach den Gesetzen des Landes durch persönliche Ehrenämter, unter Aufbringung der Kosten durch communale Steuern"[96]. Träger dieser Selbstverwaltung ist nicht die Gemeinde[97], sondern der tatsächlich von der Staatsgewalt unabhängige Ehrenbeamte; dieser handelt als unmittelbar staatliches Organ. Er wird daher auch nicht gewählt, sondern wie der Berufsbeamte vom Staat ernannt. Den begrifflichen Gegensatz zur Selbstverwaltung im Sinne *Gneists* bildet die Ministerialverwaltung, d. h. die Verwaltung durch besoldete Berufsbeamte.

Dem politischen Selbstverwaltungsbegriff, der zunächst viele Anhänger fand[98], kommt heute keine Bedeutung mehr zu, da er durch die tatsächliche Entwicklung überholt ist[99]. Abgesehen davon ist er im Rahmen der vorliegenden Arbeit ohne Interesse, da er nichts über die rechtliche Stellung der Gemeinde im Staat aussagt[100].

lische Lokalverwaltung z. T. mißverstand, hat schon *Redlich,* Englische Lokalverwaltung, 1901, nachgewiesen; vgl. ferner *Heffter,* S. 372 ff., 739; *Becker,* HKWPr. Bd. 1, S. 115 ff.

[95] Politisch deshalb genannt, weil er ein gesetzgeberisches Prinzip bezeichnet, das der Verwaltungsorganisation zugrundegelegt wird, aus dem aber keine rechtlichen Folgerungen abgeleitet werden können; vgl. *Meyer-Anschütz,* S. 385; *Peters,* Grenzen, S. 19. — Die materielle Unterscheidung zwischen dem politischen und dem sog. juristischen Selbstverwaltungsbegriff herausgearbeitet zu haben, ist das Verdienst von *Rosin,* Hirth's Annalen 1883, S. 265 ff. An Stelle dieser Begriffe wird auch von bürgerlicher und körperschaftlicher *(Rosin,* a. a. O.), passiver und aktiver *(H. J. Wolff,* Verwaltungsrecht I, S. 39; Verwaltungsrecht II, S. 136) oder staatsbürgerlicher und rechtsfähiger Selbstverwaltung *(Becker,* HKWPr. Bd. 1, S. 115) gesprochen.

[96] Selfgoverment, S. 882. Vgl. auch Rechtsstaat, S. 278 ff., 286 ff.; hier findet sich deutlich die politische Zielrichtung *Gneists,* mit der so verstandenen Selbstverwaltung den Gegensatz zwischen Staat und Gesellschaft zu überbrücken. — Eine umfassendere Definition gibt *Gluth,* S. 27; dort auch weitere Nachweise.

[97] *Gneist* will mit der „Landesverwaltung der Kreise und Ortsgemeinden" lediglich den Umfang der örtlichen Bezirke begrenzen, in denen Selbstverwaltung möglich ist, sie nicht etwa als Träger der Selbstverwaltung begreifen. Die Gemeinde ist nur eine Pflichtgenossenschaft, eine Art Zwangsverband zur Aufbringung der Mittel für die Kosten der lokalen Verwaltung; vgl. Selfgovernment, S. 864 ff.; dazu *Gluth,* S. 26.

[98] Zu seinen Vertretern gehört, mit Abweichungen im einzelnen, etwa *Loening,* S. 34 ff.; *Sarwey,* S. 100 ff.; *Neukamp,* AöR Bd. 4 (1889), S. 377 ff., 525 ff.; *Bornhak,* Staatsrecht Bd. 2, S. 97 ff., 109 ff.; *Arndt,* S. 210 f.; *Meyer-Anschütz,* S. 385 f.

In der Gesetzgebung findet er sich in der preuß. Kreisordnung vom 13. 12. 1872 (GS. S. 661), vgl. § 74 Ziffer 2 b).

[99] Ablehnend schon *Laband,* Staatsrecht Bd. 1, S. 103 Anm. 4; *Preuss,* Amtsrecht, S. 120; *Peters,* Grenzen, S. 19; ferner eingehend *Forsthoff,* Lehrbuch, S. 439 ff.; kritisch zu dieser Begriffsbildung auch *H. J. Wolff,* Verwaltungsrecht II, S. 136.

[100] An Stelle von gemeindlicher Selbstverwaltung sprechen die Vertreter des politischen Selbstverwaltungsbegriffs von Kommunalverwaltung (so bspw. *Arndt,* S. 211; *Bornhak,* a. a. O., S. 101 ff.; *Meyer-Anschütz,* S. 405 ff.), ohne aber diesem Begriff große Aufmerksamkeit zu schenken.

bb) Der juristische Selbstverwaltungsbegriff

Der juristische Selbstverwaltungsbegriff, der sich schließlich durchgesetz hat, knüpft an die Ausführung öffentlicher Aufgaben durch dem Staat gegenüber rechtlich selbständige öffentlich-rechtliche Verbände an, betont also das korporative Element[101].

Ursprünglich wurde der Begriff der Selbstverwaltung, falls er überhaupt Verwendung fand, im naturrechtlichen Sinne verstanden. Selbstverwaltung bedeutete daher soviel wie Verwaltung der Gemeinde im natürlichen Wirkungskreis, war also mit diesem Begriff identisch, was die Quelle und den Umfang der hierin ausgeübten Rechte betraf[102]. Selbstverwaltung bedeutet aber, wie es schon *Laband*[103] aus dem Wortsinn interpretiert hat, „den Gegensatz zum Verwaltetwerden", setzt demnach schon begrifflich „immer eine höhere Macht voraus, von der sie (i. e. die Selbstverwaltungskörperschaft) auch verwaltet werden könnte". Heute ist anerkannt, daß das Recht auf Selbstverwaltung vom Staate verliehen ist[104]. Diese Auffassung bildete auch die Voraussetzung für die Lösung des (juristischen) Selbstverwaltungsbegriffs vom Kommunalbereich[105].

Bei der Bestimmung dieses Begriffes sollten zweckmäßigerweise zwei Merkmale beachtet werden: Erstens das Subjekt, um einmal den Unterschied zum politischen Selbstverwaltungsbegriff deutlich zu machen, zum anderen, um den Unterschied zur Verwaltung durch unmittelbare Staatsbehörden aufzuzeigen, deren Tätigkeit keine Selbstverwaltung sein kann[106], und zweitens die im Verhältnis zum Staat grundsätzlich

---

[101] Ob der Selbstverwaltungsbegriff nur körperschaftlich strukturierte Träger oder auch andere Verbände (Anstalten usw.) umfassen soll, ist str.; gegen die Beschränkung *Forsthoff*, Lehrbuch, S. 444; *Salzwedel*, VVDStL Heft 22 (1965), S. 212 m. w. N. — Zum Teil wird bei der eigenverantwortlichen Verwaltung von Anstalten usw. der Begriff „Eigenverwaltung" verwendet, so *Becker*, HKWPr. Bd. 1, S. 116 ff., 122 ff. Gegen die Ausweitung des Begriffs auf Personengemeinschaften in Privatrechtsform mit Recht *Salzwedel*, a. a. O. S. 208 ff.

[102] Siehe dazu oben I. 2. a).

[103] Staatsrecht Bd. 1, S. 103 Anm. 4.

[104] Siehe oben I. 3. b) mit Anm. 49.

[105] Zuerst wurde er auf das Gebiet der Sozialversicherung und der Innungen übertragen, vgl. *Meyer-Anschütz*, S. 385 f.; *Forsthoff*, Lehrbuch, S. 442 ff. — Heute spricht man von wirtschaftlicher, kultureller, berufsständischer Selbstverwaltung usw., daher in der Regel auch der Zusatz „gemeindliche" Selbstverwaltung. — Der neuerdings von *Salzwedel*, VVDStL Heft 22 (1965), S. 222 ff., geprägte Begriff der „gesellschaftlichen" Selbstverwaltung ist unklar, da keine bestimmten Folgerungen daraus gezogen werden können; kritisch dazu auch die Diskussionsbeiträge von *Ipsen*, VVDStL a. a. O., S. 331, *Bachof*, VVDStL a. a. O., S. 337, und *Weber*, VVDStL a. a. O., S. 342.

[106] So schon *Laband*, a. a. O. (Anm. 16). Anders infolge der Indentifikation von Selbstverwaltung und demokratischer Verwaltung ein Teil der Lehre in der Weimarer Zeit, vgl. etwa *Drews*, DJZ 1919, Sp. 361 ff., und unten 3.

eigenverantwortliche = weisungsfreie Wahrnehmung der Aufgaben durch den Selbstverwaltungsträger[107]. Falsch ist dagegen die Aufnahme bestimmter — etwa örtlicher oder eigener — Aufgaben in die Definition, da solche nicht nach inneren Merkmalen bestimmbar sind[108]. Die Aufnahme der Trennung in freiwillige und pflichtgemäße Selbstverwaltung ist entbehrlich, da von der Weisungsgewalt des Staates her kein Unterschied besteht.

Selbstverwaltung kann man daher definieren als die eigenverantwortliche, nur einer Rechtsaufsicht des Staates unterworfene Wahrnehmung öffentlicher Aufgaben durch dem Staate untergeordnete Körperschaften, Anstalten und Stiftungen des öffentlichen Rechts.

Selbstverwaltungsangelegenheiten der *Gemeinde* sind dann die von ihr in eigener Verantwortung, nur unter der Rechtsaufsicht des Staates ausgeübten öffentlichen Aufgaben[109].

cc) Selbstverwaltung und Autonomie

Obwohl unter Selbstverwaltung auch Autonomie[110] und unter Autonomie auch Selbstverwaltung[111] verstanden wird, sind beide Begriffe streng zu trennen. Die h. L. nimmt diese Trennung durch die Einord-

---

[107] Die verfassungsrechtliche Bindung des Selbstverwaltungsrechts der Gemeinde an die Gesetze umschließt begrifflich eine Staatsaufsicht über die Gesetzmäßigkeit der Gemeindeverwaltung, so BVerwGE Bd. 2, S. 329 = DÖV 1956, S. 371; BVerwG DVBl. 1957, S. 421; OVG Münster DÖV 1960, S. 431; *Köttgen*, HKWPr. Bd. 1, S. 217; *Kunze-Schmid*, S. 19, 40.

[108] Siehe oben I. 3. b).

[109] Die Definitionen in der Literatur sind, obwohl sachlich gleichbedeutend, z. T. umfassender (vgl. etwa *Peters*, Grenzen, S. 39; *Meyer-Anschütz*, S. 386; *Zuhorn-Hoppe*, S. 43, 78), z. T. heben sie ein Merkmal besonders hervor, bspw. die staatliche Verleihung des Selbstverwaltungsrechts (so *Schoen*, S. 6; *Forsthoff*, Lehrbuch, S. 440, der aber das Merkmal der Eigenverantwortlichkeit völlig vernachlässigt, so daß in seiner Definition der Unterschied zur Auftragsverwaltung nicht zum Ausdruck kommt); vgl. ferner *Schildheuer*, Diss., S. 34; *W. Jellinek*, S. 62, 529 ff.; *E. R. Huber*, Wirtschaftsverwaltungsrecht Bd. 1, S. 110; *Salzwedel* in *Loschelder-Salzwedel*, S. 220; ders., VVDStL Heft 22 (1965), S. 216; *H. J. Wolff*, Verwaltungsrecht I, S. 24 mit anderer Terminologie; vgl. auch BVerfGE Bd. 6, S. 117; BVerwGE Bd. 19, S. 122. — Zu den weiteren Unterscheidungen vgl. *Becker*, HKWPr. Bd. 1, S. 116, 120 ff., 131 ff.; ders., DVBl. 1956, S. 5; *Zuhorn-Hoppe*, S. 42 ff.; *H. J. Wolff*, a. a. O.

[110] Insbesondere die ältere Lehre unterscheidet nicht klar, vgl. bspw. *Aretin-Rotteck*, Bd. 2 2. Abt., S. 38; *Gerber*, Staatsrecht, S. 63 Anm. 6; vgl. auch *Zuhorn-Hoppe*, S. 42 ff. — Art. 28 Abs. 2 S. 1 GG gewährleistet den Gemeinden, wie sich durch Rückschluß aus Art. 28 Abs. 2 S. 2 GG ergibt, nur das Selbstverwaltungsrecht, doch wird hierzu auch die Autonomie gerechnet, was begrifflich nicht korrekt, der Sache nach aber fast unstreitig ist, vgl. BVerwGE Bd. 6, S. 247 ff. (252 m. w. N.).

[111] Bspw. als politisches Schlagwort oder als Oberbegriff für alle öffentlich-rechtlichen Funktionen der Gemeinde, wie es heute noch in der Schweiz üblich ist, vgl. *Becker*, HKWPr. Bd. 1, S. 115 m. w. N., S. 158 Anm. 5; *Schwarzenbach*, Grundriß, S. 83; vgl. ferner PrOVGE Bd. 3, S. 124 ff. (125); Bd. 12, S. 155 ff. (158); Bd. 19, S. 169 ff. (176).

II. Selbstverwaltung und Auftragsverwaltung

nung in das Gewaltenteilungssystem vor: „Öffentlich-rechtlich ist Autonomie die Fähigkeit, verbindliche Sätze objektiven Rechts zu schaffen"[112]. Autonomie gehört materiell dem Bereich der Legislative, Selbstverwaltung dem Bereich der Exekutive an.

Die gemeindliche Autonomie ist nicht originär und auch nicht aus dem Selbstverwaltungsrecht ableitbar, sondern muß neben diesem vom Staate besonders verliehen werden[113]. Die Gemeinde kann daher nicht nur in Selbstverwaltungsangelegenheiten[114], sondern auf Grund spezialgesetzlicher Ermächtigung auch in Auftrags- oder Weisungsangelegenheiten Rechtssätze erlassen[115].

b) Der Begriff der Auftragsverwaltung

aa) Die herkömmliche Bedeutung

Im Unterschied zum Begriff der Selbstverwaltung ist der Begriff der Auftragsverwaltung durch die unbegrenzte Weisungsunterworfenheit des mit der Durchführung der betreffenden öffentlichen Aufgabe beauftragten Verbandes gekennzeichnet; in diesem Bereich steht er also unter der Rechts- und Fachaufsicht des Staates[116].

Bis in die neuere Zeit hinein war es nahezu unbestritten, daß nicht nur die der Gemeinde als solcher[117], sondern auch die unmittelbar ihren Organen übertragenen Aufgaben begrifflich zu den in den übertragenen Wirkungskreis der Gemeinde fallenden Angelegenheiten[118], bzw. zu den Auftragsangelegenheiten der Gemeinde gehören[119]. Die direkte Bestim-

---

[112] *Forsthoff*, Lehrbuch, S. 446. — Ebenso schon *Loening*, S. 182; *Peters*, Grenzen, S. 37 ff.; *Becker*, HKWPr. Bd. 1, S. 158; BVerwGE Bd. 6, S. 247 ff. (249 ff.). Diese Rechtssätze werden heute als Satzungen bezeichnet (früher: Statuten, vgl. § 142 Abs. 1 GewO).

[113] H. L., vgl. BVerwGE a. a. O. m. w. N. — A. M. *Preuss*, Amtsrecht, S. 154 ff., 367 ff.

[114] Vgl. § 4 Abs. 1 S. 1 GO BaWü.

[115] Vgl. § 4 Abs. 1 S. 2 GO BaWü; Art. 23 GO Bay; ferner BVerwGE a. a. O. S. 251.

[116] Das Aufsichtsrecht ist „weder in formeller noch in materieller Hinsicht" beschränkt, so PrOVGE Bd. 78, S. 71 ff. (74 f.); vgl. auch § 1 S. 3 des Wohnungsmangelgesetzes vom 26. 7. 1923 (RGBl. I, S. 754).

[117] Beispiele: § 1 Wohnungsmangelgesetz (siehe vor. Anm.); Preuß. Flaggengesetz vom 17. 3. 1929 (GS. S. 23); § 51 Personenstandsgesetz i. d. F. vom 8. 8. 1957 (RGBl. I, S. 1126). In diesen Fällen bestimmt sich das kommunale Organ, dem die Ausführung der übertragenen Aufgabe obliegt, nach der inneren Gemeindeverfassung. Vgl. dazu *Peters*, Grenzen, S. 191 Anm. 1.

[118] *Aretin-Rotteck*, Bd. 2, 2. Abt., S. 39, 101, 117 ff.; *Blodig*, S. 218; *Bornhak*, Staatsrecht Bd. 2, S. 115; *Neuwiem*, S. 9; a. M. *Rosin*, Hirth's Annalen 1883, S. 294; *Preuss*, Amtsrecht, S. 137 ff.

[119] *Peters*, a. a. O. S. 189 ff. mit Hinweis auf die damalige Praxis; *W. Jellinek*, S. 63, 531; *Schildheuer*, Diss., S. 56; *H. Gerber*, VerwArch Bd. 36 (1931), S. 24 f.; *Zuhorn-Hoppe*, S. 79.

mung des ausführenden Organs, die von der Gemeindegesetzgebung bevorzugt wurde[120], beruhte vor allem darauf, daß einmal klare Verantwortlichkeiten geschaffen werden sollten, zum anderen der Staat seine Aufgaben gern an solche Beamte delegierte, bei deren Wahl oder Bestellung er sich ein Bestätigungsrecht vorbehalten hatte[121]. Dadurch wurde gewährleistet, daß die Ausführung der staatlichen Aufgaben in den Händen von Beamten lag, die das Vertrauen des Staates genossen.

Auftragsverwaltung in diesem — weiteren — Sinne kann man daher definieren als die einem unbegrenzten Weisungsrecht des Staates unterworfene Wahrnehmung gesetzlich übertragener öffentlicher Aufgaben durch dem Staat untergeordnete Körperschaften, Anstalten und Stiftungen des öffentlichen Rechts oder deren Organe[122].

bb) Die Organleihe

Erst in der neueren Lehre finden sich weitere Differenzierungen bei der Vollziehung staatlicher Aufgaben durch Gemeindeorgane. So wird heute zu Recht unterschieden zwischen der Übertragung staatlicher Aufgaben auf die Gemeinde unter gleichzeitiger gesetzlicher Bestimmung des diese Aufgaben ausführenden Gemeindeorgans[123] und der unmittelbaren Inanspruchnahme des Organs selbst, ohne daß in diesen Fällen die Gemeinde in irgendeiner Form bei der Durchführung der Aufgabe beteiligt ist (sog. Organleihe[124]).

Auf den ersten Blick bestehen keine großen praktischen Unterschiede zwischen diesen Vollzugsformen, zumal beide der Ersparung von Son-

---

[120] Insbesondere in der preußischen bei der Wahrnehmung der Ortspolizei; vgl. bspw. § 109 rev. StO 1831 (siehe oben I. 3. a] Anm. 38). Weitere Beispiele bei *Gierke*, Genossenschaftsrecht Bd. 1, S. 739 Anm. 88; *Peters*, a. a. O. S. 190 f., 196 ff.

[121] Zum Bestätigungsrecht vgl. *Aretin-Rotteck*, Bd. 2, 2. Abt., S. 101 ff.; *Brater*, Artikel „Gemeinde", S. 159 ff.; *Gneist*, Rechtsstaat, S. 139 ff.; *Peters*, a. a. O. S. 124 f.

[122] Auch bei der Bundesauftragsverwaltung nach Art. 85 GG besteht ein Über-Unterordnungsverhältnis zwischen dem Bund und den Ländern, so daß Auftragsverwaltung in diesem Sinne vorliegt; vgl. auch unten 2. Abschnitt I. 4. a). — Es besteht keine Notwendigkeit, den Begriff auf Körperschaften zu beschränken; denkbar ist bspw. die Ausführung von Auftragsangelegenheiten durch Universitäten, die in der Regel Anstaltscharakter besitzen.

[123] Dies erfolgt dadurch, daß die Zuständigkeit für die Durchführung der Auftragsangelegenheit entweder generell in der GO (bspw. § 54 Abs. 4 GO Saarl.: der Bürgermeister) oder für bestimmte Aufgaben durch ein Organisationsgesetz (bspw. § 16 Abs. 2 LOG NRW für Aufgaben, die der Verteidigung usw. dienen und die das Land im Auftrag des Bundes [Art. 87 b Abs. 2 S. 1 GG] ausführt: der Hauptverwaltungsbeamte) oder durch das die betreffende Aufgabe übertragende Gesetz selbst festgelegt wird (bspw. § 3 Abs. 3 S. 2 Flüchtlings-NotleistungsG vom 9. 3. 1953 — BGBl I, S. 45 —: der leitende Beamte der Gemeinde).

[124] Von *H. J. Wolff*, Verwaltungsrecht I, S. 26, Verwaltungsrecht II, S. 56 f. als „Institutionsleihe" bezeichnet.

derbehörden dienen¹²⁵. Auch der größere Teil der Literatur nimmt von dieser Unterscheidung keine Kenntnis. Das wesentliche Kriterium besteht jedoch darin, daß der betreffende Gemeindebeamte „nicht als Gemeindeorgan fremde Geschäfte besorgt, sondern im Wege der Organleihe als untere oder örtliche staatliche Verwaltungsbehörde insoweit wieder eigene, nämlich staatliche Angelegenheiten wahrnimmt"¹²⁶. Während er bei der Durchführung von Auftragsangelegenheiten mittelbares Staatsorgan ist¹²⁷, handelt er in diesem Fall als unmittelbares Staatsorgan. Formell wie materiell liegt daher bei der Organleihe unmittelbare Staatsverwaltung vor. Das unbeschränkte Weisungsrecht der vorgesetzten Staatsbehörde ergibt sich aus der Ein- und Unterordnung des entliehenen Organs in die staatliche Verwaltungshierarchie und braucht deshalb nicht ausdrücklich durch Gesetz festgelegt zu werden¹²⁸.

Zieht man konsequent die Folgerungen aus dieser Stellung — was in der Praxis nicht getan wird, da die Organleihe ganz im traditionellen Sinne nicht von der Auftragsverwaltung unterschieden wird —, so tritt das entliehene Organ im Namen des Staates auf, löst — anders als bei der Durchführung von Auftragsangelegenheiten¹²⁹ — Amtshaftungsansprüche gegen den Staat aus¹³⁰ und verausgabt staatliche, nicht gemeindliche Haushaltsmittel¹³¹. Im Verwaltungsprozeß ist richtiger Ansicht nach nicht die Gemeinde, sondern der Staat Beklagter¹³², wenn der Bürger einen vom entliehenen Organ erlassenen Akt anficht.

Die sachliche und begriffliche Trennung von Auftragsverwaltung und Organleihe hat noch keinen gesicherten Platz in der Verwaltungsrechts-

---

¹²⁵ Vgl. *H. J. Wolff*, Verwaltungsrecht II, S. 57; BVerwG DVBl. 1966, S. 931 ff. (933).
¹²⁶ *Salzwedel* in *Loschelder-Salzwedel*, S. 232; vgl. auch dens., VVDStL Heft 22 (1965), S. 207. — Ähnlich *Zuhorn-Hoppe*, S. 79; *Geller-Kleinrahm-Fleck*, S. 517 f.; *Rupp*, Grundfragen, S. 101; *H. J. Wolff*, Verwaltungsrecht I, S. 26; ders., Verwaltungsrecht II, S. 56 f.
¹²⁷ *H. J. Wolff*, Verwaltungsrecht II, S. 56 f.; *Forsthoff*, Lehrbuch, S. 535.
¹²⁸ Ebenso *H. J. Wolff*, Verwaltungsrecht I, S. 26.
¹²⁹ Nach h. L. gilt hier die Anstellungstheorie, vgl. BGHZ Bd. 2. S. 350; Bd. 6, S. 215; Bd. 11, S. 192; *Mangoldt-Klein* Bd. 2, S. 835 f.; *Görg*, DÖV 1961, S. 41; *Gönnenwein*, Gemeinderecht, S. 98; *Salzwedel* in *Loschelder-Salzwedel*, S. 231; *Forsthoff*, Lehrbuch, S. 299; *H. J. Wolff*, Verwaltungsrecht I, S. 397. — Ausnahmen hiervon begründen § 6 Abs. 2 Bundesleistungsgesetz vom 27. 9. 1961 (BGBl. I, S. 1769) und § 16 Abs. 2 S. 4 LOG NRW; vgl. dazu *Rietdorf*, DÖV 1962, S. 605 f.
Ein Rückgriffsrecht der Gemeinde bejahen *Gönnenwein*, a. a. O., und *Salzwedel*, a. a. O., wenn sie auf Weisung der Fachaufsichtsbehörde gehandelt hat; widersprüchlich hierzu *Helmreich-Widtmann*, S. 67, 629.
¹³⁰ Bei Beamten mit Doppelstellungen gilt die Funktionstheorie; im Ergebnis wie hier *H. J. Wolff*, a. a. O.; wohl auch BGH DÖV 1955, S. 555; a. M. anscheinend *Forsthoff*, a. a. O.
¹³¹ *Salzwedel*, a. a. O. S. 232. — Die Unterhaltung des Organs ist aber Pflicht der Gemeinde, *H. J. Wolff*, a. a. O. S. 26.
¹³² Nach § 78 Abs. 1 Nr. 1 VwGO also der Bund oder das Land.

dogmatik gefunden. Insbesondere die Gesetzgeber scheinen sich dieser Unterscheidung und der sich daraus ergebenden Konsequenzen nicht immer bewußt zu sein. Daher ist es auch nicht eindeutig, in welchen Fällen eine Organleihe vorliegt. Als entliehene Staatsorgane werden bspw. tätig der Gemeindedirektor im Falle des § 47 Abs. 3 GO NRW[133], der Hauptverwaltungsbeamte in den Fällen des § 9 Abs. 3 OBG NRW und § 47 Abs. 2 der nordrhein-westfälischen Landkreisordnung[134] sowie der Bürgermeister in den Fällen des § 50 Abs. 4 des baden-württembergischen Polizeigesetzes[135], § 150 GO Hs[136] und § 74 des rheinland-pfälzischen Polizeiverwaltungsgesetzes[137].

Der Begriff der Auftragsverwaltung erfaßt daher zweckmäßigerweise nur die Wahrnehmung derjenigen Aufgaben, die dem betreffenden Verband direkt übertragen werden.

Auftragsverwaltung kann man demnach definieren als die einem unbegrenzten Weisungsrecht des Staates unterworfene Wahrnehmung gesetzlich übertragener öffentlicher Aufgaben durch dem Staat untergeordnete Körperschaften, Anstalten und Stiftungen des öffentlichen Rechts.

Auftragsangelegenheiten (oder *staatliche* Angelegenheiten) der *Gemeinde* sind dann die ihr durch Gesetz zur Wahrnehmung nach unbegrenzter staatlicher Weisung übertragenen öffentlichen Aufgaben[138].

---

[133] Ebenso *Kottenberg*, S. 266; *Jesch*, DÖV 1960, S. 741 Anm. 21; *Salzwedel*, a. a. O. S. 233; *Geller-Kleinrahm-Fleck*, S. 541 Anm. 41; *H. J. Wolff*, Verwaltungsrecht II, S. 57.

[134] Vom 21. 7. 1953 (GVBl. S. 208). — Ebenso *Salzwedel*, a. a. O. S. 232; *H. J. Wolff*, Verwaltungsrecht I, S. 26; Verwaltungsrecht II, S. 57; *Geller-Kleinrahm-Fleck*, a. a. O. — Im Falle des § 16 Abs. 2 LOG NRW liegt keine Organleihe vor, da die dort genannten Aufgaben den Gemeinden selbst auferlegt sind; wie hier *Rietdorf*, DÖV 1962, S. 605 Anm. 48; *Geller-Kleinrahm-Fleck*, S. 546 mit Anm. 142; a. M. *Salzwedel*, a. a. O. S. 232 f.

[135] Vom 21. 11. 1955 (GesBl. S. 249). — Ebenso *Gönnenwein*, Gemeinderecht, S. 101; *H. J. Wolff*, Verwaltungsrecht I, S. 26; a. M. *Jesch*, DÖV 1960, S. 742 Anm. 29: Weisungsaufgabe der Gemeinde.

[136] Ebenso *H. J. Wolff*, a. a. O. — Vgl. auch § 58 Abs. 1 Ziffer 4 des hs Gesetzes über die öffentliche Sicherheit und Ordnung vom 17. 12. 1964 (GVBl. S. 209).

[137] Vom 26. 3. 1954 (GVBl. S. 31). — Ebenso *H. J. Wolff*, a. a. O.; *Rupp*, Grundfragen, S. 101.

[138] Das unbegrenzte Weisungsrecht ist das Charakteristikum der Auftragsangelegenheiten, so daß sich, abgesehen von der nicht immer klar zum Ausdruck kommenden Abgrenzung zur Organleihe, die Formulierungen nicht wesentlich unterscheiden; vgl. etwa neben den oben in Anm. 32 Genannten *Kitz*, PreußVerwBl. Bd. 45 (1923/24), S. 250; *Peters*, Lehrbuch, S. 308; *Zuhorn*, DÖV 1949, S. 50; *Zuhorn-Hoppe*, S. 79; *Loy*, DV 1949, S. 29 ff.; *Scheerbarth*, DVBl. 1953, S. 263; *Becker*, HKWPr. Bd. 1, S. 135; *Köttgen*, HKWPr. Bd. 1, S. 215; *Schweer*, DVBl. 1956, S. 704; *Rietdorf*, DÖV 1957, S. 10; *Loschelder*, Gemeindeordnungen, S. 14, 17; *Kottenberg*, S. 68, 467 ff.; *Kunze-Schmid*, S. 35, 43; *Gönnenwein*, Gemeinderecht, S. 102; *H. J. Wolff*, Verwaltungsrecht I, S. 25;

II. Selbstverwaltung und Auftragsverwaltung

3. Der Begriff der mittelbaren Staatsverwaltung

Das Begriffspaar unmittelbare und mittelbare Staatsverwaltung geht auf die im ALR zu findende Unterscheidung von unmittelbaren und mittelbaren Staatsbeamten zurück[139]. Bis in die Weimarer Zeit hinein stand die letztere, grundsätzlich in einer anderen Bedeutung als heute verstandene Unterscheidung im Vordergrund der wissenschaftlichen Betrachtung. Insofern ist daher die Feststellung *Forsthoffs*[140] gerechtfertigt, daß der Begriff der mittelbaren Staatsverwaltung erst der Verwaltungsgeschichte der letzten beiden Jahrzehnte angehört.

Der Begriff des mittelbaren Staatsbeamten in § 69 II 10 ALR entstammt dem Zeitalter des Absolutismus, als die Gemeinde noch eine Staatsanstalt darstellte und der Gemeindebeamte nicht den Willen der Gemeinde, sondern allein den des Staates zur Ausführung brachte[141]. Wesentlich für diesen Begriff war daher die völlige Weisungsabhängigkeit des betreffenden Beamten von der vorgesetzten Staatsbehörde. Diese ursprüngliche Identifikation aller Gemeindebeamten mit mittelbaren Staatsbeamten ließ sich in Anbetracht der grundlegenden Änderungen, die im Lauf des 19. Jahrhunderts im Verhältnis von Staat und Gemeinde eintraten, nicht mehr aufrechterhalten. Der Beamte, dessen Tätigkeit in der Ausführung natürlicher Gemeindeaufgaben besteht, kann begrifflich nie mittelbarer Staatsbeamter sein; dieser Begriff paßte aber auch nicht mehr auf den Beamten, der — an sich staatliche — Selbstverwaltungsaufgaben wahrnimmt, da er hierbei keinem unbegrenzten Weisungsrecht des Staates unterliegt[142]. Die Folge war, daß die h. L.[143] bis in die Weimarer Zeit den Begriff des mittelbaren Staatsbeamten auf den Beamten beschränkte, dem die Ausführung staatlicher

---

Verwaltungsrecht II, S. 199, mit anderer Terminologie; *Forsthoff*, Lehrbuch, S. 445 f.; PrOVGE Bd. 78, S. 74; Bd. 82, S. 97; BVerwGE Bd. 19, S. 123; OVG Münster, OVGE Bd. 7, S. 68.

[139] § 69 II 10 ALR lautet: „Beamte stehen entweder in unmittelbarem Dienst des Staates oder gewisser demselben untergeordneter Collegien, Corporationen und Gemeinen." Eine ähnliche Regelung enthält § 2 Abs. 1, 3 des Reichsbeamtengesetzes vom 26. 1. 1937 (RGBl. I, S. 39). Formal gesehen sollte hiermit nur zum Ausdruck gebracht werden, daß alle Gemeindebeamten mittelbar staatliche Aufgaben erfüllen, auch wenn sie Selbstverwaltungsaufgaben ausführen (vgl. *Peters*, Lehrbuch, S. 250). Sachlich entsprach aber ab 1939 die Stellung des Gemeindebeamten der eines mittelbaren Staatsbeamten im landrechtlichen Sinne.

[140] Lehrbuch, S. 437.

[141] Vgl. *Blodig*, S. 175 ff.; PrOVGE Bd. 19, S. 420 ff.; ferner oben 1. Kapitel II.

[142] In diesem Sinn ist *O. Mayer*, Verwaltungsrecht Bd. 2, S. 400 Anm. 22 zu verstehen, der den Begriff mittelbarer Staatsbeamter als eine „Unwahrheit" bezeichnet.

[143] *Preuss*, Amtsrecht, S. 117 ff., 138 ff. (kritisch); *Fleiner*, Institutionen, S. 114 f.; *Peters*, Grenzen, S. 121 ff.; wohl auch *W. Jellinek*, S. 183 (vgl. aber S. 360). Aus der Rspr. vgl. PrOVGE Bd. 19, S. 62 ff. (67 ff.); S. 420 ff. (429).

Aufgaben unmittelbar übertragen wurde[144]. Derjenige nach der inneren Organisationsregelung zuständige Beamte, der eine der Gemeinde übertragene staatliche Aufgabe auszuführen hatte, wurde dagegen nicht als mittelbarer Staatsbeamter angesehen[145].

Der Begriff des mittelbaren Staatsbeamten erhielt jedoch in der Weimarer Zeit[146] noch eine andere Bedeutung. Dadurch sollte die Stellung aller Gemeindebeamten unter dem Gesichtspunkt gekennzeichnet werden, daß ihre gesamte Tätigkeit letztlich in der Ausführung an sich staatlicher Aufgaben besteht. Die Mittelbarkeit beruht hier nicht auf der (doppelten) Organstellung des Gemeindebeamten und seiner damit verbundenen Eingliederung in die staatliche Verwaltungshierarchie, sondern auf der Qualifizierung aller öffentlichen Verwaltung als staatlich. Diese Bedeutung erschöpft sich sonach in dem im Beamtenbegriff zum Ausdruck gekommenen umfassenden Staatsbegriff, wonach die Ausübung aller öffentlichen Gewalt an sich staatliche ist.

In diesem Sinne stellt er den Vorläufer des heute üblichen Begriffs der mittelbaren Staatsverwaltung dar: Hierunter begreift die h. L. „die nicht von den unmittelbaren Staatsbehörden, sondern von selbständigen, das heißt rechtsfähigen Trägern wahrgenommene Verwaltung staatlicher Aufgaben"[147]. Unter unmittelbarer Staatsverwaltung versteht man dagegen die Wahrnehmung von Kompetenzen eines Staates (Bund oder Land) von dessen eigenen Organen ohne eigene Rechtspersönlichkeit[148]. Zur Abgrenzung gegenüber anderen mit ihm verbundener Vorstellungen soll dieser Begriff als mittelbare Staatsverwaltung im organisatorischen Sinn bezeichnet werden. Mit ihm soll lediglich zum Ausdruck gebracht werden, daß alle öffentliche Verwaltung, gleichgültig, von welchem öffentlichen-rechtlichen Verband sie ausgeübt wird, letzt-

---

[144] Es handelt sich also im wesentlichen um die Fälle, die heute unter den Begriff der Organleihe fallen; ebenso *Cantner*, HKWPr. Bd. 1, S. 449.

[145] Weitergehend *Peters*, Grenzen, S. 123 ff., 126, der den Begriff auf solche Gemeindebeamte ausdehnt, die lediglich der Gemeinde übertragene staatliche Aufgaben ausführen, ohne daneben Gemeindeorgan zu sein (bspw. Polizei- und Standesbeamte).

[146] *Peters*, Grenzen, S. 125 f.; noch ausgeprägter ders., Lehrbuch, S. 250.

[147] *Forsthoff*, Lehrbuch, S. 437. Um Mißverständnissen vorzubeugen sei bemerkt, daß „staatliche" Aufgaben hier nicht mit Auftragsangelegenheiten identisch sind. *Forsthoff* versteht darunter, wie sich aus seinen nachfolgenden Ausführungen deutlich ergibt, daß alle öffentlichen Aufgaben, also auch Selbstverwaltungsaufgaben, an sich staatliche sind. — Ähnlich *Bachof*, AöR Bd. 83 (1958), S. 231 ff. mit kritischen Ausführungen zur Beschränkung dieses Begriffs auf rechtsfähige Verwaltungseinheiten; ferner *Obermayer*, Verwaltungsakt, S. 60, 67; *Köttgen*, HKWPr. Bd. 1, S. 217; ders., Gemeinde, S. 15; *Rietdorf*, DÖV 1959, S. 671 ff.; *Jesch*, DÖV 1960, S. 740; *Zuhorn-Hoppe*, S. 45; vgl. ferner H. J. *Wolff*, Verwaltungsrecht II, S. 58.

[148] H. J. *Wolff*, Verwaltungsrecht I, S. 23; *Forsthoff*, a. a. O. S. 427 ff.

II. Selbstverwaltung und Auftragsverwaltung

lich staatliche Verwaltung darstellt; ihm liegt, wie *Jesch*[149] treffend ausführt, „ein umfassender Staatsbegriff zugrunde: ‚Staat' ist so verstanden das einheitliche Zurechnungssubjekt für jede Ausübung hoheitlicher Gewalt". Für die Vertreter naturrechtlicher Auffassungen kann daher Selbstverwaltung nie mittelbare Staatsverwaltung sein[150].

Da dieser Begriff nur auf die organisatorische Selbständigkeit des an sich staatliche Aufgaben ausführenden Verbandes abstellt, die Ausgestaltung des Abhängigkeitsverhältnisses (Umfang der Weisungs- und Aufsichtsbefugnisse) von den unmittelbaren Staatsbehörden völlig außer Betracht läßt, ist es gleichgültig, ob der Verband Selbst- oder Auftragsverwaltung ausübt[151]. Dieser Begriff ist daher weiter als der der Selbstverwaltung; Selbstverwaltung stellt immer mittelbare Staatsverwaltung in diesem Sinne dar, jedoch nicht umgekehrt.

Zusammenfassend läßt sich sagen: Der Begriff der mittelbaren Staatsverwaltung im hier sog. organisatorischen Sinn bringt zum Ausdruck, daß „staatliche Organe und Behörden nicht selbst und unmittelbar tätig werden, der Staat sich vielmehr zur Erfüllung öffentlicher Aufgaben der Hilfe anderer Rechtssubjekte bedient, indem er ihnen diese Aufgaben überträgt oder überläßt"[152]. Er dient somit zur Kennzeichnung eines allgemeinen Organisationsprinzips im Verwaltungsaufbau, dem das Bestreben zugrunde liegt, die Verwaltung auf ein vernünftiges Maß zu dezentralisieren[153].

Der Begriff der mittelbaren Staatsverwaltung erhält einen ganz anderen Sinngehalt, wenn man durch ihn die Tätigkeit selbständiger Verbände bei der Durchführung von Auftragsangelegenheiten erfassen will. Das Merkmal „mittelbar" besagt zwar das gleiche wie beim Begriff der mittelbaren Staatsverwaltung im organisatorischen Sinn, nämlich die Ausführung öffentlicher Aufgaben durch rechtlich selbständige Verbände. Jedoch bedeutet „Staatsverwaltung" die Wahrnehmung staatlicher, d. h. weisungsunterworfener Aufgaben, mittelbare Staatsverwaltung somit die Ausführung öffentlicher Aufgaben durch selbständige Verbände nach den Grundsätzen unmittelbar gelenkter Staatsverwaltung, was gleichbedeutend mit Auftragsverwaltung ist[154]. In diesem — hier sog. — materiellen Sinne[155] stellt er die Parallele zum Begriff

---

[149] A. a. O.; er spricht hier von der materiellen Bedeutung des Staatsbegriffs.
[150] Deutlich *Linckelmann*, DÖV 1959, S. 561 ff., 813 ff.
[151] Ähnlich *Jesch*, DÖV 1960, S. 740; nicht eindeutig *Forsthoff*, Lehrbuch, S. 437 ff.
[152] *Bachof*, AöR Bd. 83 (1958), S. 231.
[153] *Forsthoff*, a. a. O. S. 427.
[154] Siehe oben 2. b).
[155] *Jesch*, DÖV 1960, S. 740, spricht in diesem Zusammenhang von der orga-

des mittelbaren Staatsbeamten dar, wie er früher von der h. L. verstanden wurde[156]. Selbstverwaltung kann daher nie mittelbare Staatsverwaltung im materiellen Sinne sein.

Während der Begriff der mittelbaren Staatsverwaltung im letztgenannten Sinne in der Lehre keinen Bedenken begegnet[157], wird die begriffliche Erfassung der Selbstverwaltung als mittelbarer Staatsverwaltung mit großer Skepsis betrachtet[158]. Das beruht einmal auf dem — durch das unbegrenzte Weisungsrecht des Staates gekennzeichneten — Begriff des mittelbaren Staatsbeamten, der insbesondere in der älteren Literatur den Blick auf den Bedeutungswandel versperrt; zum anderen auf der Furcht, eine solche begriffliche Identifikation stelle — etwa durch die Möglichkeit, hieraus verschärfte Aufsichts- und Eingriffsbefugnisse des Staates abzuleiten — den ersten Schritt zur Preisgabe der überkommenen Selbstverwaltung dar. Im Hinblick auf die Erfahrungen der Weimarer Zeit ist diese Furcht nicht gänzlich unbegründet[159].

Die gemeindliche Selbstverwaltung beruhte im Gegensatz zu der von der Fürstensouveränität getragenen monarchischen Obrigkeitsverwaltung immer auf *demokratischer* Legitimation, gleichgültig, ob sie in der 1. Hälfte des 19. Jahrhunderts als Kampfmittel des liberalen Bürgertums gegen den Staat oder in dessen 2. Hälfte zur Begründung des Anspruchs der Gesellschaft auf verfassungsmäßige Teilnahme an der Verwaltung diente. Selbst- und Staatsverwaltung unterschieden sich durch die Art der Willensbildung: Als sich selbstverwaltendes Individuum war der Gemeindebürger Regierender und Regierter zu gleich, als Staatsuntertan war er einer von seinem Willen unabhängigen Staatsverwaltung unterworfen; die von dieser ausgeübte Gewalt war nicht vom Volke, sondern vom souveränen Fürsten abgeleitet. Mit der Ausrufung der Weimarer Republik gehörte diese auf dem Gegensatz von Staat und Gesellschaft beruhende Konzeption der Verfassungsgeschichte an: Das

---

nisatorischen Bedeutung des Staatsbegriffs. Dies erscheint unzweckmäßig, weil damit nicht nur ein Organisationsprinzip, sondern vor allem die Unterstellung des rechtlich selbständigen Verbandes unter die umfassende Weisungsgewalt des Staates gekennzeichnet werden soll.

[156] Siehe oben 3. am Anfang.
[157] Vgl. *E. R. Huber*, Wirtschaftsverwaltungsrecht Bd. 1, S. 111, vgl. auch S. 535 ff.; *Gönnenwein*, Gemeinderecht, S. 64 Anm. 21, S. 102; *Cantner*, HKWPr. Bd. 1, S. 449; vgl. auch *H. J. Wolff*, Verwaltungsrecht II, S. 57 f., Verwaltungsrecht I, S. 23.
[158] Ablehnend *E. R. Huber*, a. a. O.; *Gönnenwein*, a. a. O. S. 60; ders., AöR Bd. 81 (1956), S. 222; *Salzwedel* in *Loschelder-Salzwedel, S.* 220, 223; ders., VVDStL Heft 22 (1965), S. 223 ff. m. w. N.; *Linckelmann*, DÖV 1959, S. 568 ff., 813 ff.; wohl auch *Zuhorn-Hoppe*, S. 45.
[159] Vgl. zum Folgenden insbes. *Gönnenwein*, Gemeinderecht, S. 59 ff.; ferner *Peters*, Grenzen, S. 5 ff.; *Köttgen*, Krise, passim; *Loy*, DV 1949, S. 29 f.

II. Selbstverwaltung und Auftragsverwaltung

Ergebnis der vollständigen Eroberung des Staates durch die Gesellschaft enthält Art. 1 WRV, wonach alle Staatsgewalt vom Volke ausgeht. Mithin beruhte auch die Staatsverwaltung auf demokratischer Legitimation. Wer das Wesen der Selbstverwaltung nicht in der eigenverantwortlichen Wahrnehmung bestimmter Aufgaben erblickte, sondern darunter jede verfassungsmäßige Teilnahme des Volkes an der Verwaltung verstand, mußte eine Unterscheidung von Staats- und Selbstverwaltung konsequent ablehnen: Beide entspringen einer einheitlichen demokratischen Wurzel und sind daher identisch. Der politische Selbstverwaltungsbegriff *R. v. Gneists*[160] hat hier nachhaltig eingewirkt.

So findet sich z. T. die Bezeichnung der Staatsverwaltung als Selbstverwaltung[161]. Wenn auch die begriffliche Identifikation von (Staats-)-Verwaltung der Länder und Selbstverwaltung die organisatorische und funktionelle Unabhängigkeit der Landes- von der Reichsverwaltung zum Ausdruck bringen sollte[162], so ist doch der Einfluß des demokratischen Elements in dieser Bezeichnung nicht zu leugnen.

Auf der anderen Seite stellte diese Auffassung die theoretische Grundlage für die Forderung nach Abschaffung (oder zumindest Beschränkung) der herkömmlichen Selbstverwaltung dar. Da sie nur im Dualismus von Staat und Gesellschaft einen Eigenwert entwickeln könne[163], wurde ihr einmal jede politische Bedeutung abgesprochen; zum anderen wurde vom Standpunkt eines formal verstandenen Begriffs der Demokratie, der keine andere Gewalt als die des unteilbaren Staates gegenüber dem Individuum duldet, die Berechtigung der sich früher als Folge der demokratischen Legitimation darstellenden Unabhängigkeit der Selbst- von der Staatsverwaltung bestritten[164]. Das Ergebnis dieser Staatsauffassung zeigt eine Gemeinde, die wie im Absolutismus zur Staatsanstalt degradiert ist; die Ausführung der ihr zugewiesenen Aufgaben stellt somit mittelbare Staatsverwaltung in dem Sinne dar, wie sie einstens der mittelbare Staatsbeamte des § 69 II 10 ALR ausübte. Die Entwicklung in der Praxis mit der vermehrten Übertragung von Auf-

---

[160] Siehe oben 2. a) aa).

[161] *Drews*, DJZ 1919, Sp. 361 ff.; *Poetzsch-Heffter*, S. 131; *Anschütz*, HDStR Bd. 1, S. 367.

[162] Insbesondere bei *Anschütz*, a. a. O., ähnlich auch *Laband*, Staatsrecht Bd. 1, S. 102 ff.

[163] Kennzeichnend für diese Auffassung *Hatschek*, Artikel „Selbstverwaltung", S. 421: „Derjenige Staat, in dem die SelbstVerw am besten gedeihen kann, ist der konstitutionelle, monarchische Rechtsstaat."

[164] In dieser Richtung *C. Schmitt*, Verfassungslehre, S. 272 f.; ders., Hüter der Verfassung, S. 78 f., 92 f. — Gegen die auf traditionellen Vorstellungen beruhende Überbetonung der Selbstverwaltungsidee im Sinne einer Abwendung vom Staat *W. Weber*, DÖV 1948, S. 19 ff.; DÖV 1951, S. 509 ff. (512 f.), und Selbstverwaltung, S. 1 ff. Kritisch hierzu insbes. *Gönnenwein*, Gemeinderecht, S. 59 ff.

tragsangelegenheiten, der Normierung weiter Lebensbereiche und der daraus sich ergebenden Einengung des freien Spielraums eigenverantwortlicher Tätigkeit auf streng gesetzesgebundene Verwaltung, der Ausdehnung der Städte mit ihrer bürokratischen Verwaltung usw. schien auf dieses Ergebnis zuzusteuern. Unter gemeindlicher Selbstverwaltung verstand daher ein großer Teil des rechtlichen und politischen Denkens der Weimarer Zeit nur einen formalen oder räumlichen Begriff, „mit dem die Lokalverwaltung von der regionalen Staatsverwaltung abgegrenzt wurde"[165].

Denkgeschichtlich handelt es sich bei dieser für die Existenz der überkommenen Selbstverwaltung entscheidenden Auseinandersetzung, die gegen Ende der Weimarer Zeit zu einer „Krise der kommunalen Selbstverwaltung"[166] führte, um den Zusammenstoß verschiedener Auffassungen über den richtigen Staatsaufbau. Die eine Ansicht, die die Selbstverwaltung nur als mittelbare Staatsverwaltung im materiellen Sinn begreift, stützt sich auf den in der französischen Revolutionszeit vertretenen und bis heute in Frankreich nachwirkenden Gedanken einer formal und absolut verstandenen Staatsgewalt, die keine andere Gewalt neben sich duldet[167]; ein Gedanke, der von Anhängern einer zentralistischen Verwaltung[168] dankbar aufgenommen wird und nicht selten der verdeckten Propagierung totalitärer Systeme dient. In der gegenüberstehenden und schließlich die Oberhand behaltenden Auffassung kommt die dem deutschen Recht eigentümliche Vorstellung eines mehrfach gegliederten Staates zum Ausdruck, wie sie, um einen ihrer prägnantesten Vertreter zu nennen, *v. Gierke* aus dem germanischen Rechtsleben entwickelt hat; dem deutschen Rechtskreis ist seit jeher, worüber auch die Verfassungsepoche des Absolutismus nicht hinwegtäuschen kann, ein monistischer Staatsaufbau grundsätzlich fremd[169].

Infolge dieser Auseinandersetzung ist es daher verständlich, daß sich insbesondere Kommunalrechtler bei der Verteidigung des Instituts der Selbstverwaltung neben historischen, politischen, praktischen und juristischen gern auf naturrechtliche oder quasi-naturrechtliche Argumente berufen[170], um damit die Selbstverwaltung vermeintlich wirksam gegen

---

[165] *Gönnenwein*, Gemeinderecht, S. 60; vgl. auch *W. Weber*, Selbstverwaltung, S. 31; BVerfGE Bd. 11, S. 274 f.

[166] So der Titel einer Schrift von *Köttgen* (Tübingen 1931); ähnlich die Schrift von *Forsthoff*, „Die Krise der Gemeindeverwaltung im heutigen Staat", Berlin 1932.

[167] Siehe oben 2. Kapitel II.

[168] Stichwort: Schlagkräftige Verwaltung!

[169] Vgl. in diesem Zusammenhang die rechtsvergleichenden Hinweise bei *Herrfahrdt* in BK, Art. 83 III 1. (S. 3).

[170] Als Beispiel aus neuerer Zeit sei hier die Ansicht von *Linckelmann*, DÖV 1959, S. 561 ff. (568), 813 ff. (814), genannt, der für Wasserverbände — und für

den totalen Herrschaftsanspruch des Staates abzusichern. Wegen dieser Distanzierung vom staatlichen Bereich fällt es schon dem Gefühl nach schwer, Selbstverwaltung als mittelbare Staatsverwaltung zu begreifen.

Was auch immer die beste Begründung für die Beibehaltung der gemeindlichen Selbstverwaltung in ihrer überlieferten Form ist: Ein Blick auf Art. 28 Abs. 2 GG zeigt, daß sie kraft positiven Verfassungsrechts in den Staatsaufbau der Bundesrepublik übernommen wurde. Für das juristische Verständnis genügt es, das Wesen der Selbstverwaltung in einer eigenverantwortlichen, nur einer Rechtsaufsicht des Staates unterworfenen Erfüllung öffentlicher Aufgaben zu sehen[171], gleichgültig, ob die gegenüberstehende Staatsverwaltung durch den Willen eines absoluten oder konstitutionellen Monarchen, eines totalitären Führers oder des Volkes legitimiert ist.

Sieht man in der begrifflichen Gleichsetzung von Selbstverwaltung und mittelbarer Staatsverwaltung mehr als die (begriffliche) Folgerung aus dem umfassenden Staatsbegriff, wonach alle öffentliche Gewalt letztlich staatliche ist, so ist diese Ansicht abzulehnen. Da die verfassungsrechtliche Garantierung eines unantastbaren Aufgabenbereiches der Gemeinde einem so verstandenen Begriff der mittelbaren Staatsverwaltung widerspricht, kann daraus nicht die Einschränkung der gemeindlichen Selbstverwaltung, etwa durch Ausweitung der staatlichen Aufsichtsbefugnisse, gefolgert werden.

2. Abschnitt: Die Rechtsstellung der Gemeinde bei der Wahrnehmung staatlicher Aufgaben

I. Das Prinzip

1. Inhalt

Der begriffliche Wandel von den „Angelegenheiten des übertragenen Wirkungskreises" zu den „Auftragsangelegenheiten" übte keinen Einfluß auf die Dogmatik aus: Die Rechtsstellung der Gemeinde bei der Durchführung staatlicher Aufgaben blieb hiervon unberührt, da sich an ihrer unbegrenzten Weisungsunterworfenheit in diesem Bereich — jetzt nicht mehr Folge, sondern Kriterium der staatlichen Auf-

---

Gemeinden, falls Art. 28 Abs. 2 GG nicht bestehen würde — ein Recht auf Selbstverwaltung aus Art. 1 und 2 GG herleitet. Vgl. dazu die Erwiderung von *Rietdorf*, DÖV 1959, S. 671 ff.

[171] Siehe oben 2. a) bb).

gabe¹ — nichts änderte. In der Terminologie nicht einheitlich, in der Sache aber völlig gleichbedeutend wird die Gemeinde oder die Gemeindebehörde bei der Wahrnehmung staatlicher Aufgaben wie schon früher² als Organ des Staates³, der Staatsverwaltung⁴, als nachgeordnete Behörde des Staates⁵, Staatsbehörde⁶, Quasi-Staatsbehörde⁷ oder als unterste Stufe der Staatsverwaltung usw.⁸ begriffen. Damit soll zum Ausdruck gebracht werden, daß die Gemeindebehörde zwar formal keine Staatsbehörde ist, jedoch wie eine solche behandelt wird⁹. Sie steht somit unter der Fachaufsicht der vorgesetzten Staatsbehörden¹⁰. Nach allgemeiner Ansicht ist es für die Durchsetzbarkeit des staatlichen Weisungsrechts erforderlich, daß die Ausführung der Auftragsangelegenheiten nicht in die Zuständigkeit der Gemeindevertretung fällt, sondern einem Einzelbeamten obliegt¹¹. In der Regel wird dieser aus dem genannten Grunde schon durch die Gemeindeordnungen bestimmt¹². Der ausführende Beamte hat sich nur der vorgesetzten Staatsbehörde, nicht

---

¹ Siehe oben 1. Abschnitt I. 3. b).
² Siehe oben 1. Abschnitt I. 2. b).
³ *G. Jellinek*, System, S. 289, 294; *Peters*, Grenzen, S. 214.
⁴ PrOVGE Bd. 78, S. 71 ff.; S. 80 ff.
⁵ *Becker*, HKWPr. Bd. 1, S. 135; *Kantel*, S. 39.
⁶ *Fröhler*, S. 9; vgl. auch S. 72: „Staatsdienststelle".
⁷ *Jesch*, DÖV 1960, S. 740.
⁸ *Gönnenwein*, Gemeinderecht, S. 102. Vgl. ferner *Ulbrich*, S. 170: „Hilfsorgane der unmittelbaren Staatsverwaltung"; *Bühler*, S. 254; *Loschelder*, Gemeindeordnungen, S. 14; *H. J. Wolff*, Verwaltungsrecht II, S. 199.
⁹ Deutlich kommt dies in der Begriffsbildung „Quasi-Staatsbehörde" von *Jesch*, a. a. O., zum Ausdruck; ebenso bei *H. J. Wolff* in der 1. Auflage (1962) seines Verwaltungsrechts II, S. 162, und *Görg*, DÖV 1961, S. 41. — Formal handelt es sich also bei der Auftragsverwaltung um dezentralisierte, materiell um dekonzentrierte Staatsverwaltung; nur im ersteren Sinne *Popitz*, Volk und Reich der Deutschen Bd. 2, S. 340 ff.; *Gönnenwein*, a. a. O. S. 93; nur im letzteren Sinne *H. J. Wolff*, Verwaltungsrecht II, S. 199; vgl. auch a. a. O. S. 89 ff.; ferner *Forsthoff*, Lehrbuch S. 426 f.
¹⁰ Das Wesen der Fachaufsicht besteht darin, „daß die Gemeinden ... den vorgesetzten Staatsbehörden wie nachgeordnete Dienststellen gegenüberstehen und deshalb den Anweisungen dieser Staatsbehörden wie Dienstbefehlen unterworfen sind", so die amtliche Begründung zu § 106 DGO, abgedruckt bei *Surén-Loschelder*, Bd. 2, S. 407 ff. (409); ähnlich *Forsthoff*, Lehrbuch, S. 446: „In Ansehung des übertragenen Wirkungskreises wird der sonst selbständige Verwaltungsträger zur Staatsinstanz. Er untersteht nicht der Aufsicht, sondern der dienstlichen Leitung." Ganz ähnlich schon *Stahl*, Rechtsphilosophie, Bd. 2, 2. Abt., S. 22; vgl. ferner *H. J. Wolff*, Verwaltungsrecht II, S. 96, 199; *Gönnenwein*, a. a. O. S. 103; *Becker*, HKWPr. Bd. 1, S. 135, 174.
¹¹ So schon *Stahl*, a. a. O. S. 23; ferner *Böhme*, Der Städtetag, N. F. Jahrg. 1 (1948), S. 42; *Loy*, DV 1949, S. 30; *Zuhorn*, DÖV 1949, S. 50; *Scheerbarth*, DVBl. 1953, S. 264; *Kantel*, S. 39; *Görg*, DÖV 1961, S. 42; *Becker*, HKWPr. Bd. 1, S. 135; *Kottenberg*, S. 468, 472; *Salzwedel* in *Loschelder-Salzwedel*, S. 231 f.; kritisch dazu *W. Weber*, DÖV 1948, S. 24.
¹² So schon Art. IV Abs. 5 des österreichischen Gemeindegesetzes vom 17. 3. 1849 (siehe oben 1. Abschnitt I. Anm. 1); ferner § 47 Abs. 1 Ziffer 7 GO RhPf; § 54 Abs. 4 GO Saarl.; vgl. aber Art. 59 GO Bay.

I. Das Prinzip

der Gemeindevertretung gegenüber zu verantworten, da staatliche Verwaltung nicht unter gemeindlicher Kontrolle stehen kann[13].

2. Herkunft

a) Gründe für die Entstehung

Eine logische oder rechtstheoretisch zwingende Begründung für die Entstehung des Instituts der Auftragsverwaltung gibt es nicht. Denn alle Auftragsangelegenheiten könnten ebenso durch unmittelbare Staatsbehörden[14] ausgeführt werden, wie es schon § 166 der *Stein*schen StO von 1808 alternativ vorsah. Die Inanspruchnahme der Gemeinde für die Durchführung staatlicher Aufgaben beruht vielmehr auf Zweckmäßigkeitserwägungen. Treffend werden diese von *Rotteck*[15] zusammengefaßt, der die Stellung des Magistrats als „Gewaltsträger der Staatsregierung" für gegeben ansieht, „da eine weise Staatsregierung erkennen muß, daß sie zur Besorgung verschiedener unmittelbar ihr obliegender Geschäfte keine tüchtigeren, zuverlässigeren und unkostspieligeren Organe wählen könne, als die Gemeinde-Autoritäten". Neben dem Argument der Sach- und Bürgernähe der örtlichen Verwaltung, das immer zur Begründung von Dekonzentrations- und Dezentralisierungsbestrebungen herangezogen wird, mag auch die Vorstellung eine Rolle gespielt haben, daß durch diese Regelung leidige Kompetenzstreitigkeiten zwischen Staats- und Gemeindebehörden, wie sie in Preußen auf dem Gebiete der Polizeiverwaltung häufig auftraten[16], vermieden werden[17].

An dieser Grundlegung hat sich nichts geändert[18]. Die Inanspruchnahme der Gemeinde enthebt den Staat der Notwendigkeit, eigene Behörden zu errichten, ohne die Leitungs- und Lenkungsbefugnis zu verlieren. Infolge dieser Kostenersparnis des Staates wird die gemeindliche Auftragsverwaltung zu Recht als die „billigste Form der Staatsverwaltung" bezeichnet[19].

---

[13] *Gierke*, Genossenschaftsrecht Bd. 1, S. 741; *W. Jellinek*, S. 530 f.; vgl. ferner die in Anm. 11 Genannten.
[14] Vor allem durch sog. Sonderbehörden.
[15] *Aretin-Rotteck*, Bd. 2, 2. Abt., S. 117; vgl. auch a. a. O. S. 39 und 100 ff.; ähnlich *Brater*, Artikel „Gemeinde", S. 145; *Gierke*, a. a. O. S. 714; *Gerber*, Staatsrecht, S. 62.
[16] Siehe oben 2. Kapitel III. 1. mit Anm. 63.
[17] Diese Erwägung liegt der Entwicklung des Grundsatzes der Einheit der örtlichen Verwaltung zugrunde; vgl. *Popitz*, Volk und Reich der Deutschen Bd. 2, S. 343.
[18] *Popitz*, a. a. O. S. 342 f.; *Peters*, Grenzen, S. 191 ff.; *Surén-Loschelder* Bd. 1, S. 32 f.; *Becker*, HKWPr. Bd. 1, S. 135; *Kottenberg*, S. 467; *Loschelder*, Gemeindeordnungen, S. 14; *H. J. Wolff*, Verwaltungsrecht II, S. 198.
[19] *H. J. Wolff*, a. a. O. S. 200; *Scheerbarth*, DVBl. 1953, S. 264.

b) *Die Rechtsstellung der Gemeinde im Verfassungssystem der konstitutionellen Monarchie*

Das geeignete Mittel zur rechtlichen Sanktionierung dieser Zweckmäßigkeitsüberlegungen fand die Doktrin — auch hier unverkennbar durch das politische Wollen in der Verfassungsepoche der konstitutionellen Monarchie bestimmt, „den Absolutismus wenigstens in einem Kernbestand in das 19. Jahrhundert hinüberzuretten"[20] — in der Beibehaltung der bisher das gesamte Verhältnis von Staat und Gemeinde bestimmenden Anschauung von der Gemeinde als Staatsanstalt[21]. Neben den eigenen Wirkungskreis der Gemeinde als eine von staatlichen Eingriffen grundsätzlich freie Sphäre trat der übertragene Wirkungskreis als ein ausschließlich dem Staate zugehöriger Bereich. Die Wirkungskreislehre baut somit auf dem Gegensatz von Staat und Gesellschaft auf, der die Verfassungsstruktur der konstitutionellen Monarchie beherrschte[22].

In der Entwicklung des Verhältnisses von Staat und Gemeinde während dieser Verfassungsepoche lassen sich zwei große Linien verfolgen: Die Einordnung der Gemeinde in den Bereich der Gesellschaft und die nähere Ausgestaltung ihrer gegenseitigen Beziehungen nach dem Vorbild des Verhältnisses von Staat und Bürger.

Unter dem Einfluß des nach dem Wiener Kongreß aufkommenden Liberalismus[23] zerbröckelte der monolithische Bau des absolutistischen Staates als Inbegriff aller sozialen Erscheinungen. Als Ergebnis dieses Entwicklungsprozesses entstand neben dem Staat die Gesellschaft, die sich mit der Eroberung eines Eigenbereiches nunmehr vom Staat distanzierte[24]. In Anbetracht der auf die Gedankenwelt der französischen Revolution zurückgehenden Vorstellungen vom Wesen der Gemeinde

---

[20] *Jesch*, Gesetz, S. 79, im Zusammenhang mit der Souveränitätslehre.

[21] *Brater*, Artikel „Gemeinde", S. 143, führt treffend aus, daß im absolutistischen Staat die Gemeindebeamten „alle Verrichtungen, die ihnen überhaupt anvertraut waren, als Bedienstete der Staatsgewalt, nach den Weisungen einer höheren Staatsbehörde, vornahmen. Als man endlich anfing, die Gebiete zu sondern und den Gemeinden wieder einen selbständigen Wirkungskreis zuzuerkennen, lag es nahe, daß man fortfuhr diese Beamten wenigstens nebenbei als Staatsbedienstete zu verwenden, wie sie es bis dahin fast ausschließlich gewesen waren". Ähnlich *Preuss*, Amtsrecht, S. 138 ff.

[22] Zur Verfassungsstruktur der konstitutionellen Monarchie vgl. die ausgezeichnete Darstellung von *Jesch*, Gesetz, S. 76 ff. Aus der älteren Literatur vgl. *Stahl*, Das Monarchische Prinzip, S. 1 ff.

[23] In Anbetracht der nationalsozialistischen Staatstheorie ist es begreiflich, daß die in dieser Zeit erschienenen Schriften, auch unter Hinweis auf die *Steinsche* Konzeption, dieser Strömung kritisch gegenüberstanden, vgl. bspw. *Voigt*, S. 27; *Becker*, Selbstverwaltung, S. 164 ff., 202 ff.

[24] Vgl. dazu *v. Mohl*, Staatswissenschaften, S. 88 ff.; *C. Schmitt*, Hüter der Verfassung, S. 73 ff.; *Forsthoff*, Körperschaft, S. 8 ff.; *Jesch*, Gesetz, S. 76 ff.; *E. R. Huber*, Verfassungsgeschichte Bd. 2, S. 309 ff.

I. Das Prinzip

als einem ursprünglichen, nicht vom Staate geschaffenen Gebilde[25] ist es verständlich, daß die gemeindlichen Angelegenheiten der Sphäre der Gesellschaft zugeordnet wurden. Als „gesellschaftliche Gestaltung"[26] verwaltete die Gemeinde eigene, d. h. nicht-staatliche Angelegenheiten; öffentliche Verwaltung zerfiel sonach in staatliche und nichtstaatliche = gesellschaftliche. Die Vorstellung von der Gemeinde als „originärer Persönlichkeit"[27] führte ferner dazu, daß ihre Rechtsstellung gegenüber dem Staat konsequent der des Individuums gegenüber dem Staat nachgebildet wurde[28]. Deutlicher als in der Einräumung eines Grundrechts auf Verwaltung bestimmter Angelegenheiten, wie es bspw. die Schöpfer der Paulskirchenverfassung vorgesehen hatten[29], läßt sich die Gleichsetzung von bürgerlicher Freiheit und Gemeindefreiheit nicht zum Ausdruck bringen. Wie der Bereich von Freiheit und Eigentum[30] des Bürgers war auch der eigene Wirkungskreis der Gemeinde gegen staatliche Eingriffe durch die Mauer des Rechts abgeschirmt: Nach dem Vorbehalt des Gesetzes durften sie nur durch Gesetz oder auf der Grundlage eines Gesetzes ergehen, an dessen Zustandekommen die Vertretung der Gesellschaft — das Parlament — mitgewirkt hatte[31]. Alle die diesen Bereich betreffenden[32] Anordnungen stellten Gesetze im materiellen Sinn und, infolge der Verbindung mit dem Rechtsbegriff der damaligen Staatstheorie, daher Rechtssätze dar[33]. Folgerichtig übte der Staat eine

---

[25] Siehe oben 1. Abschnitt I. 2. a).

[26] *v. Mohl*, a. a. O. S. 89. — Zur Stellung der Gemeinde im Dualismus von Staat und Gesellschaft vgl. ferner *C. Schmitt*, a. a. O. S. 75; *Forsthoff*, a. a. O. S. 8 ff.; ders., Krise, S. 10 ff.; *W. Weber*, DÖV 1948, S. 20; *Jesch*, DÖV 1960, S. 739.

[27] *Gierke*, Genossenschaftsrecht Bd. 1, S. 759.

[28] *Brater*, a. a. O. S. 113: „Wie der einzelne Mensch, darf die Gemeinde Achtung ihrer freien Rechtssphäre, Schutz und Beistand vom Staat erwarten; ..." Ähnlich *v. Mohl*, a. a. O. S. 100. Vgl. ferner *Zachariä*, Staatsrecht Bd. 1, S. 559, 574; *G. Jellinek*, System, S. 288 f.; *Köttgen*, VerwArch Bd. 44 (1939), S. 13; *Muntzke-Schlempp*, S. 1154 ff.; *Gönnenwein*, Gemeinderecht, S. 89; *Bullinger*, VVDStL Heft 22 (1965), S. 280 ff.; *Salzwedel* in *Loschelder-Salzwedel*, S. 220 f., 231.

[29] Siehe oben 1. Abschnitt I. 2. a) mit Anm. 19.

[30] Zu dieser Formel und ihrer Bedeutung für den Vorbehaltsbereich vgl. insbes. *Jesch*, Gesetz, S. 30 ff., 117 ff.

[31] Die Ermächtigungsgrundlage für Maßnahmen der Rechtsaufsicht findet sich in der Regel in den Gemeindeordnungen, die einen spezifizierten Katalog staatlicher Aufsichtsmittel enthalten (vgl. heute etwa §§ 118 ff. GO BaWü); zur Entwicklung vgl. insbes. *Bullinger*, VVDStL Heft 22 (1965), S. 275 ff. (281 ff.).

[32] Gegen die Bestimmung des Rechtsbegriffs vom Eingriffsvorbehalt her, wie ihn *Anschütz* (Artikel „Gesetz", WBStVwR Bd. 2, S. 212 ff. [214 f.]; *Meyer-Anschütz*, S. 655 ff., [672]) vornahm, *Jesch*, a. a. O. S. 31, 145 f.

[33] Zum Rechtsbegriff der traditionellen Lehre vgl. insbes. *Jesch*, a. a. O. S. 10 ff. m. w. N.

3. Kap.: Das dualistische Aufgabensystem der Gemeinde

*Rechts*aufsicht über die Gemeinden aus, deren Maßnahmen grundsätzlich der verwaltungsgerichtlichen Kontrolle unterlagen[34].

Neben dieses allgemeine Gewaltverhältnis, in dem die Gemeinde zum Staate stand, trat das besondere: Wie der Bürger in den sog. Anstaltsverhältnissen wurde auch die Gemeinde „zugunsten eines bestimmten Zweckes öffentlicher Verwaltung"[35] in Anspruch genommen, indem sie zur Ausführung staatlicher Aufgaben herangezogen wurde. Die Parallelität wird deutlich in der Art der Inanspruchnahme. Soweit der Bürger nicht freiwillig in ein besonderes Gewaltverhältnis eintrat, konnte er, da hiermit eine Beschränkung seiner Freiheitssphäre verbunden war, nur durch Gesetz dazu gezwungen werden. Während die Gemeinde in der frühkonstitutionellen Zeit noch beliebig nach dem Willen des Staates zur Ausführung staatlicher Aufgaben in Anspruch genommen werden konnte[36], wurde später die Übertragung der einzelnen Aufgaben durch *Gesetz* für notwendig erachtet[37]. In den Bereich der Gesellschaft eingreifend, stellten diese Gesetze keine Organisationsakte in der Form rein formeller Gesetze, sondern Gesetze im materiellen Sinne dar[38], die einen bestimmten Kreis gemeindlicher Tätigkeit — den übertragenen Wirkungskreis — der generellen Weisungsgewalt des Staates unterwarfen.

---

[34] Obwohl dies im Hinblick auf § 40 Abs. 1 VwGO überflüssig ist, erklären noch heute alle Gemeindeordnungen den Verwaltungsrechtsweg gegen Maßnahmen der Rechtsaufsicht ausdrücklich für zulässig (vgl. bspw. § 125 GO BaWü), was wohl auf der Nachwirkung des Enumerationsprinzips beruht. Zur früheren Rechtslage vgl. *W. Jellinek,* S. 531 mit Anm. 2.

[35] *O. Mayer,* Verwaltungsrecht Bd. 1, S. 101 f.

[36] § 105 der rev. StO von 1831 (s. oben 1. Abschnitt I. Anm. 36) legte dem Magistrat generell die Pflicht auf, „die Aufträge, welche ihm in Landesangelegenheiten von den Staatsbehörden im Umkreise der Stadt gemacht werden, zu übernehmen und sorgfältig auszuführen." Ähnlich *v. Mohl,* Staatsrecht Bd. 2, S. 145. Die Ursache hierfür lag in der aus dem Absolutismus nachwirkenden Vorstellung von der Gemeinde als einem integrierten Bestandteil der Staatsverwaltung, die sich auch bei der Gestaltung der Rechtsaufsicht noch lange zeigte. Auch die Literatur geht auf die Art der Übertragung kaum ein, vgl. *Aretin-Rotteck,* Bd. 2, 2. Abt., S. 39, 97; *Brater,* a. a. O. S. 109 ff.; vgl. auch *Bornhak,* Staatsrecht Bd. 2, S. 114.

[37] Deutlich *v. Mohl,* Encyklopädie, S. 670: „Die Übertragung eines Staatsgeschäfts oder einer sonstigen Last für den Staat an die Gemeinde ... kann nur durch ein Gesetz geschehen, da sie eine Beschränkung natürlicher Freiheit ist." Ebenso dann im Ergebnis *Loening,* S. 180; *O. Mayer,* Verwaltungsrecht Bd. 2, S. 363; *Meyer-Anschütz,* S. 406 f.; *Peters,* Lehrbuch, S. 308; PrOVGE Bd. 82, S. 82 ff. (90 ff.). Die Übertragung durch Gesetz ist heute in allen Gemeindeordnungen verankert, vgl. bspw. § 2 Abs. 2 GO BaWü. — A. M. hierzu *Kottenberg,* S. 468 ohne Begründung. — Aus dem übertragenden Gesetz ergibt sich ein Rechtsanspruch der Gemeinde auf Erledigung der übertragenen Aufgabe; ebenso *O. Mayer,* a. a. O.; *Meyer-Anschütz,* S. 406; *Gönnenwein,* Gemeinderecht, S. 98. Die Staatsbehörden können daher die betreffenden Aufgaben nicht an sich ziehen.

[38] A. M. wohl *Forsthoff,* Lehrbuch, S. 404 f.

I. Das Prinzip

Die funktionelle Eingliederung der Gemeinde in die Behördenhierarchie des Staates hatte zur Folge, daß ihre gegenseitigen Beziehungen in diesem Bereich nach der traditionellen Doktrin in den Innenraum der impermeabel gedachten Person Staat fielen und somit dem Nicht-Recht angehörten[39]; generell-abstrakte Anordnungen der vorgesetzten Staatsbehörden stellen demnach Verwaltungsanordnungen, individuell-konkrete Maßnahmen Verwaltungsanweisungen[40] dar[41]. Mit der Nichtgeltung des Vorbehaltsprinzips, der Grundrechte und der Versagung des Rechtsschutzes waren die Folgen die gleichen wie im besonderen Gewaltverhältnis zwischen Staat und Bürger.

Die Wirkungskreislehre spiegelt somit die dualistische Konzeption des Verfassungssystems der konstitutionellen Monarchie deutlich wider: Der eigene Wirkungskreis zeigt an, inwieweit die Gesellschaft den Staat aus der Ortsinstanz hinausgedrängt, der übertragene, inwieweit sich der absolutistische Staat dort behauptet hatte. Daher wird es verständlich, warum die Lehre im 19. Jahrhundert immer wieder den Versuch unternahm, bestimmte Aufgaben[42] der Gemeinde als natürliche oder eigene zuzuordnen und so vom Objekt her die beiden gemeindlichen Wirkungskreise gegeneinander abzugrenzen. Die Forderung der Gesellschaft nach Ausdehnung ihres Eigenbereiches mußte sich zwangsläufig an der konkreten Aufgabe orientieren; die Bestimmung eigener oder staatlicher Aufgaben von der Weisungsgewalt des Staates her konnte für die Lehre vor diesem verfassungspolitischen Hintergrund nicht akzeptabel sein. Die im Verhältnis von Staat und Gemeinde prägnant zum Ausdruck kommende dualistische Konzeption der konstitutionellen Monarchie ist auch der Grund dafür, daß sich die Selbstverwaltung im politischen Sinn, wie sie *R. v. Gneist* zur Überwindung des Gegensatzes von Staat und Gesellschaft entwickelt hat[43], in der Praxis nicht durchsetzte; „das trennscharfe Nebeneinander hier der staatlichen Beamtenverwaltung, dort der bürgerlichen Selbstverwaltung und damit die Anerkennung in sich geschlossener gesellschaftlicher Verwaltungsräume entsprach offenbar weitaus besser der damaligen deutschen Verfassungskonzeption"[44].

---

[39] Zur Begründung der Impermeabilitätslehre vgl. *Laband*, Staatsrecht Bd. 2, S. 181; zur Kritik vgl. *Jesch*, Gesetz, S. 15 ff., 206 ff. m. w. N.

[40] Die Terminologie ist nicht einheitlich, vgl. dazu *Bachof*, Laforet-Festschrift, S. 285 ff.

[41] *Bachof*, a. a. O. S. 287; a. M. *Gönnenwein*, Gemeinderecht, S. 103, der in diesem Zusammenhang von Rechtsverordnungen und Verwaltungsakten spricht.

[42] Das zeigt sich deutlich an der Ortspolizei, siehe oben 1. Abschnitt I. 2. a) mit Anm. 28 f.

[43] Siehe oben 1. Abschnitt II. 2. a) aa).

[44] *Köttgen*, Artikel „Selbstverwaltung", Handwörterbuch der Sozialwissenschaften, Bd. 9, S. 220.

3. Kritik

Die Kritik der Lehre am Intitut der Auftragsverwaltung richtet sich vor allem gegen die janusköpfige Stellung des die staatlichen Aufgaben ausführenden Gemeindebeamten. So führt nach der Ansicht von Brater[45] die Personalunion beim Ortsvorsteher in seiner Eigenschaft als Gemeinde- und Staatsbeamter in der Praxis zu einer Benachteiligung der Gemeindebelange, da die vollkommene Abhängigkeit vom Staat, gesichert durch das Bestätigungs- und Disziplinarrecht, den Ortsvorsteher immer für den Staat Partei ergreifen lasse. Zur theoretischen Begründung der Notwendigkeit einer Trennung von Gemeinde- und Staatsangelegenheiten zieht er sogar den Grundsatz der Gewaltentrennung heran[46]. Auf der anderen Seite wird diese Kritik z. T. mit dem Hinweis auf die „diskretionäre Gewalt"[47] des die staatliche Aufgabe ausführenden Gemeindebeamten entkräftet, die für die Berücksichtigung der Gemeindebelange selbst dann genügend Raum lasse, wenn eine Weisung erteilt worden sei[48]; daher sei die Ausführung staatlicher Aufgaben durch die Gemeinde immer noch besser als durch staatliche Behörden auf die Ortsstufe.

In der Tat stellt die Stellung des Gemeindebeamten — in der Regel der Bürgermeister[49] — einen schwachen Punkt des Instituts der Auftragsverwaltung dar[50]. Im Gegensatz zur Auffassung von Brater besteht jedoch heute eher die Gefahr, daß der Bürgermeister die staatlichen Belange vernachlässigt. Denn als Wahlbeamter wird er geneigt sein, der Gemeindevertretung einen gewissen Einfluß auf die Ausführung der staatlichen Aufgaben einzuräumen. Die Praxis zeigt denn auch, daß entgegen den gesetzlichen Bestimmungen die Gemeindevertretung öfter zur Beschlußfassung herangezogen wird[51], was insbesondere dann verständlich ist, wenn sich der Bürgermeister bei unpopulären Maßnahmen Rückendeckung verschaffen möchte. Es ist naheliegend, daß in solchen

---

[45] Artikel „Gemeinde", S. 144 ff.

[46] A. a. O. S. 144. — Noch schärfer die Kritik von *Preuss,* Amtsrecht, S. 136 ff., der in der Auftragsverwaltung ein „Rudiment des alten Polizeistaats" (a. a. O. S. 140) sowie die „partielle Wiederaufhebung der Selbstverwaltung" (a. a. O. S. 142) sieht. Kritisch ferner *Gierke,* Genossenschaftsrecht Bd. 1, S. 762 f.; *Peters,* Grenzen, S. 191; *Hensel,* S. 16.

[47] *Blodig,* S. 79; vgl. auch *Görg,* DÖV 1961, S. 42; *Kottenberg,* S. 468.

[48] Umgekehrt sieht *Popitz,* Volk und Reich der Deutschen Bd. 2, S. 342, hierin eine Beeinträchtigung der Schlagkraft der staatlichen Verwaltung. — Es kommt bei der Kritik eben nur darauf an, von welcher Seite — Staat oder Gemeinde — aus die Auftragsverwaltung betrachtet wird.

[49] Siehe oben 1. mit Anm. 12.

[50] Zu Finanzierungsfragen, die hier nicht näher interessieren, vgl. *Berkenhoff,* DVBl. 1955, S. 347 ff.

[51] *Becker,* HKWPr. Bd. 1, S. 136; *Kottenberg,* S. 468.

I. Das Prinzip 73

Fällen der rasche Vollzug einer staatlichen Weisung in Frage gestellt wird, wenn der Gemeinderat, der keine Verantwortung trägt, eine andere Auffassung vertritt.

Einen Einfluß auf das Institut der Auftragsverwaltung hat die in der Literatur geübte Kritik nicht gehabt. Hinter der vom überwiegenden Teil der Lehre anerkannten Zweckmäßigkeit dieser Einrichtung, die „sich als ein vorzügliches Mittel rationeller und ortsnaher Verwaltung erwiesen" hat[52], traten solche dogmatischen und rechtspolitischen Bedenken zurück.

4. Andere Fälle von Auftragsverwaltung

a) im Verhältnis zwischen Bund und Ländern

Von ihrer der Verfassungsgeschichte angehörenden Grundlegung losgelöst, ist die Auftragsverwaltung zu einem Verwaltungstyp geworden, der in jedem Über-Unterordnungsverhältnis öffentlich-rechtlicher Verbände denkbar ist. Den besten Beweis hierfür stellt die Bundesauftragsverwaltung dar; die allgemein anerkannte Tatsache, daß bei ihrer Entstehung die gemeindliche Auftragsverwaltung Pate gestanden hat[53], zeigt sich in den Entstehungsgründen, der sachlichen Ausgestaltung und in der begrifflichen Erfassung.

Die Bundesauftragsverwaltung nach Art. 85 GG verdankt ihre Einführung[54] im wesentlichen den gleichen Erwägungen, die zur Entstehung der gemeindlichen Auftragsverwaltung geführt haben. Auf der einen Seite soll nach der in den Art. 30, 70 und 83 ff. GG erkennbar zum Ausdruck gekommenen Vorstellung des Verfassungsgebers im Bund-Länder-Verhältnis das Schwergewicht bei der Verwaltung auf dem Vollzug durch die Länder liegen[55]. Dadurch wird ein aufgeblähter Behörden-

---

[52] *Görg*, DÖV 1961, S. 41; vgl. auch dens., DÖV 1955, S. 276; im Ergebnis ebenso die oben in Anm. 18 Genannten; ferner *Bornhak*, Staatsrecht Bd. 2, S. 113; *Loy*, DV 1949, S. 29 ff.; *Schweer*, DVBl. 1956, S. 707; *Schäfer*, DÖV 1960, S. 641 ff.; *Gönnenwein*, Gemeinderecht, S. 65.

[53] *Lassar*, HDStR Bd. 1, S. 314, für die Reichsauftragsverwaltung; *Görg*, DÖV 1955, S. 276; *Schäfer*, DÖV 1960, S. 642; *Maunz-Dürig*, Art. 85 RdNr. 5; *Herrfahrdt* in BK, Art. 85 S. 2; BGHZ Bd. 16, S. 99 f.

[54] Die Auftragsverwaltung zwischen Reich und Ländern ist ohne ausdrückliche Zulassung in der WRV durch den in Ausführung des Art. 97 Abs. 1 WRV zwischen dem Reich und 15 Ländern geschlossenen „Staatsvertrag, betreffend den Übergang der Wasserstraßen von den Ländern auf das Reich" vom 25. 7. 1921 (RGBl. S. 962) Verfassungswirklichkeit geworden; vgl. zur Entstehungsgeschichte *Anschütz*, Kommentar, S. 464 ff.; *Görg*, a. a. O. S. 276; ders., DÖV 1961, S. 42; *Schäfer*, a. a. O. S. 641 f. m. w. N.; kritisch dazu bspw. *Lassar*, JöR Bd. 14 (1926), S. 215; positiv die Entscheidung des StGH für das Deutsche Reich vom 12. 12. 1925 (RGZ Bd. 112 Anh. S. 33 ff.).

[55] *Maunz-Dürig*, Art. 83 RdNr. 1.

apparat des Bundes vor allem in der Mittel- und Unterstufe vermieden. Diese länderfreundliche Tendenz deckt sich mit der im Kommunalrecht zum Grundsatz der Einheit der örtlichen Verwaltung erhobenen Forderung nach Abschaffung der Sonderbehörden. Auf der anderen Seite gibt es Aufgaben, die im Bundesstaat einer einheitlichen Vollziehung bedürfen[56]. Ihre Ausführung in bundeseigener Verwaltung (Art. 86, 87 GG) mit eigenem Verwaltungsunterbau wäre jedoch deswegen unzweckmäßig, weil bereits Landesbehörden für die Ausführung sachlich gleicher Angelegenheiten bestehen[57], etwa für die Finanz- und Straßenbauverwaltung. Die Kostenersparnis liegt auf der Hand, wenn diese Behörden für die Ausführung von Bundesaufgaben in Anspruch genommen werden.

Die mit der Durchführung der Bundesauftragsangelegenheiten betrauten Behörden des Landes unterliegen dem unbegrenzten Weisungsrecht der vorgesetzten Bundesbehörden[58]. Sie sind zwar formal keine Bundesbehörden, werden aber wie solche behandelt[59]; in diesem Sinne stellen sie den verlängerten Arm der Bundesbehörden dar. Stellt man — wie bei dem Begriff der mittelbaren Staatsverwaltung im materiellen Sinn[60] — auf die unbeschränkte Weisungsunterworfenheit der Landesbehörden ab, so liegt hier mittelbare *Bundes*verwaltung vor[61, 62]. Daher

---

[56] *Köttgen*, HKWPr. Bd. 1, S. 217, spricht hier von „landfremden Bundesaufgaben". Vgl. auch *Görg*, DÖV 1955, S. 277; *Herrfahrdt* in BK, Art. 85 S. 3 (sub II. 1.). — Welche Aufgaben den Ländern zur auftragsweisen Erledigung übertragen werden, bestimmt die Verfassung; dies ist in den Fällen der Art. 87 b Abs. 2 S. 1, 87 c, 87 d, 89 Abs. 2 S. 3 und 4, 90 Abs. 2, 108, 120 a GG geschehen.

[57] Ebenso *Maunz-Dürig*, Art. 108 RdNr. 33, für die Fälle des Art. 108 Abs. 1 S. 4 und Abs. 2 GG.

[58] Treffend schon *Anschütz*, Kommentar, S. 111: Die Landesbehörden werden „durch das übertragende Reichsgesetz insoweit einer von der gemeingültigen Reichsaufsicht (Art. 15) verschiedenen Leitungsgewalt (Dienstaufsicht) der Reichsregierung unterstellt, m. a. W. — unbeschadet ihrer Eigenschaft als Landesorgane — dienstlich so behandelt ... als wären sie reichseigene Behörden, nachgeordnete Stellen der Reichsregierung." Ähnlich ders., HDStR Bd. 1, S. 374; *Lassar*, HDStR Bd. 1, S. 314. — An dieser Ansicht hat sich durch Art. 85 GG nichts geändert. Bei der „Bundesaufsicht" in Art. 85 Abs. 4 GG handelt es sich also um eine Fachaufsicht, nicht um eine Bundesaufsicht im Sinne des Art. 84 Abs. 3 GG; ebenso *Mangoldt*, S. 463; *Schäfer*, DÖV 1960, S. 648; *Maunz-Dürig*, Art. 84 RdNr. 44, Art. 85 RdNr. 38, die allerdings mißverständlich den Begriff „Dienstaufsicht" verwenden.

[59] In dieser Eigenschaft handeln sie somit als mittelbare Bundesorgane; ähnlich *Lassar*, JöR Bd. 14, S. 214 („Mediatverwaltung").

[60] Siehe oben 1. Abschnitt II. 3.

[61] So schon *Lassar*, HDStR Bd. 1, S. 314, der die Reichsauftragsverwaltung als *Reichs*verwaltung begreift. Wie hier für Art. 85 GG *Mangoldt*, S. 460 f. Dafür spricht entscheidend auch die Entstehungsgeschichte des Art. 85 GG. In Herrenchiemsee wurde der Begriff „Auftragsverwaltung" mit voller Absicht vermieden, da er den nach seiner herkömmlichen Bedeutung völlig richtigen Eindruck erweckte, die Länder stünden zum Bund im gleichen Unterordnungsverhältnis wie die Gemeinde zum Staat. So lautete die ur-

I. Das Prinzip

hat sich der zuständige Landesminister nur der vorgesetzten Bundesbehörde, nicht aber dem Landesparlament gegenüber zu verantworten[63], da Bundesverwaltung nicht unter der Kontrolle der Landesvertretung stehen kann.

Die kurzen Erörterungen zeigen, daß sich die Strukturprinzipien der gemeindlichen — und der Bundesauftragsverwaltung decken[64]; darüber können auch terminologische Streitigkeiten nicht hinwegtäuschen[65]. Dieses Institut hat sich in der Praxis auch bewährt[66]. Das wird schon dadurch bestätigt, daß das BVerfG noch keine Streitfrage im Rahmen des Art. 85 GG zu entscheiden hatte.

b) im Verhältnis zwischen Staat und sonstigen öffentlich-rechtlichen Verbänden

Auch die Inanspruchnahme anderer Verbände des öffentlichen Rechts, wie etwa der Körperschaften der wirtschaftlichen und kulturellen Selbstverwaltung, für die Ausführung staatlicher Aufgaben ist denk-

---

sprüngliche Fassung des Art. 113 des Entwurfs von Herrenchiemsee „Ausführung der Bundesgesetze durch die Länder nach Weisung des Bundes". „Auf dem Weg von Herrenchiemsee ist", wie *Nawiasky* (Grundgedanken, S. 41) bemerkt, „diese Rücksicht auf die Eigenständigkeit der Länder wieder verschwunden", indem man auf Antrag des Abgeordneten *Laforet* den Begriff „Auftragsverwaltung" wieder einführte. Vgl. dazu *v. Doemming* u. a. JöR N. F. Bd. 1, S. 636 ff.; *Nawiasky*, a. a. O. (kritisch); *Mangoldt*, S. 460 f. Daraus ergibt sich, daß von der herkömmlichen Bedeutung des Begriffs nicht abgewichen werden sollte. — A. M. *Maunz-Dürig*, Art. 85 RdNr. 1, 6; *Maunz*, Staatsrecht, S. 221; ihm folgend *Hamann*, S. 313 (Landesverwaltung nach Weisung); im Ergebnis auch *Herrfahrdt* in BK, Art. 85 S. 2; *Sturm*, DÖV 1966, S. 265 f. m. w. N. (FN 75 ff.). Vgl. auch BVerfGE Bd. 18, S. 407 ff. (414) zum Erlaß von RVOen auf Grund bundesgesetzlicher Ermächtigung; hier wurde z. T. behauptet (vgl. *Zippelius*, NJW 1958, S. 445 ff. [446 m. w. N.]), die Landesorgane handeln als mittelbare Bundesorgane. Vermittelnd *Görg*, DÖV 1955, S. 277, und *Schäfer*, DÖV 1960, S. 645, nach denen eine gemeinschaftliche Verwaltung von Bund und Ländern vorliegt. — Im wesentlichen (vgl. aber den folgenden Text) handelt es sich hier um eine begriffliche Streitfrage.

[62] Der Begriff „mittelbare Bundesverwaltung" wird noch für die Fälle verwendet, in denen Träger des Behördenapparates bundesunmittelbare Körperschaften oder Anstalten des öffentlichen Rechts sind (vgl. Art. 86 GG), so *Maunz-Dürig*, Art. 86 RdNr. 2 b, 6, 7; *Hamann*, S. 315.

[63] Ebenso *Görg*, DÖV 1955, S. 277; *Schäfer*, DÖV 1960, S. 648; a. M. *Maunz-Dürig*, Art. 85 RdNr. 7; *Sturm*, DÖV 1966, S. 266.

[64] Ablehnend zu diesem Vergleich *Maunz-Dürig*, Art. 85 passim; *H. J. Wolff*, Verwaltungsrecht I, S. 26.

[65] Selbst *Maunz-Dürig*, Art. 85 RdNr. 5, müssen zugestehen, daß bei der Bundesauftragsverwaltung „mit einer gewissen Berechtigung davon gesprochen werden kann, daß zwischen Bundes- und Landesbehörden ... ein echtes hierarchisches Verhältnis (Über- und Unterordnungsverhältnis) bestehe und daß sie in einem einheitlichen Verwaltungsstufenzug eingegliedert seien".

[66] Positiv auch *Görg*, DÖV 1955, S. 276; *Schäfer*, DÖV 1960, S. 649; kritisch — z. T. mit polemischen Ausführungen — insbes. *Maunz-Dürig*, Art. 85 RdNr. 10.

bar[67]. Für ihr Verhältnis zum Staat in diesem Bereich gelten die gleichen Grundsätze, die für die gemeindliche Auftragsverwaltung entwickelt wurden[68]. Die wenigen Fälle[69] von Auftragsverwaltung sonstiger öffentlich-rechtlicher Verbände lassen sich damit erklären, daß die Gemeinden infolge ihrer „Bürgernähe" und ihres qualifizierten Personals in der Regel hierfür die geeigneteren Verwaltungsträger sind.

II. Gemeindliche Auftragsverwaltung im „Auftrag"

1. der Länder

Das GG behandelt in seinem Art. 28 Abs. 2 nach herkömmlicher Auffassung das Kommunalrecht als einheitliches Sachgebiet und weist es, da der Bund in den Art. 73 ff. GG hierfür keine Gesetzgebungszuständigkeit besitzt, den Ländern zur ausschließlichen gesetzlichen Regelung zu (Art. 70 Abs. 1 GG)[70]. Eine für alle Gemeinden einheitlich geltende Bundesgemeindeordnung, wie es die DGO für das Deutsche Reich darstellte, wäre — auch als Rahmengesetz — verfassungswidrig. Die Bestimmung des Aufgabenbereiches der Gemeinde ist somit Aufgabe der Landesgesetzgeber, wobei drei Arten von Landesgesetzen in Frage kommen:

Einmal Gesetze, die in den Kompetenzbereich der Länder fallen (Art. 70 GG) — sie können nur durch Landesbehörden bzw. Körperschaften und Anstalten des öffentlichen Rechts der Länder vollzogen werden (Art. 30 GG)[71] —;

zum anderen Gesetze, die die Länder in Ausführung von Bundesgesetzen (Art. 83, 84 GG)[72],

und drittens Gesetze, die die Länder im Bereich der Bundesauftragsverwaltung (Art. 85 GG) erlassen (sog. Einschaltgesetze)[73]. Das Verhältnis

---

[67] *E. R. Huber*, Wirtschaftsverwaltungsrecht Bd. 1, S. 110 ff.; *Obermayer*, Verwaltungsakt, S. 142 ff.; *Fröhler*, S. 72 ff.; *Salzwedel*, VVDStL Heft 22 (1965), S. 207 Anm. 3.

[68] Vgl. insbes. *Fröhler*, a. a. O.

[69] Vgl. die Beispiele bei *Fröhler*, a. a. O.

[70] So die h. L., vgl. bspw. *Maunz-Dürig*, Art. 84 RdNr. 25 m. w. N.; *Lerche*, S. 70 ff.; *Salzwedel* in *Loschelder-Salzwedel*, S. 224; a. M. wohl *v. Hausen*, DÖV 1960, S. 444.

[71] Vgl. dazu *Maunz-Dürig*, Art. 83 RdNr. 42 [sub IV 1. a) ee)].

[72] In der Regel wird hier formuliert, Behörde im Sinne des Art. 84 Abs. 1 GG sei auch die Gemeinde (vgl. *Maunz-Dürig*, Art. 84 RdNr. 24 mit Anm. 4; a. M. *Berkenhoff*, Kommunalverfassungsrecht, S. 48); die Aufgabe kann der Gemeinde in jeder Aufgabenform überlassen werden, die das jeweilige Kommunalverfassungsrecht zuläßt, h. L., vgl. *Maunz-Dürig*, a. a. O.; *Lerche*, S. 60 Anm. 142 m. w. N.; a. M. *Zuhorn-Hoppe*, S. 27.

[73] H. L., vgl. *Maunz-Dürig*, Art. 85 RdNr. 11 ff. (13) m. w. N.

von Land und Gemeinde im letzteren Bereich ist wegen der Gewährleistung des Weisungsrechts des Bundes nach Art. 85 Abs. 3 GG nicht ganz geklärt. Unbestritten ist in diesem Zusammenhang nur, daß es den Ländern versagt ist, Angelegenheiten, die sie selbst im Auftrage des Bundes zu vollziehen haben[74], den Gemeinden als Selbstverwaltungsangelegenheiten zu überlassen, da in diesem Fall das Weisungsrecht des Bundes nicht durchgesetzt werden könnte[75]. Die h. M.[76] steht überdies auf dem Standpunkt, daß die Länder die betreffende Bundesauftragsangelegenheit *nur* als Auftragsangelegenheit[77] auf die Gemeinde übertragen dürfen, denn der staatliche Charakter dieser Angelegenheit gelte nicht nur im Verhältnis Bund-Land, sondern bestimme auch das Verhältnis Land-Gemeinde, da Art. 85 Abs. 3 GG ausdrücklich verlange, daß der Vollzug der Weisungen durch die obersten Landesbehörden sicherzustellen sei[78].

2. des Bundes

Fraglich ist, ob und inwieweit Ausnahmen von diesem Grundsatz möglich sind, indem ein *Bundesgesetz* eine Aufgabe als Auftragsangelegenheit direkt auf die Gemeinden überträgt. Die Antwort hängt davon ab, ob die Art. 84 Abs. 1 und 85 Abs. 1 GG dem Bund eine Gesetzgebungszuständigkeit auf dem Gebiet des Kommunalrechts gewähren.

Während im Kaiserreich[79] und in der Weimarer Republik den Rechtsbeziehungen zwischen dem Reich und den Gemeinden keine große Aufmerksamkeit gewidmet wurde[80], ist heute Zulässigkeit und Umfang der

---

[74] Ohne daß der Bund die Zuständigkeit der Gemeinde begründet; Beispiel: § 17 Unterhaltssicherungsgesetz i. d. F. vom 31. 5. 1961 (BGBl. I, S. 661).

[75] *Maunz-Dürig*, Art. 85 RdNr. 13 m. w. N.; *Rietdorf*, DÖV 1962, S. 603 mit Anm. 40.

[76] *Schäfer*, DÖV 1960, S. 647; *Rietdorf*, DÖV 1962, S. 603; im Ergebnis auch *Görg*, DÖV 1961, S. 45 und — entgegen früherer Auffassung (vgl. *v. Hausen — v. d. Heide*, DÖV 1958, S. 753) — die jetzige Praxis in NRW: Vgl. bspw. § 5 des nrw Gesetzes über die Mitarbeit der Gemeinden und Gemeindeverbände auf dem Gebiet der zivilen Verteidigung vom 27. 3. 1962 (GVBl. S. 125); vgl. auch § 16 LOG NRW. — Abschwächend *Maunz-Dürig*, Art. 85 RdNr. 13.

[77] Also nicht als Weisungsaufgabe, vgl. dazu unten 2. Teil 3. Kapitel II. 4.

[78] So *Rietdorf*, a. a. O.

[79] Als Beispiel sei hier § 4 des Gesetzes über die Beurkundung des Personenstandes und der Eheschließung vom 6. 2. 1875 (RGBl. S. 23) genannt, der die Geschäfte des Standesbeamten dem Vorsteher der Gemeinde zur auftragsweisen Besorgung überwies.

[80] Vgl. die kursorische Bemerkung bei *Peters*, Grenzen, S. 214 f. — „Reichsauftragsangelegenheiten", die durch die Gemeinde wahrgenommen wurden, gab es in der Weimarer Zeit auf dem Gebiet der Finanzverwaltung, vgl. §§ 22 Abs. 3, 23 RAO i. d. F. vom 23. 12. 1919 (RGBl. II, S. 1993). Vgl. hierzu *Görg*, DÖV 1961, S. 42. — In der NS-Zeit stellten die Auftragsangelegenheiten der Gemeinde — die theoretisch weiterbestanden bis zum Erlaß über die Verein-

3. Kap.: Das dualistische Aufgabensystem der Gemeinde

in das Kommunalrecht eingreifenden Befugnisse des Bundes durch unmittelbare gesetzliche Zuweisungen von Selbstverwaltungs-[81] oder Auftragsangelegenheiten[82] umstritten[83].

Die h. M.[84] kommt unter Berufung auf die bisherige Staatspraxis zu dem Ergebnis, daß Art. 84 Abs. 1 GG und Art. 85 Abs. 1 GG es dem Bund erlauben, durch Zustimmungsgesetze „punktuelle"[85] Eingriffe in das Kommunalrecht vorzunehmen, „solange diese sich auf sachliche Motive stützen können und nicht auf eine Verkleinerung der Kommu-

---

fachung der Verwaltung vom 28. 8. 1939 (RGBl. I, S. 1535), durch den (vgl. insbes. Art. V Abs. 1) die Selbstverwaltung beseitigt wurde — infolge der grundsätzlichen Ausschaltung der Länder durch das Gesetz über den Neuaufbau des Reiches vom 30. 1. 1934 (RGBl. I, S. 75) mit der 1. Verordnung über den Neuaufbau vom 2. 2. 1934 (RGBl. I, S. 81) praktisch alle Reichsauftragsangelegenheiten dar.

[81] Beispiele: § 12 Abs. 1 Jugendwohlfahrtgesetz i. d. F. vom 11. 8. 1961 (BGBl. I, S. 1205); § 96 Abs. 1 S. 2 Bundessozialhilfegesetz vom 30. 6. 1961 (BGBl. I, S. 815) — beide Bestimmungen sind für nichtig erklärt worden, vgl. BVerfGE Bd. 22, S. 180 (209 ff.) — §§ 2, 10, 147 Bundesbaugesetz vom 23. 6. 1960 (BGBl. I, S. 34).

[82] Bei der Aufzählung der Beispiele wird nicht unterschieden, ob die gemeindliche Auftragsverwaltung vom Bund auf Grund des Art. 84 Abs. 1 GG oder des Art. 85 Abs. 1 GG angeordnet wird.

a) Art. 84 Abs. 1 GG:
§ 3 Abs. 3 Flüchtlings-Notleistungsgesetz vom 9. 3. 1953 (BGBl. I, S. 45); § 51 Personenstandsgesetz i. d. F. vom 8. 8. 1957 (BGBl. I, S. 1126); § 1 Abs. 2 Wohnraumbewirtschaftungsgesetz i. d. F. vom 23. 6. 1960 (BGBl. I, S. 418).

b) Art. 85 Abs. 1 GG:
§ 305 Abs. 2 Lastenausgleichsgesetz vom 14. 8. 1952 (BGBl. I, S. 446); § 15 Abs. 3 Wehrpflichtgesetz vom 21. 7. 1956 (BGBl. I, S. 651) i. d. F. vom 25. 5. 1962 (BGBl. I, S. 349); § 2 Erstes Gesetz über Maßnahmen zum Schutze der Zivilbevölkerung vom 9. 10. 1957 (BGBl. I, S. 1696); § 6 Bundesleistungsgesetz i. d. F. vom 27. 9. 1961 (BGBl. I, S. 1770).

[83] Ebenso die Befugnis, sonstige Bestimmungen über die Organisation der Kommunalbehörden zu treffen; vgl. bspw. §§ 2, 14, 15 Geschlechtskrankheitengesetz vom 23. 7. 1953 (BGBl. I, S. 700); § 25 Abs. 1 Tuberkulosehilfegesetz vom 23. 7. 1959 (BGBl. I, S. 513).

[84] Einen guten Überblick über den status controversiae gibt *Lerche*, S. 77 Anm. 202; vgl. auch *Maunz-Dürig* Art. 84 RdNr. 25 Anm. 4, Art. 85 RdNr. 14. — Zur h. M. sind noch zu rechnen *Salzwedel* in *Loschelder-Salzwedel*, S. 225 f.; *Loschelder*, Gemeindeordnungen, S. 18; *Geller-Kleinrahm-Fleck*, S. 544 ff.; *Helmreich-Widtmann*, S. 41 f.; *Görg*, DÖV 1961, S. 44. — *A. M. Hamann*, S. 365; *Gönnenwein*, Gemeinderecht, S. 166 ff.; *Berkenhoff*, Kommunalverfassungsrecht, S. 47 ff.; z. T. auch *Zuhorn-Hoppe*, S. 29 ff.; einschränkend auch das BVerfG (BVerfGE Bd. 22, S. 180 = NJW 1967, S. 1795): Regelung zulässig, „sofern dies für die Gewährleistung eines wirksamen Gesetzesvollzugs notwendig ist".

[85] So *Maunz-Dürig*, Art. 84 RdNr. 25 (einschränkend allerdings *Maunz*, Staatsrecht, S. 191); ebenso BVerfGE a. a. O. S. 210; *Salzwedel*, a. a. O., S. 225; ähnlich *Becker*, HKWPr. Bd. 1, S. 152. — Diese Einschränkung wird aber nicht immer betont; vgl. bspw. *v. Hausen*, DÖV 1960, S. 1 ff., 241 ff.; *Köttgen*, HKWPr. Bd. 1, S. 217.

nalgesetzgebung der Länder gezielt sind"[86]. Die verfassungsrechtliche Zulässigkeit dieser Praxis, gegen die beachtenswerte Bedenken vorgebracht werden[87], stellt ein Problem des föderativen Staatsaufbaus dar, mit dem sich hier nicht näher auseinandergesetzt werden kann. Interessant ist in diesem Zusammenhang nur, ob sich aus der Konzeption der dem Weinheimer Entwurf folgenden Gemeindeordnungen ein Argument gegen diese Praxis gewinnen läßt[88].

---

[86] *Maunz-Dürig*, a. a. O.
[87] Vgl. insbes. *Lerche*, S. 70 ff.
[88] Siehe unten 2. Teil 3. Kapitel II. 4.

Viertes Kapitel (Exkurs)

Grundzüge des gemeindlichen Aufgabensystems in den Rechten benachbarter Staaten

I. Frankreich

Die durch die Revolutionsgesetzgebung bewirkte Neugestaltung der Beziehungen zwischen Staat und Gemeinde in Frankreich[1] hatte keinen langen Bestand. Die Theorie konnte die eigenständige Gemeindegewalt nicht mit der unteilbaren Volkssouveränität und dem Nationalstaatsgedanken vereinbaren, die Praxis führte nach der Auflösung der alten Bürokratie zu unhaltbaren Zuständen[2]. Mit dem napoleonischen Gesetz vom 28. Pluvoise des Jahres VIII (17. Februar 1800) „concernant la division du territoire de la République et l'administration" erreichte die gegenläufige Entwicklung ihr Ende: Der vom Staat eingesetzte Maire als Chef der örtlichen Verwaltung und der bedeutungslose Gemeinderat, dessen Mitglieder ebenfalls vom Staat ernannt wurden, standen in strenger Abhängigkeit vom Präfekten als dem Chef des Départements, dieser wiederum vom Kaiser. Mangels eines eigenverantwortlich zu erledigenden Aufgabenkreises entfiel die Scheidung in eigene und vom Staat delegierte Angelegenheiten; die Gemeinde wurde wieder als staatlicher Verwaltungsbezirk in ein streng zentralistisches Verwaltungssystem eingegliedert[3].

An diesem Verwaltungsaufbau hat sich in der Folgezeit kaum etwas geändert; das französische Gemeinderecht, das in der weiteren Entwicklung auf die deutschen Verhältnisse ohne Einfluß geblieben ist[4] — es sei denn als abschreckendes Beispiel! —, wird in seinen Grundzügen noch

---

[1] Siehe oben 2. Kapitel II.

[2] Einzelheiten vgl. *L. Stein,* Municipalverfassung, S. 73 ff.; *Hatschek,* Selbstverwaltung, S. 58, 66 ff.

[3] Zu den Einzelheiten vgl. bspw. *Aretin-Rotteck,* Bd. 2 2. Abt., S. 100 Anm. 2; *L. Stein,* a. a. O. S. 76 ff.; *Gierke,* Artikel „Gemeinde", S. 44 ff.; *Schoen,* S. 32 ff. m. w. N.; *Loening,* S. 47, 148 ff.; *G. Jellinek,* System, S. 279; *Becker,* Selbstverwaltung, S. 206 ff. (209); *Heffter,* S. 61 ff.

[4] Die in Westfalen und in den süddeutschen Rheinbundstaaten nach französischem Muster nach 1800 eingeführten Gemeindeverfassungen wurden bald wieder aufgehoben, vgl. *Schoen,* S. 33 f.; *Becker,* a. a. O. S. 210 ff.

heute von dem „überzeugungs- und charakterlosen System der Präfektur"[5] beherrscht[6].

II. England

Das englische Verwaltungssystem — dessen einer Teil, das „self-government"[7], öfters zu Mißverständnissen Anlaß gab[8] — kennt keinen dekonzentrierten Verwaltungsapparat nach deutschem oder französischem Muster. Fast alle öffentlichen Aufgaben werden hier ohne Unterscheidung in eigene und übertragene Angelegenheiten durch die kommunalen Gemeinwesen[9] ausgeführt; kommunale Verwaltung ist gleichbedeutend mit örtlicher, staatliche mit Zentralverwaltung. Lokal- und Zentralbehörden stehen jedoch nicht in dem Verhältnis von Über- und Unterordnung[10]. Die Ausführung der Gesetze, die die innere Verwaltung ausmachen, erfolgt ausschließlich durch die „localities".

Erst die Erfordernisse der modernen Industriegesellschaft nötigten zum Ausbau der Zentral- auf Kosten der Lokalverwaltung. Dies erfolgte zuerst im Jahre 1834 auf dem Gebiete des Armenwesens; bis heute sind weitere Sachgebiete aus der Lokalverwaltung ausgegliedert worden[11], so daß sich auch in England ein Gegensatz zwischen Staats- und Selbstverwaltung auf Lokalebene herauszubilden beginnt[12].

III. Schweiz

Trotz anderer soziologischer und staatsrechtlicher Voraussetzungen[13] als in Deutschland hat sich in der schweizerischen Rechtspraxis die

---

[5] *Gneist*, Rechtsstaat, S. 285; ähnlich *Stahl*, Rechtsphilosophie, Bd. 2 2. Abt., S. 34 ff.
[6] Zur Entwicklung vgl. insbes. *Schoen*, S. 32 ff., und *Langrod*, VerwArch Bd. 48 (1957), S. 191 ff.
[7] Besser „local government".
[8] Vgl. bspw. die Ausführungen von *Redlich*, Englische Lokalverwaltung, S. 807 ff., gegen die Auffassung *R. v. Gneists*.
[9] Grob skizziert sind dies: counties, county boroughs (Grafschaften und grafschaftsfreie Städte), boroughs, urban districts (kleinere Städte), rural districts, parishes (Kirchspiele); vgl. *Redlich*, S. 249; *Koellreutter*, S. 58 ff.
[10] Vgl. i. e. *Redlich*, S. 373 ff.; *Koellreutter*, S. 74 ff.; *Chester*, VerwArch Bd. 48 (1957), S. 291 ff. (301). In der englischen Lokalverwaltung, wie sie von *Redlich* beschrieben worden ist, hat sich nach *Chester* a. a. O., „auf dem Papier nichts geändert".
Vgl. ferner *Fleiner*, Institutionen, S. 101 Anm. 6; *Becker*, Selbstverwaltung, S. 237 ff.; *Nebinger*, S. 16 Anm. 18; *Heffter*, S. 38.
[11] Vgl. *Redlich*, S. 611 ff.; *Koellreutter*, S. 54, 74 ff.; *Chester*, a. a. O. S. 301.
[12] *Chester*, a. a. O. S. 302; vgl. auch *Heffter*, S. 52. — Diese Entwicklung verläuft also unter umgekehrten Vorzeichen wie in Deutschland.
[13] Dazu *Fleiner*, Beamtenstaat und Volksstaat, S. 138 ff. *Fleiner* (a. a. O. S. 147) stellt hier den deutsch-französischen „Beamtenstaat" als Ergebnis des

82 4. Kap.: Grundzüge des Aufgabensystems in benachbarten Staaten

Zweiteilung der von der Gemeinde ausgeführten Aufgaben durchgesetzt. Dem Prinzip und der Terminologie nach stellt das Aufgabensystem der Gemeinde in der Schweiz eine Rezeption des deutschen dar, wie es sich im 19. Jahrhundert entwickelt hat[14]. Eben *Fleiner*, der „die Neigung der schweizerischen Literatur" erkannte, „schweizerische Einrichtungen wegen ihrer äußerlichen Ähnlichkeit mit ausländischen, insbesondere reichsdeutschen Erscheinungen mit den im deutschen Recht dafür geprägten Ausdrücken zu belegen"[15], hat in seinen „Institutionen des Deutschen Verwaltungsrechts" die Voraussetzungen hierfür geschaffen[16].

Absolutismus dem in der alten germanischen Landgemeindeverfassung wurzelnden „Volksstaat" gegenüber. — Vgl. auch *Giacometti*, Staatsrecht, S. 70.

[14] Die schweizerische Verwaltungsrechtswissenschaft verwendet die Begriffe „eigener" und „übertragener Wirkungskreis", vgl. *Giacometti*, a. a. O. S. 74, 80 ff.; *Ruck*, Verwaltungsrecht Bd. 1, S. 62 ff., beide mit ausdrücklichem Hinweis auf *Fleiner; Schwarzenbach*, Grundriß, S. 83 f.

[15] Beamtenstaat und Volksstaat, S. 146.

[16] 8. Auflage S. 112 ff. — *His* erwähnt bspw. in seiner „Geschichte des neuern Schweizerischen Staatsrechts" (Bd. 1, S. 135 ff.; Bd. 2, S. 667 ff.; Bd. 3, S. 925 ff., 943 ff.) diese Unterscheidung nicht. — Zum Einfluß *Fleiners* auf das schweizerische Recht vgl. *Imboden*, VerwArch Bd. 48 (1957), S. 345; zur Gemeindeautonomie a. a. O. S. 340 ff.

Zweiter Teil: Wandlungen

Erstes Kapitel

Der Weinheimer Entwurf

I. Entstehung

Die für die herkömmliche Auffassung der Selbstverwaltung unbefriedigende Stellung der Gemeinde im nationalsozialistischen Führerstaat und die Ereignisse der Nachkriegszeit führten in den Jahren nach 1945 zu einer Neubesinnung auf die das Verhältnis von Staat und Gemeinde bisher bestimmenden Grundsätze. Einen Schwerpunkt der Überlegungen bildete die Reform des dualistischen Aufgabensystems der Gemeinde. Die angestrebte Einebnung des scharfen Gegensatzes von Selbstverwaltungs- und Auftragsangelegenheiten hätte dadurch erreicht werden können, daß die Selbstverwaltung — etwa durch Aushöhlung der Eigenverantwortlichkeit mittels verstärkter Aufsichtsbefugnis des Staates, wohin die Bezeichnung „mittelbare Staatsverwaltung" zielt[1] — im Ergebnis der Auftragsverwaltung angenähert worden wäre. Die Entwicklung ging den umgekehrten Weg[2]: Im Gegensatz zur Weimarer Zeit herrschte nach dem 2. Weltkrieg die Ansicht vor, daß die Selbstverwaltung in ihrer überlieferten Form beibehalten, ja noch ausgebaut und erweitert werden müsse. Die Zeichen der Zeit standen hierfür überaus günstig. Die Forderung nach einem demokratischen Staatsaufbau, der an Stelle des konsequent abgelehnten Führerprinzips treten sollte, fand in der Gemeinde als räumlich und personell überschaubarer Einrichtung die geeignete Plattform zu ihrer ersten und unmittelbaren Verwirklichung, zumal Selbstverwaltung immer mit demokratischer Verwaltung identifiziert wurde. Die Praxis der gemeindlichen Arbeit in der Nachkriegszeit bot ein weiteres Argument für die Beibehaltung und den Ausbau der Selbstverwaltung. Die Gemeinden, die nach der Zerschlagung des Staatsapparates die Hauptlast der Verwaltungsarbeit

---

[1] Siehe oben 1. Teil 3. Kapitel 1. Abschnitt II. 3.
[2] Vgl. dazu *Zuhorn*, DÖV 1949, S. 49 ff.; *Schweer*, DVBl. 1956, S. 704; *Senger*, DVBl. 1957, S. 10; grundsätzlich kritisch W. *Weber*, DÖV 1948, S. 19 ff.; ders., DÖV 1951, S. 512 f.; *Loy*, DV 1949, S. 29 ff.

zumeist in eigenverantwortlicher Tätigkeit erledigten, wurden mit den infolge des verlorenen Krieges auf sie zukommenden Aufgaben erstaunlich gut fertig. Es zeigte sich, daß Gesetzgebung und Praxis des nationalsozialistischen Staates es nicht vermocht hatten, das für eine funktionsfähige Selbstverwaltung notwendige Verantwortungsgefühl des Gemeindebürgers für das Wohl der Allgemeinheit zu zerstören.

Die Praxis hatte den Wert der gemeindlichen Selbstverwaltung für das Wohl des Staatsganzen bestätigt; die Theorie konnte sich dieser Erkenntnis nicht verschließen. Die ersten Regelungen des Gemeinderechts in den Jahren 1945 und 1946[3], die mit der Ausmerzung nationalsozialistischen Gedankenguts nur eine Übergangslösung darstellen sollten, wurden in den Jahren nach 1948[4] durch endgültige Gemeindeordnungen der deutschen Länder abgelöst. Bei der Bedeutung, die der Neuordnung des Gemeinderechts allenthalben beigemessen wurde, lag es nahe, daß verschiedene Gremien und Organisationen z. T. ausgefeilte Entwürfe für die neu zu erlassenden Gemeindeordnungen vorlegten[5]. Der Vorschlag, der die Entwicklung des Gemeinderechts in Deutschland am nachhaltigsten beeinflußt hat, ist der sog. Weinheimer Entwurf einer Gemeindeordnung[6], der das Ergebnis einer am 2. und 3. Juli 1948 in Weinheim an der Bergstraße stattgefundenen Tagung der Vertreter der kommunalen Spitzenverbände und der Innenminister fast aller Länder darstellt. Als Vorlage diente der im Mai 1947 veröffentlichte Entwurf einer Gemeindeordnung des Deutschen Städtetages[7]. Der Weinheimer Entwurf, der einer durch die Aufteilung Deutschlands in Besatzungszonen entstehenden Gefahr der Rechtszersplitterung vorbeugen wollte, enthält die Formulierung einer Gemeindeordnung mit Ausnahme der die innere Gemeindeverfassung betreffenden Vorschriften, deren Regelung auf Grund historischer Rücksichten den einzelnen Ländern überlassen bleiben sollte[8]. Er hat in der Folgezeit den einzelnen (west-

---

[3] Bspw. bay. Gesetz Nr. 31 vom 18. 12. 1945 (GVBl. 1946, S. 225); württembergisches Gesetz Nr. 30 über die Anwendung der DGO vom 20. 12. 1945 (RegBl. 1946, S. 5); revDGO der brit. Zone, in Kraft seit 1. 4. 1946 (Amtsbl. der Militärregierung Deutschland Brit. Kontrollgebiet 1946, S. 127).

[4] Am Anfang stand das Selbstverwaltungsgesetz für RhPf vom 27. 9. 1948 (GVBl. S. 355) — GO RhPf —; die Entwicklung wurde abgeschlossen mit dem Kommunalselbstverwaltungsgesetz des Saarlandes vom 15. 1. 1964 (Amtsbl. S. 123) — GO Saarl —. Die Gemeindeordnungen aller westdeutschen Länder sind abgedruckt bei *Loschelder*, Gemeindeordnungen.

[5] Zum Entwurf einer Gemeindeordnung des Deutschen Städtetages vom 17. 5. 1947, den Meinberger Grundsätzen usw. vgl. *Zuhorn*, DÖV 1949, S. 50 ff.; *Loschelder*, Werdendes Gemeinderecht, S. 413 ff.; ders., DÖV 1959, S. 409 ff.; ders., Gemeindeordnungen, S. 5 ff.; kritisch zum Entwurf des Städtetages *Loy*, DV 1949, S. 31 f.

[6] Abgedruckt bei *Markull*, S. 163 ff.

[7] Schriften des Deutschen Städtetages, Heft 1; siehe auch oben Anm. 5.

deutschen) Ländern als Muster für ihre Gemeindeordnungen gedient, allerdings in sehr verschiedenem Umfang.

Die Bedeutung dieses Gemeinschaftswerkes beruht vor allem auf dem Versuch, das überkommene Aufgabensystem der Gemeinde zu reformieren. Die in diesem Zusammenhang interessierenden Vorschriften im 1. und 7. Teil des Entwurfs lauten:

§ 2

(1) Die Gemeinden sind in ihrem Gebiet, soweit die Gesetze nicht ausdrücklich etwas anderes bestimmen, ausschließliche und eigenverantwortliche Träger der öffentlichen Verwaltung. Die vorhandenen Sonderverwaltungen sind möglichst auf die Gemeindeverwaltung zu überführen. Neue Sonderverwaltungen dürfen grundsätzlich nicht errichtet werden.

(2) ...

§ 3

(1) Neue Pflichten, im besonderen Pflichtaufgaben können den Gemeinden nur durch Gesetz auferlegt werden; dabei ist gleichzeitig die Aufbringung der Mittel zu regeln. Eingriffe in die Rechte der Gemeinden sind nur durch Gesetz zulässig. ...

(2) Pflichtaufgaben können den Gemeinden auch zur Erfüllung nach Weisung übertragen werden; das Gesetz bestimmt den Umfang des Weisungsrechts.

(3) ...

§ 110

(1) Das Land übt die Aufsicht darüber aus, daß die Gemeinden im Einklang mit den Gesetzen verwaltet werden (allgemeine Aufsicht).

(2) Die Aufsicht des Landes über die Angelegenheiten, die die Gemeinden nach Weisung erfüllen (§ 3 Abs. 2), richtet sich nach den hierüber erlassenen Gesetzen (Sonderaufsicht).

II. Die dem Weinheimer Entwurf folgenden Gemeindeordnungen

Ein Textvergleich ergibt, daß die Gemeindeordnungen von Schleswig-Holstein[9], Hessen[10], Nordrhein-Westfalen[11] und Baden-Württemberg[12]

---

[8] In dieser Hinsicht ergeben sich heute die größten Unterschiede in den Gemeindeordnungen, besonders der in der ehemaligen brit. Zone erlassenen und der übrigen. — Zur Entstehungsgeschichte des Weinheimer Entwurfs vgl. *Böhme*, Der Städtetag N. F. Jahrg. 1 (1948), S. 41 ff.; *Loschelder*, Werdendes Gemeinderecht, S. 415, 417 ff.; ders., Gemeindeordnungen, S. 6; *Markull*, S. 15 f., *Schweer*, DVBl. 1956, S. 704; *Gönnenwein*, Gemeinderecht, S. 103 f.

[9] §§ 2, 3, 130.
[10] §§ 2, 4.
[11] §§ 2, 3, 106 Abs. 2.
[12] §§ 2, 129.

das Aufgabensystem des Weinheimer Entwurfs übernommen haben[13]. Eine gewisse Sonderstellung nimmt die bayrische Gemeindeordnung ein, die zwar an den veralteten Begriffen „eigener" und „übertragener Wirkungskreis" festhält[14], sachlich jedoch neue Wege geht[15]. Dagegen folgen die Gemeindeordnungen von Rheinland-Pfalz[16], Niedersachsen[17] und des Saarlandes[18] dem überkommenen dualistischen Aufgabensystem der Terminologie und der Sache nach.

---

[13] H. M., vgl. bspw. *Görg*, DÖV 1955, S. 278; ders., DÖV 1961, S. 44 f.; *Jesch*, DÖV 1960, S. 741 ff.; *Salzwedel* in *Loschelder-Salzwedel*, S. 229 Anm. 112; *Kottenberg*, S. 68; *Loschelder*, Gemeindeordnungen, S. 16 f.; *H. J. Wolff*, Verwaltungsrecht II, S. 199.

A. M. bezüglich der GO Hs *Gönnenwein*, Gemeinderecht, S. 104, 107; AöR Bd. 81 (1956), S. 224 f. (hier ebenso bezüglich der GO Schl-H); vgl. dagegen *Muntzke-Schlempp*, S. 231 f.

[14] Art. 7, 8, 57, 58, 109.

[15] Vgl. Art. 8 Abs. 3, 109 Abs. 2. — Nach *Obermayer*, Verwaltungsakt, S. 142 ff., hat die bayrische Regelung die völlige Gleichstellung des eigenen mit dem übertragenen Wirkungskreis zur Folge; a. M. *Loschelder*, Gemeindeordnungen, S. 16. Vgl. i. e. unten 4. Kapitel IV. 2. b).

[16] §§ 2, 3.

[17] §§ 4, 5.

[18] §§ 5, 6.

Zweites Kapitel

Die Auffassungen von Praxis und Wissenschaft zum Aufgabensystem des Weinheimer Entwurfs

Die Neueinteilung der von der Gemeinde auszuführenden Aufgaben im Weinheimer Entwurf und in den ihm folgenden Gemeindeordnungen hat zwar in Lehre und Rechtsprechung einige Streitfragen aufgeworfen. Doch ist insgesamt gesehen die Behauptung gerechtfertigt, daß die in diesem Entwurf zum Ausdruck gekommenen Vorstellungen nicht die Beachtung gefunden haben, die ihnen bei der Bedeutung des Verhältnisses von Staat und Gemeinde im heutigen Staat eigentlich zukommt[1]. Dies gilt insbesondere für die Rechtsprechung, die, von wenigen Ausnahmen abgesehen, keine Kenntnis von den Veränderungen nimmt. Auch die Literatur zum Staatsrecht, zum allgemeinen Verwaltungsrecht und zum Verwaltungsprozeßrecht geht kaum auf die Neuerungen ein; sie verwendet z. T. nicht einmal die neuen Begriffe. Eigentlich hat nur die spezielle Literatur zum Kommunalrecht zu diesen Fragen Stellung genommen, wobei hervorzuheben ist, daß sich das nordrhein-westfälische Schrifttum am eingehendsten mit der Problematik beschäftigt hat.

I. Freiwillige Aufgaben und (weisungsfreie) Pflichtaufgaben

Einigkeit besteht darüber, daß es sich bei den freiwilligen Aufgaben und den weisungsfreien Pflichtaufgaben der Gemeinde um die herkömmlichen Selbstverwaltungsaufgaben[2] handelt[3]. Diese Einteilung

---

[1] *Loschelder*, Gemeindeordnungen, 2. Auflage 1956, S. 26, kritisierte schon früher, daß die im Weinheimer Entwurf unterbreiteten Vorschläge „im ersten Zeitraum ihrer Erörterung in ihrer Tragweite offenbar nicht überall recht erkannt worden sind". Grundsätzlich gilt diese Feststellung heute noch; ebenso *Bachof*, VerfR II, S. 413.

[2] Siehe 1. Teil 3. Kapitel 1. Abschnitt II. 2. a) bb).

[3] *Zuhorn*, DÖV 1949, S. 53; *Zuhorn-Hoppe*, S. 78; *Scheerbarth*, DVBl. 1953, S. 262; *Schweer*, DVBl. 1956, S. 704; *Jesch*, DÖV 1960, S. 739 Anm. 5; *Salzwedel* in *Loschelder-Salzwedel*, S. 228.

entspricht der früher mit den Begriffen „fakultative" und „obligatorische Selbstverwaltungsangelegenheiten" gekennzeichneten Unterscheidung gemeindlicher Aufgaben[4]. Die Ausführung dieser Aufgaben steht somit nur unter der Rechtsaufsicht des Staates.

Die Unsicherheit der Gesetzgeber in der Terminologie zeigt, daß sich die neuen Begriffe noch nicht durchgesetzt haben. So verwendet bspw. der baden-württembergische Gesetzgeber weiterhin den Begriff „Selbstverwaltungsangelegenheit", der in der Gemeindeordnung nicht mehr erscheint, fügt aber zur Vorsicht die neuen Begriffe hinzu[5]. In der Gesetzgebung Schleswig-Holsteins findet sich sogar die Tautologie „weisungsfreie Selbstverwaltungsangelegenheit"[6]; immerhin läßt sich hieraus der begriffsjuristische Schluß ableiten, bei den Pflichtaufgaben nach Weisung[7] handele es sich um „weisungsgebundene Selbstverwaltungsangelegenheiten".

II. Weisungsaufgaben

Umstritten ist jedoch, welche Rechtsstellung die Gemeinde bei der Wahrnehmung von Weisungsaufgaben einnimmt und welche Folgerungen im einzelnen sich hieraus ergeben. Auf den überkommenen Aufgabendualismus bezogen lautet die Fragestellung, ob es sich bei den Weisungsaufgaben um Auftragsangelegenheiten im Gewande einer neuen Begriffsbezeichnung oder Selbstverwaltungsangelegenheiten neuen Typs handelt.

1. Die Gesetzesmaterialien

Die Schwierigkeiten bei der Auslegung des Weinheimer Entwurfs erklären sich z. T. daraus, daß ihm keine besondere Begründung beigegeben wurde[8]. Auch die Gesetzesmaterialien zu den betreffenden

---

[4] Siehe oben 1. Teil 3. Kapitel 1. Abschnitt I. Anm. 63.

[5] Bspw. § 7 Abs. 1 S. 1 des Gesetzes zur Ausführung der VwGO vom 22. 3. 1960 (GBl. S. 94); § 1 des Gesetzes zur Ausführung des Bundessozialhilfegesetzes vom 23. 4. 1963 (GBl. S. 33); nur die neue Terminologie findet sich dagegen in § 2 Abs. 1 S. 2 des Gesetzes zur Durchführung der Kriegsopfer- und Schwerbeschädigtenfürsorge vom 14. 5. 1963 (GBl. S. 71). —
Auch der hessische Gesetzgeber bleibt dem alten Begriff verhaftet, vgl. bspw. § 1 Abs. 1 des Gesetzes über das Friedhofs- und Bestattungswesen vom 17. 12. 1964 (GVBl. I, S. 225).

[6] § 7 des Gesetzes zur Ausführung der VwGO vom 29. 3. 1960 (GVOBl. S. 86).

[7] Im folgenden Weisungsaufgaben genannt; so auch die Klammerdefinition des § 2 Abs. 3 GO BaWü.

[8] Besondere Bedeutung kommt aber in dieser Hinsicht den Ausführungen von *Böhme*, Der Städtetag N. F. Jahrg. 1 (1948), S. 41 ff., und von *Loschelder*, Werdendes Gemeinderecht, S. 413 ff., 420 ff.; ders., Gemeindeordnungen,

II. Weisungsaufgaben

Bestimmungen der einzelnen Gemeindeordnungen sind nicht allzu ergiebig. Noch nach der zweiten Beratung des Entwurfs einer Gemeindeordnung für Baden-Württemberg konnten nach dessen § 2 Abs. 2 den Gemeinden nach näherer gesetzlicher Vorschrift staatliche Aufgaben zur Erfüllung nach Weisung übertragen werden[9], obwohl nach der Begründung des Regierungsentwurfs[10] „die bisherige grundlegende Unterscheidung zwischen Selbstverwaltungsangelegenheiten und Auftragsangelegenheiten ... im Entwurf in der bisherigen Form nicht aufrechterhalten (wird)"[11]. Dies wurde damit begründet, daß im „demokratischen Staat die gesamte vollziehende Gewalt eine einheitliche Wurzel, nämlich die vom Volke ausgehende Staatsgewalt hat", somit „kein grundsätzlicher politischer Unterschied mehr zwischen Staats- und Selbstverwaltung im Aufgabenbereich der Gemeinden ... gemacht werden (kann)"[12]. Erst auf Antrag der Abgeordneten *Diez* u. a.[13] wurde die jetzige Fassung des § 2 Abs. 3 GO BaWü beschlossen[14].

S. 15 ff., zu, die maßgeblich an dem Zustandekommen des Entwurfs beteiligt waren (*Böhme* war Vorsitzer des Verfassungsausschusses des Deutschen Städtetages). Vgl. ferner *Zuhorn*, DÖV 1949, S. 49 ff.; *Göbel*, Gemeindeordnung, S. 21; *Geller-Kleinrahm-Fleck*, S. 539; *Görg*, DÖV 1961, S. 45.

[9] Verzeichnis der Beilagen zu den Sitzungsprotokollen des Landtages von BaWü, 1. Wahlperiode 1952—1956, Bd. 3, Beilage 1060, S. 1325 ff.; Bd. 3, Beilage 1385, S. 2067 ff.; Bd. 4, Beilage 1556, S. 2307 ff. Allerdings wurde auch hier schon von Weisungsaufgaben gesprochen.

[10] A. a. O. (siehe vor. Anm.) Bd. 3, Beilage 1060, S. 1357 ff.

[11] A. a. O. S. 1358.

[12] A. a. O. S. 1358. — Solche staatstheoretischen Grundsatzerklärungen gehen an der Sache vorbei; Selbst- und Auftragsverwaltung unterscheiden sich nicht nach der Art der Willensbildung, sondern durch den Ort der Beschlußfassung; beide Verwaltungsformen sind Organisationsprinzipien im Staatsaufbau, die von der Legitimation der Staatsgewalt unabhängig sind; vgl. oben 1. Teil 3. Kapitel 1. Abschnitt II. 3., ferner *Loy*, DV 1949, S. 29 f. Kritisch zu der Begründung des Regierungsentwurfs auch *Göbel*, a. a. O. S. 21 f.

[13] A. a. O. Bd. 4, Beilage 1565, S. 2354; Beilage 1615, S. 2401. Vgl. dann den Entwurf einer GO für BaWü nach den Beschlüssen Dritter Beratung, a. a. O. Bd. 4, Beilage 1700, S. 2470. —
Diez (Verhandlungen des Landtags von BaWü, 1. Wahlperiode 1952—1956, Protokoll — Bd. 4, S. 3489 f.) begründete den Antrag damit, daß es keine qualitativen Unterschiede zwischen staatlichen und gemeindlichen Aufgaben geben könne.

[14] Zu den Beratungen des Verfassungsausschusses zu Art. 78 LaVerf NRW vgl. *Scheerbarth*, DVBl. 1953, S. 263. Nach den Ausführungen des Abgeordneten *Scholtissek*, der sich nach *Scheerbarth* a. a. O. als einziger zu diesem Fragenkreis geäußert haben soll, sind Weisungsaufgaben „zwar ihrer Natur nach nach der neuen Auffassung Selbstverwaltungsaufgaben, unterstehen aber einer verstärkten Staatsaufsicht ..."

2. Lehre und Rechtsprechung

a) Identität von Weisungsaufgaben und Auftragsangelegenheiten

Einige Autoren und Gerichte sehen zwischen Weisungsaufgaben und herkömmlichen Auftragsangelegenheiten keinen sachlichen Unterschied[15]. So bedeutet nach *Markull*[16] die Bezeichnung „Pflichtaufgaben nach Weisung" für die schleswig-holsteinische Gemeindeordnung, die als erste dem Weinheimer Entwurf gefolgt ist, einen „seltsamen terminologischen Fortschritt", da der Begriff der Auftragsangelegenheit trotz aller Angriffe in § 3 Abs. 2 GO Schl-H materiell aufrechterhalten worden sei. Aus dem Umstand, daß künftig das Gesetz den Umfang des Weisungsrechts bestimme, werden sich nach seiner Meinung[17] schwerlich wesentliche Änderungen gegenüber dem bisherigen Begriff der Fachaufsicht ergeben. Auch das BVerwG hält in einer neueren Entscheidung[18] zur schleswig-holsteinischen Gemeindeordnung an der alten Zweiteilung in Selbstverwaltungs- und Auftragsangelegenheiten fest[19] Anscheinend folgert es die Identität der Weisungsaufgaben mit den Auftragsangelegenheiten aus § 130 Abs. 3 S. 1 2. Halbsatz GO Schl-H, der die Anfechtung von Weisungen der Fachaufsichtsbehörde für unzulässig erklärt. Nach *Muntzke-Schlempp*[20] beseitigt auch die hessische Gemeindeordnung, die von einer begrifflichen Festlegung im einzelnen abgesehen habe, um der wissenschaftlichen Behandlung und der Rechtsentwicklung nicht vorzugreifen, im Kern nicht den Unterschied zwischen Selbstverwaltungs- und Auftragsangelegenheiten, wenn sie auch entsprechend § 137 Abs. 4 der LaVerf Hs die neue Bezeichnung „Weisungsaufgaben" verwende. Ihre Charakterisierung als Selbstverwaltungsangelegenheiten wird abgelehnt[21]. Für die baden-württembergische

---

[15] Andere Autoren behandeln nur die Auftragsangelegenheiten, ohne auf landesrechtliche Besonderheiten oder den Weinheimer Entwurf einzugehen, so bspw. *Forsthoff*, Lehrbuch, S. 490, 524, 534 f.

[16] Gemeindeordnung für Schleswig-Holstein, S. 36.

[17] A. a. O. S. 19.

[18] BVerwGE Bd. 19, S. 121 = DVBl. 1965, S. 86 = MDR 1965, S. 327 = NJW 1965, S. 317. Zur Kritik dieser Entscheidung vgl. *Bachof*, VerfR II, S. 411 ff. Die zustimmende Kritik von *Menger-Erichsen*, VerwArch Bd. 56 (1965) S. 287 f., geht auf die kommunalrechtliche Problematik der Aufgabeneinteilung nicht ein. — Die Entscheidung des BVerwG in Bd. 6, S. 101 = DVBl. 1958, S. 283 = DÖV 1958, S. 468 (zur Kritik vgl. *Bachof*, VerfR I, S. 306 f.), in der es ebenfalls von der alten Zweiteilung ausgeht, betraf die GO RhPf, die nicht dem Weinheimer Entwurf gefolgt ist.

[19] Zu bemerken ist, daß weder § 3 noch § 130 GO Schl-H den Begriff „Auftragsangelegenheiten" verwenden.

[20] Kommentar zur Hessischen Gemeindeordnung, S. 232. Ganz im herkömmlichen Sinne auch *Schneider*, S. 57 ff. Ähnlich zur Rechtslage in Hessen *Becker*, HKWPr. Bd. 1, S. 136; *Gönnenwein*, Gemeinderecht, S. 104, 107.

[21] A. a. O. S. 234.

II. Weisungsaufgaben

Gemeindeordnung kommt *Gützkow*[22] anscheinend zum gleichen Ergebnis. *Gönnenwein*[23] folgert aus Art. 75 Abs. 2 LaVerf BaWü, daß die herkömmliche Unterscheidung von eigenem und übertragenem Wirkungskreis beibehalten worden sei[24]. Die Vorschrift des § 130 GO BaWü verrate, daß man von dem Begriff der Auftragsangelegenheiten im alten Sinne zwar loskommen wollte, aber unter den Weisungsaufgaben doch nichts anderes begriffen werden könne als die seitherigen Auftragsangelegenheiten[25]. In seinen z. T. widersprüchlichen Ausführungen zu den Auswirkungen des Weinheimer Entwurfs — dessen Ziel, eine Neugestaltung der gemeindlichen Aufgaben herbeizuführen, er nicht verkennt — hat *Gönnenwein*[26] diese Auffassung für die baden-württembergische Gemeindeordnung grundsätzlich aufrechterhalten; die Gemeindeordnung habe die Begriffe „Pflichtaufgabe" und „Weisungsaufgabe" der alten Unterscheidung von eigenen und übertragenen Aufgaben übergestülpt[27]. Auch der VGH Bebenhausen[28] ist der Auffassung, daß sich durch § 2 GO BaWü an der überkommenen Scheidung der gemeindlichen Aufgaben nichts geändert hat.

Am häufigsten haben sich in diesem Zusammenhang Lehre und Rechtsprechung zu § 3 Abs. 2 GO NRW geäußert, der fast wörtlich dem § 3 Abs. 2 des Weinheimer Entwurfs entspricht. Schon vor dem Erlaß der nordrhein-westfälischen Gemeindeordnung hatte das OVG Münster[29] trotz der neuen Bezeichnungen in Art. 78 Abs. 3 und 4 LaVerf NRW den Begriff „Auftragsangelegenheiten" in seiner herkömmlichen Bedeutung

---

[22] DÖV 1956, S. 8. Die Ausführungen von *Gützkow* sind mißverständlich, weil er von einem unklaren Begriff der „Staatsaufgabe" ausgeht.

[23] AöR Bd. 81 (1956), S. 223 ff., Gemeinderecht, S. 106, 107.

[24] Ebenso *Spreng-Birn-Feuchte*, S. 248; *Walz*, HKWPr. Bd. 1, S. 242, 275. Auch *Göbel*, Landesverfassung, S. 82, 86, spricht noch von „staatlichen Angelegenheiten", weist aber auf die grundlegende Änderung hin, wonach dem Staat bei der Übertragung sog. staatlicher Aufgaben ein Weisungsrecht nur noch auf Grund einer einzelgesetzlichen Regelung vorbehalten werden kann. Noch deutlicher ders., Gemeindeordnung, S. 20 ff. —
Gegen diese Interpretation der LaVerf *Kunze-Schmid*, S. 37.

[25] AöR Bd. 81 (1956), S. 226.

[26] Gemeinderecht, S. 103 ff. (106 ff.). Einerseits ist nach ihm „rechtlich ... kein Wesensunterschied zwischen einer Pflichtaufgabe mit unbeschränktem Weisungsrecht und einer Auftragsangelegenheit alter Art zu erkennen" (a. a. O. S. 106), andererseits „handelt (es) sich (jedenfalls in Schleswig-Holstein und Nordrhein-Westfalen) bei den Pflichtaufgaben nicht nur um eine neue Terminologie, sondern um eine veränderte Grundauffassung vom Verhältnis Gemeinde und Staat. An die Stelle des Aufgabendualismus scheint (!) ein Monismus der Gemeindeaufgaben getreten zu sein" (a. a. O S. 108). Widersprüchlich auch *Merk*, S. 653 ff. (655 f.), 690.

[27] A. a. O. S. 106.

[28] BaWüVerwBl. 1958, S. 155; der VGH stellt aber primär auf die Übergangsvorschrift des § 130 GO BaWü ab.

[29] OVGE Bd. 4, S. 3; DÖV 1952, S. 510.

weiterverwendet. Auch nach Erlaß der Gemeindeordnung haben Rechtsprechung[30] und Lehre die Weisungsaufgaben als Auftragsangelegenheiten angesehen. So bezeichnet W. *Weber*[31] die weisungsgebundenen Pflichtaufgaben des § 3 GO NRW als sachlich bedeutungslose Umetikettierung der Auftragsangelegenheiten, ohne in diesem Zusammenhang auf den Weinheimer Entwurf einzugehen. Nach *Becker*[32] sind die Weisungsaufgaben der nordrhein-westfälischen Gemeindeordnung keine Selbstverwaltungsangelegenheiten, selbst wenn man die Fachaufsicht mit den Begriffen „verstärkte Staatsaufsicht" oder „Sonderaufsicht" umschreibe. Auch diese Abart der Pflichtaufgaben gehöre zu den staatlichen Angelegenheiten, die den Gemeinden zur auftragsweisen Erledigung übertragen worden seien, solange sie weisungsgebunden blieben[33]. Weisungsgebundene Selbstverwaltungsangelegenheiten würden einen Widerspruch in sich darstellen[34]. Auch *Scheerbarth*[35] hat in einer etwas eingehenderen Abhandlung — allerdings nicht ganz konsequent[36] — die Auffassung vertreten, daß sich durch die neuen Bezeichnungen in der nordrhein-westfälischen Landesverfassung und Gemeindeordnung sachlich nichts geändert habe; Pflichtaufgaben mit unbeschränktem Weisungsrecht seien mit Auftragsangelegenheiten identisch. Er begründet seine Ansicht vor allem damit, daß § 106 GO NRW für die Weisungsaufgaben eine besondere Aufsicht (Sonderaufsicht) vorsehe, wie das schon bei den Auftragsangelegenheiten mit der Fachaufsicht der Fall war. Noch eingehender hat sich *Schweer*[37] mit den Weisungsaufgaben des § 3 Abs. 2 GO NRW befaßt. Er geht davon aus, daß nach den Vorstellungen des Gesetzgebers die Weisungsaufgaben Selbstverwaltungsangelegenheiten sein sollen, was sich aus ihrer Einordnung in den § 3

---

[30] Das BVerfG hat in einem Urteil vom 23. 1. 1957 (Bd. 6, S. 104 [116]) erklärt, die Auftragsangelegenheiten „heißen in Nordrhein-Westfalen Pflichtaufgaben nach Weisung". Die Frage war jedoch nicht entscheidungserheblich, so daß ein obiter dictum vorliegt; ebenso *Rietdorf*, DVBl. 1958, S. 344 Anm. 3; *Zuhorn-Hoppe*, S. 82. — In einem späteren Urteil spricht das BVerfG (BVerfGE Bd. 8, S. 122 [134]) nur von Auftragsangelegenheiten, ohne die Bezeichnung „Weisungsaufgaben" zu erwähnen. — Nach dem OVG Münster (OVGE Bd. 9, S. 110 [112]) besteht hinsichtlich der Erfüllung von Weisungsaufgaben zwischen Gemeinde und Aufsichtsbehörde ein Unter-Überordnungsverhältnis wie bei den früheren Auftragsangelegenheiten.

[31] Selbstverwaltung, S. 43 Anm. 23.

[32] HKWPr. Bd. 1, S. 136 f. Vgl. aber S. 174 f., wo *Becker* die Weisungsaufgaben zu den Selbstverwaltungsangelegenheiten rechnet!

[33] A. a. O. S. 137; ebenso DVBl. 1956, S. 5 l. Sp.

[34] HKWPr. Bd. 1, S. 138.

[35] DVBl. 1953, S. 261 ff. Ihm folgend OVG Münster, OVGE Bd. 11, S. 181 = NJW 1956, S. 1692.

[36] Vgl. a. a. O. S. 264 l. Sp. *Scheerbarth* hat seine Meinung später auch geändert, vgl. DÖV 1957, S. 470, und DVBl. 1958, S. 83.

[37] DVBl. 1956, S. 703. Vgl. dazu *Senger*, DVBl. 1957, S. 10, und die Replik von *Schweer*, DVBl. 1957, S. 12.

II. Weisungsaufgaben

GO NRW, der in Zukunft nur noch Selbstverwaltungsaufgaben zulassen wolle, und der Übergangsvorschrift des § 116 GO NRW ergebe. Denn die Notwendigkeit einer Übergangslösung würde entfallen, wenn der Gesetzgeber von der Identität beider Aufgabenformen ausgegangen wäre. Der Kern des Problems verbirgt sich nach *Schweer*[38] darin, ob Weisungen gegenüber einer Selbstverwaltungskörperschaft überhaupt möglich sind. Dies wird mit der Begründung verneint, daß begrifflich ein Verhältnis zwischen Land und Gemeinde, in dem Weisungen möglich sind, mit der Annahme, es handele sich um Selbstverwaltungsaufgaben, in Widerspruch stehe. Denn bei der Ausübung von Selbstverwaltungsaufgaben stehe die Gemeinde dem Staat als selbständige Person gegenüber[39]. Hieraus folgert er, daß Weisungen im Sinne von Verwaltungsanordnungen im Verhältnis zweier Personen nicht möglich sind, es sei denn, sie würden in einem besonderen Gewaltverhältnis zueinander stehen. Ein solches Gewaltverhältnis bestehe zwischen Staat und Gemeinde aber nicht, soweit die Gemeinde Selbstverwaltungsaufgaben erledige. Die Identität von Weisungs- und Auftragsangelegenheiten folgert *Schweer*[40] daraus, daß sich die ausschließliche Verantwortungs-„zuständigkeit" bei Weisungs- wie bei Auftragsangelegenheiten auf die anweisende Person — den Staat — konzentriert; eine geteilte Verantwortung, die Kennzeichen einer echten dritten Kompetenz sein könne, scheitere im Zwei-Personen-Verhältnis Land—Gemeinde an der allgemeinen Unterordnung der Gemeinden und im vorliegenden Fall insbesondere an dem Umstand, daß es sich bei den Weisungsaufgaben um Aufgaben handele, die in die abschließende Entscheidungsgewalt des Staates gestellt seien. Dies ergebe sich aus den Worten „zur Erfüllung übertragene Aufgaben"; das Land sei also Träger der Aufgaben geblieben.

Auch *H. J. Wolff*[41] hält grundsätzlich an der alten Zweiteilung fest. Er bezeichnet die Ordnungsangelegenheiten, die nach § 3 Abs. 1 OBG NRW Weisungsaufgaben sind, als staatliche Angelegenheiten, die jedoch nur einem in § 9 Abs. 1 und 2 OBG NRW gesetzlich begrenzten Weisungsrecht unterliegen. Demnach unterscheidet er[42] Auftrags- und Weisungsverwaltung nur nach der Begrenzung des Weisungsrechts: Der

---

[38] DVBl. 1956, S. 706 f.
[39] „Personhaftigkeit" der Gemeinde, vgl. a. a. O. S. 703 r. Sp., S. 706 r. Sp.
[40] A. a. O. S. 701 l. Sp.; vgl. auch DVBl. 1957, S. 12.
[41] Verwaltungsrecht I, S. 25; Verwaltungsrecht II, S. 200. Nach ihm (Verwaltungsrecht II, a. a. O.) ist eine für alle Fälle zutreffende Bestimmung nicht möglich. Soweit das Weisungsrecht gesetzlich nicht beschränkt sei, würden sich die Weisungsaufgaben nicht von den Auftragsangelegenheiten unterscheiden; sei es begrenzt, so handele es sich um dezentralisierte Staats-, nicht aber um Selbstverwaltung. Diese liege nur vor, wenn die Aufgabe zu einer eigenen (!) Angelegenheit der Gemeinde geworden sei.
[42] Verwaltungsrecht I, S. 25.

Weisungsverwaltung als begrenzt verwaltungsanordnungs-abhängige Fremdverwaltung steht die Auftragsverwaltung als unbegrenzt verwaltungsanordnungs-abhängige Fremdverwaltung gegenüber.

Die These, daß Weisungsaufgaben mit Auftragsangelegenheiten identisch sind, wird insbesondere in der älteren Literatur noch mehrfach vertreten[43]. Wesentlich neue Gesichtspunkte tauchen jedoch in der Begründung nicht auf.

b) Identität von Weisungsaufgaben und Selbstverwaltungsangelegenheiten, Mittelmeinungen

Im Gegensatz zu den eben dargestellten Auffassungen kommt der überwiegende Teil des Schrifttums zu dem Ergebnis, daß zwischen Weisungsaufgaben und Auftragsangelegenheiten ein grundlegender Unterschied besteht. Diese Ansichten sind jedoch nicht einheitlich, wenn man Aufklärung darüber begehrt, worin eigentlich der Unterschied besteht, welche Gründe für die Umwandlung maßgebend waren und welche Folgerungen hieraus — insbesondere für die Frage des Rechtsschutzes der Gemeinden gegen Weisungen der Aufsichtsbehörden[44] — zu ziehen sind.

Einige Autoren bezeichnen die Weisungsaufgaben als Selbstverwaltungsangelegenheiten, ohne sich in der Regel näher mit der Abgrenzung zu den Selbstverwaltungsangelegenheiten herkömmlicher Art[45] auseinanderzusetzen. So handelt es sich bei den Weisungsaufgaben nach der späteren Ansicht von *Scheerbarth*[46] um „einen neuen Typ von Selbstverwaltungsangelegenheiten". Er folgert dies aus der Unterstellung der Weisungsaufgaben unter eine Sonderaufsicht (§ 106 GO NRW) und der Übergangsvorschrift des § 116 GO NRW. Mit leichter Skepsis an dieser Ansicht bemerkt er jedoch, es sei „bedauerlich, daß weder die Landes-

---

[43] *Jansen*, Kommunalpolitik 1948, S. 6 ff.; *Peters*, DVBl. 1953, S. 41 Anm. 10 (a. M. dann DÖV 1964, S. 754 f.); *Berkenhoff*, DVBl. 1955, S. 347 (a. M. dann in Kommunalverfassungsrecht, S. 35 f.); *Obermayer*, Verwaltungsakt, S. 143 Anm. 448; *Pagenkopf*, S. 84; *Dregger*, Der Städtetag 1955, S. 190 ff.; *Notnick*, STuKV 1955, S. 135 ff.; *Klein*, STuKV 1955, S. 92 ff.; wohl auch *Stiefken*, DÖV 1957, S. 204 ff. (205 l. Sp.), vgl. dazu die Entgegnung von *Scheerbarth*, DÖV 1957, S. 470 ff.; *Redeker-v. Oertzen* (1. Aufl. 1960), S. 251 (§ 73 RdNr. 3), wohl auch in der 2. Auflage (1965), S. 133 (§ 42 RdNr. 33); unklar *Cantner*, HKWPr. Bd. 1, S. 420 ff.; *Bochalli*, S. 105.

[44] Der Rechtsschutz der Gemeinde wird der besseren Übersicht wegen in einem besonderen Kapitel behandelt; siehe unten 4. Kapitel IV.

[45] Siehe oben 1. Teil 3. Kapitel 1. Abschnitt II. 2. a) bb).

[46] DVBl. 1958, S. 83 ff. (84 l. Sp.); ebenso in DÖV 1957, S. 470 ff. (471 l. Sp.). Zu *Scheerbarth* (DVBl. 1958, S. 83 ff.) vgl. die Entgegnung von *Rietdorf*, DVBl. 1958, S. 344 ff. —

Im Ergebnis ebenso die Kommentare zur LaVerf NRW; vgl. *Vogels*, S. 151; *Geller-Kleinrahm-Fleck*, S. 538 ff., 541 ff.

II. Weisungsaufgaben

verfassung noch die GO noch das OBG einen ausdrücklichen Ausspruch hierüber enthält"[47].

Auch *Senger*[48] kommt in seiner Entgegnung zu *Schweer*[49] zu dem Ergebnis, daß der Gesetzgeber mit den Weisungsaufgaben etwas Neues schaffen wollte und diese zu Selbstverwaltungsangelegenheiten der Gemeinden geworden sind. Die Weisungsgebundenheit stehe damit nicht in einem begrifflichen Widerspruch, da auch bisher niemals behauptet worden sei, „daß die Pflichtaufgaben, die gegenüber dem freien Wirkungskreise der Gemeinde doch zweifellos auch eine Einschränkung bedeuten, in einem begrifflichen Widerspruch zum Grundsatz der Selbstverwaltung stünden"[50].

Nach *Rietdorf*[51], der die These *Schweers*[49] von der begrifflichen Unmöglichkeit einer weisungsgebundenen Selbstverwaltungsangelegenheit mit der gleichen Begründung wie *Senger* ablehnt[52], bestand bei den parlamentarischen Beratungen (zum OBG) kein Zweifel darüber, daß die Weisungsaufgaben Selbstverwaltungsaufgaben sind. Auch später hat sich *Rietdorf*[53] auf den Standpunkt gestellt, daß die Grenzlinie zwischen der Auftragsangelegenheit (mit beschränktem Weisungsrecht) und der Selbstverwaltungsangelegenheit (mit verstärkter Staatsaufsicht) in Übereinstimmung mit den hierüber in der Verfassung aufgestellten Grundsätzen zur Selbstverwaltung hin überschritten worden sei. Denn in der Verwaltungs- und Verfassungswirklichkeit, so führt *Rietdorf*[54] zur Begründung aus, zähle die Überantwortung der Aufgabe an die Organe der Selbstverwaltung mit gleichzeitiger Beschränkung des fachlichen Weisungsrechts stärker als der Verstoß gegen das mehr theoretisch-dogmatische Erfordernis der vollständigen fachlichen Weisungsfreiheit in Zweckmäßigkeitsfragen.

Auch nach der Ansicht von *Gelzer*[55] stellen die Weisungsaufgaben etwas grundsätzlich Neues dar. Da aber das Weisungsrecht der staatlichen Behörde Befugnisse gewähre, die mit dem Wesensgehalt der bisherigen Selbstverwaltungsangelegenheiten nicht mehr in Einklang zu bringen seien, könnten die Weisungsaufgaben keine „echten", sondern nur „unechte" Selbstverwaltungsangelegenheiten sein[56]. Denn jede

---

[47] DVBl. 1958, S. 84 l. Sp.
[48] DVBl. 1957, S. 10 ff.
[49] DVBl. 1956, S. 703 ff.
[50] DVBl. 1957, S. 10 r. Sp.
[51] DÖV 1957, S. 7 ff. (10).
[52] A. a. O. S. 10 Anm. 8.
[53] DVBl. 1958, S. 344.
[54] A. a. O. S. 345 l. Sp.
[55] DVBl. 1958, S. 87 ff.
[56] Gegen diese Begriffsbildung *Rietdorf*, DVBl. 1958, S. 345.

Aufgabe, deren Erfüllung einer Selbstverwaltungskörperschaft mit eigenem Leitungs- und Entscheidungsrecht obliege, sei als Selbstverwaltungsangelegenheit zu bezeichnen[57]. Liege bei Aufgaben, welche gleichzeitig Interessen des Staates und der Selbstverwaltung berühren, das Hauptgewicht bei letzterer, so seien es unechte Selbstverwaltungsangelegenheiten[58], im Gegensatz zu den echten, die allein die örtliche Gemeinschaft betreffen.

Nach *Kottenberg*[59] hat sich der nordrhein-westfälische Landesgesetzgeber mit der Einführung der Weisungsaufgaben bewußt von der dualistischen Konzeption der Gemeindeaufgaben entfernt. Für ihren Charakter als Selbstverwaltungsangelegenheiten spreche die Tatsache, daß die Durchführung der Ratsbeschlüsse und der Weisungen, welche die Landesregierung bei Pflichtaufgaben erteilt, unter der Kontrolle des Rats und in Verantwortung ihm gegenüber stehe, ebenso wie bei den anderen Selbstverwaltungsaufgaben[60]. Dafür spreche weiter, daß die Aufsicht über die Gemeinde bei der Wahrnehmung von Weisungsaufgaben nicht die einer übergeordneten Behörde (Fachaufsicht) sei, sondern die Sonderaufsicht nach § 106 GO NRW; schließlich ergebe sich der Wille des Gesetzgebers, die Weisungsaufgaben als Selbstverwaltungsaufgaben anzusehen, eindeutig aus der Fassung des Art. 78 LaVerf NRW und des § 3 GO NRW.

Nach *Böhme*[61] kennt der Weinheimer Entwurf nur noch eine einheitliche Gruppe der durch Gesetz übertragenen Pflichtaufgaben. Im Regelfall verfahre die Gemeinde bei der Erfüllung dieser Aufgaben nach den allgemeinen Spielregeln der Selbstverwaltung mit der Folge, daß sich der Staat lediglich um die Gesetzmäßigkeit dieser Aufgabenerfüllung bekümmere. Nur in besonderen Fällen solle aber das Gesetz dem Staat ein über den Bereich der eigentlichen Kommunalaufsicht hinausgehendes Weisungsrecht vorbehalten können, das aber, anders als bei den bisherigen Auftragsangelegenheiten, nicht aus der Natur der Sache heraus völlig umfassend und unbeschränkt sei. Es werde vielmehr auf die sachlichen Interessen des Staates abgestellt und insoweit in seiner Begrenzung im Gesetz festgelegt. Der Fortschritt liege darin, daß es in Zukunft nur noch einen einheitlichen Bereich örtlicher Aufgaben gebe, der von den Gemeindeorganen in der Regelform der Gemeindeverfassung erledigt werde. Eine Ausschaltung der Vertretungskörperschaft finde grundsätzlich nicht mehr statt.

---

[57] A. a. O. S. 88 r. Sp.
[58] A. a. O. S. 89 l. Sp.
[59] Gemeindeordnung für Nordrhein-Westfalen, S. 67 ff.
[60] A. a. O. S. 69; vgl. auch S. 468 (a. M. noch die Vorauflagen).
[61] Der Städtetag N. F. Jahrg. 1 (1948), S. 41 ff. (42); vgl. auch oben Anm. 8.

II. Weisungsaufgaben

Nach *Loschelder*[62] sollte sich bei einer Verwirklichung des Weinheimer Entwurfs nach der Auffassung seiner Verfasser folgende Änderung des überkommenen Rechtszustandes ergeben:

„1. Die bisherigen staatlichen Auftragsangelegenheiten verlieren diesen Charakter; sie werden Selbstverwaltungsangelegenheiten. Das hat zur Folge, daß die Gemeinden auch hinsichtlich dieser Aufgaben unmittelbare Aufgabenträger werden und den bisherigen Charakter bloßer Durchführungsstellen für staatliche Angelegenheiten verlieren.

2. Das bisherige umfassende staatliche Weisungsrecht bis in alle Einzelheiten entfällt. An die Stelle dieses Weisungsrechts, das — auch vom staatlichen Standpunkt aus gesehen — bei manchen der bisher als Auftragsangelegenheiten behandelten Aufgaben zu weit ging, sollte eine begrenzte, nach den staatlichen Notwendigkeiten im einzelnen bemessene Aufsicht treten.

3. Weiterhin sollten nunmehr auch für die sachliche Entscheidung dieser neuen Gruppe von Selbstverwaltungsangelegenheiten die Vertretungskörperschaften zuständig sein, soweit nicht im Einzelfall ausdrücklich eine andere Regelung getroffen würde."

Daher wurde nach *Loschelder*[63] mit den Weisungsaufgaben mehr als nur eine Änderung terminologischen Inhalts durchgeführt. Nach Entstehungsgeschichte und Verfassungslage handele es sich bei ihnen um einen neuen Typ von Selbstverwaltungsangelegenheiten unter verstärkter Aufsicht des Staates.

Ebenso stellt sich die Auffassung von *Friesenhahn*[64] dar. Er bezeichnet die Weisungsaufgaben als „eine besondere Form von ‚Selbstverwaltung‘"[65], bei der es sich um eine für das deutsche Kommunalrecht neuartige Konstruktion handele[66, 67].

Eine in begrifflicher Hinsicht abweichende Auffassung findet sich in einem Urteil des OVG Münster[68]. Es kommt bei der Charakterisie-

---

[62] Gemeindeordnungen, S. 14 ff. (16 f.). Ausführlicher noch in „Werdendes Gemeinderecht", S. 413 ff. (420 ff., insbes. 425 ff., 459 ff.); vgl. auch DÖV 1959, S. 411. Den Ausführungen *Loschelders* kommt besondere Bedeutung bei, vgl. oben Anm. 8. Ihm folgend *Schäfer*, DÖV 1960, S. 647 r. Sp.; ähnlich *Zuhorn*, DÖV 1949, S. 50 f.

[63] Gemeindeordnungen, S. 17.

[64] „Polizei- und Ordnungsrecht" in *Loschelder-Salzwedel*, S. 161 ff.

[65] A. a. O. S. 175.

[66] A. a. O. S. 176, vgl. auch S. 177.

[67] Im Ergebnis ebenso *Köttgen*, HKWPr. Bd. 1, S. 218 (vgl. auch S. 362 Anm. 4); GÖB, HKWPr. Bd. 1, S. 390; *Kantel*, S. 40 ff., der jedoch eine praktische Verwirklichung der im Weinheimer Entwurf zum Ausdruck gekommenen Vorstellungen in den bestehenden Gemeindeordnungen merkwürdigerweise verneint; *Zurhausen-Berndt* in *Loschelder-Salzwedel*, S. 482; *Peters*, DÖV 1964, S. 754 f. (Buchbesprechung); nicht eindeutig *Odenbreit-Hensel*, S. 197 ff.

[68] OVGE Bd. 13, S. 356 = DVBl. 1958, S. 803 = DÖV 1960, S. 431. Das OVG hat diese Auffassung in einem späteren Beschied (vom 12. 11. 1958 — IV A 320/57) bekräftigt. Ebenso VG Münster, DÖV 1961, S. 271 (272 r. Sp.). —

rung der nach § 3 Abs. 1 OBG NRW den Gemeinden als Weisungsaufgaben übertragenen Ordnungsangelegenheiten zu dem Ergebnis, daß diese weder Auftrags- noch Selbstverwaltungsangelegenheiten, sondern ein „Zwischending"[69] darstellen. Daß sie keine Auftragsangelegenheiten seien, erhelle schon daraus, daß das Weisungsrecht nach § 9 OBG nicht unbeschränkt sei und die §§ 107 ff. GO NRW, die die Kontingentierung der Staatsaufsicht auf bestimmte Aufsichtsmittel enthielten, hier anwendbar seien. Die Weisungsaufgaben seien aber auch keine Selbstverwaltungsangelegenheiten, da die verfassungsrechtliche Bindung des Selbstverwaltungsrechts der Gemeinden an die Gesetze begrifflich zwar eine Staatsaufsicht umschließe, aber keine Leitung durch Weisungen erlaube, die sich auch mit Zweckmäßigkeitsfragen befassen können. Diese unüberschreitbare Grenze sei aber im Hinblick auf § 27 OBG überschritten, wonach es gegen die Ordnungsverfügungen der örtlichen Ordnungsbehörden die Beschwerde an die staatliche Aufsichtsbehörde gebe, die in ihrer Nachprüfung unbeschränkt sei; ein solches Recht sei mit der eigenverantwortlichen Verwaltung der Gemeinde nicht vereinbar und schließe die Eigenschaft der ordnungsbehördlichen Weisungsaufgaben als Selbstverwaltungsangelegenheiten aus.

Im Ergebnis schließen sich *Zuhorn-Hoppe*[70] den Ausführungen des OVG Münster an. Nach ihnen stellen die Weisungsaufgaben keine Auftragsangelegenheiten dar; beide Rechtsinstitute seien durchaus verschieden. Die Auftragsangelegenheiten seien staatliche Angelegenheiten, die nicht zum Bereich der gemeindlichen Aufgaben gehörten, wie das bei den Weisungsaufgaben der Fall wäre. „Die Gemeinden werden also nach der neuen Regelung hinsichtlich dieser Aufgabenbereiche unmittelbar Aufgabenträger und verlieren den Charakter bloßer Durchführungsstellen für staatliche Aufgaben"[71]. Das umfassende staatliche Weisungsrecht entfalle mit der Verlagerung der Aufgaben aus dem staatlichen in den gemeindlichen Bereich; das bisherige Weisungsrecht werde auch nicht etwa nur verringert, sondern funktionell verändert, indem es nicht mehr gegenüber einer nachgeordneten Behörde, sondern gegenüber einem grundsätzlich selbständigen Partner ausgeübt werde[71]. Grundsätzlich sei auch nicht mehr der Einzelbeamte, sondern die Vertretungskörperschaft für die sachliche Entscheidung zuständig; die Auf-

---

In der Entscheidung OVGE Bd. 7, S. 65 (68), sprach das OVG Münster noch von „weisungsgebundenen Angelegenheiten der Selbstverwaltung". Vgl. auch OVGE Bd. 16, S. 60 (69).

[69] OVGE Bd. 13, S. 359. Ebenso *Bochalli*, S. 141 Anm. 26 (*Bochalli* geht aber noch vom Fortbestand staatlicher Aufgaben aus, vgl. S. 140); *Berkenhoff*, Kommunalverfassungsrecht, S. 35 f.

[70] Gemeinde-Verfassung, S. 81 ff.; in sachlicher Hinsicht ebenso schon *Zuhorn*, DÖV 1949, S. 49 ff. (50 ff.).

[71] A. a. O. S. 84.

II. Weisungsaufgaben

sicht weise sich nicht mehr als die einer übergeordneten Behörde über die untergeordnete, sondern als „Sonderaufsicht" nach besonderer gesetzlicher Vorschrift aus[72]. Die Weisungsaufgaben seien „allerdings auch keine (echten) Selbstverwaltungsangelegenheiten im alten Sinne"; dem stehe „das, wenn auch begrenzte, Weisungsrecht doch wohl entgegen"[73]. Es stehe aber nichts im Wege, zwischen den Auftragsangelegenheiten alten Stils und den Selbstverwaltungsangelegenheiten alten Stils ein neues Rechtsinstitut zu schaffen, wenn es den Selbstverwaltungsbereich nicht verkleinere[73].

Unter Berufung auf die zitierte Entscheidung des OVG Münster ist auch *Salzwedel*[74] der Ansicht, daß die neueren Auffassungen mit Recht darauf abzielten, den Weisungsaufgaben eine Mittelstellung zwischen Selbstverwaltungs- und Auftragsangelegenheiten einzuräumen. Er geht zwar davon aus, daß die Weisungsaufgaben an sich staatliche Angelegenheiten seien, weil bei ihnen der überörtliche Bezug dominiere und weil der Gesetzgeber deshalb einen entsprechenden Vorbehalt zugunsten einer Intervention der staatlichen Exekutive gemacht habe. Die Besonderheit liege darin, daß diese staatlichen Angelegenheiten grundsätzlich wie eigene, also wie Selbstverwaltungsangelegenheiten behandelt werden sollen[75]. Anders als bei der Erledigung von Auftragsangelegenheiten, die eine Besorgung fremder Geschäfte darstelle, erfülle die Gemeinde Weisungsaufgaben so, wie wenn sie auch hier voll „eigenverantwortlich" (§ 2 GO NRW) tätig würde. Sie beschließe darüber nicht nach der Maßgabe des mutmaßlichen staatlichen Willens, sondern nach ihrem eigenen; sie übe kein staatlich gelenktes Verwaltungsermessen, sondern echte Gestaltungsfreiheit aus[76].

Auch der nordrhein-westfälische Gesetzgeber steht auf dem Standpunkt, daß es sich bei den Weisungsaufgaben um Selbstverwaltungsangelegenheiten handelt. § 7 Abs. 1 des Ausführungsgesetzes zur VwGO vom 26. März 1960[77] bestimmt, daß in Angelegenheiten, die den Gemeinden usw. als Weisungsaufgaben übertragen sind, die Aufsichtsbehörde den Widerspruchsbescheid erläßt. Die Aufnahme dieser Vorschrift in das Ausführungsgesetz beweist in zweifacher Hinsicht, daß der Gesetzgeber die Weisungsaufgaben als Selbstverwaltungsangelegenheiten

---

[72] A. a. O. S. 85.
[73] A. a. O. S. 88.
[74] „Kommunalrecht" in *Loschelder-Salzwedel*, S. 217 ff. (229 ff.); ebenso VVDStL Heft 22 (1965), S. 218 Anm. 38, S. 225 f.
[75] In VVDStL a. a. O. S. 226 spricht *Salzwedel* von „fiktiven, durch den Weisungsvorbehalt gewissermaßen ‚auflösend bedingten' Selbstverwaltungsaufgaben."
[76] „Kommunalrecht", a. a. O. S. 230.
[77] GVBl. S. 47.

ansieht: Einmal wäre diese Regelung im Hinblick auf § 73 Abs. 1 Ziffer 1 VwGO unnötig gewesen, wenn es sich bei den Weisungsaufgaben um Auftragsangelegenheiten handeln würde; zum anderen beruht sie auf der gesetzlichen Ermächtigung des § 73 Abs. 1 Ziffer 3 VwGO, wonach in Selbstverwaltungsangelegenheiten (!) die Selbstverwaltungsbehörde den Widerspruchsbescheid erläßt, soweit nicht durch Gesetz[78] — wie hier geschehen — anderes bestimmt wird[79].

Auch in anderen Ländern bejaht der überwiegende Teil der Literatur die durch den Weinheimer Entwurf bewirkte Neugestaltung des gemeindlichen Aufgabensystems. Bei der Kommentierung des § 2 GO BaWü kommt *Göbel*[80] zu dem Schluß, daß das neue Gemeinderecht nur noch eigentliche Gemeindeaufgaben kenne, während es bisher zwischen den eigentlichen Gemeindeaufgaben und den übertragenen staatlichen Angelegenheiten unterschieden habe. Die baden-württembergische Gemeindeordnung stehe zwar grundsätzlich auf dem Boden des Weinheimer Entwurfs, der mit der Beseitigung der übertragenen staatlichen Aufgaben einen grundlegenden Wandel vollziehen wollte in dem Sinne, daß sich der ganze Bereich der gemeindlichen Tätigkeit aus eigenen Gemeindeaufgaben zusammensetze[81], doch bleibe die tatsächliche Gestaltung in Baden-Württemberg hinter den gesteckten Zielen zurück; weder sei der Rat für die Durchführung der Weisungsaufgaben zuständig, noch wäre bisher bei keiner neugeregelten Auftragsangelegenheit von der Zuerkennung eines vollen sachlichen Weisungsrechts an den Staat abgesehen worden[82]. Auch nach der Ansicht von *Kunze-Schmid*[83] hat sich nach der baden-württembergischen Landesverfassung[84] und Gemeindeordnung ein grundlegender Wandel im Verhältnis von Staat und Gemeinde vollzogen. Mit der Begründung, daß Staats- und Selbstverwaltung heute Äußerungsformen der gleichen demokratischen Ordnung seien und einer einheitlichen Wurzel entstammen würden, weshalb ein grundsätzlicher politischer Unterschied entfalle[85], kommen sie zu

---

[78] Auch Landesgesetz, vgl. *Redeker-v. Oertzen*, § 68 Anm. 8, § 73 Anm. 2; *Eyermann-Fröhler*, § 68 RdNr. 7 m. w. N.

[79] Ebenso *Zurhausen-Berndt* in *Loschelder-Salzwedel*, S. 483. Nach ihnen hielt der Gesetzgeber diese Bestimmung erforderlich, nachdem durch das Urteil des OVG Münster, OVGE Bd. 13, S. 356, die Rechtsnatur der Weisungsaufgaben zweifelhaft geworden war.

[80] Gemeindeordnung, S. 20 ff. Die grundsätzliche Umgestaltung des Aufgabensystems betonen auch, ohne auf Einzelheiten einzugehen, *Reschke*, DVBl. 1954, S. 413; *Walz*, DVBl. 1956, S. 220.

[81] A. a. O. S. 21.

[82] A. a. O. S. 22.

[83] Gemeindeordnung für Baden-Württemberg, S. 35 ff.

[84] Vgl. a. a. O. S. 37.

[85] Auf den Weinheimer Entwurf gehen *Kunze-Schmid* nicht ein; vgl. zu dieser Argumentation oben Anm. 12.

dem Ergebnis, daß alle Aufgaben der Gemeindeinstanz allgemein zur einheitlichen öffentlichen Verwaltung gehören, eine Zuordnung zum staatlichen oder kommunalen Bereich je nach ihrem Wesensgehalt nicht möglich sei und daß daher von einer Unterscheidung in staatliche und gemeindliche Aufgaben abgesehen werden müsse. Der Begriff der Weisungsaufgabe unterscheide sich von dem der Auftragsangelegenheit, bei der sich das Weisungsrecht aus der Zuordnung zum staatlichen Bereich ergebe, durch den ausdrücklichen gesetzlichen Vorbehalt dieses Weisungsrechts und der Möglichkeit seiner Beschränkung durch Gesetz[86].

Sehr eingehend hat *Jesch*[87] die Rechtsstellung der Gemeinde bei der Durchführung von Weisungsaufgaben untersucht, ohne sich auf eine bestimmte Gemeindeordnung zu beschränken. Nach ihm sind die Veränderungen in den dem Weinheimer Entwurf folgenden Gemeindeordnungen nicht nur terminologischer Art, sondern vielmehr der Ausdruck einer völlig neuen Konzeption: An die Stelle des überkommenen dualistischen Prinzips sei nunmehr ein monistisches getreten; daher gebe es nur noch einen einzigen Wirkungskreis, den kommunalen, und nur noch eine einzige Art von Aufgaben, die gemeindlichen. Aus der Natur der Aufgaben könne in Zukunft kein staatliches Anordnungsrecht abgeleitet werden. Die Staatsbehörden hätten nur dann und insoweit eine Weisungsgewalt, als der Gesetzgeber ihnen ein Weisungsrecht übertragen habe. Das bedeute[88], daß die zuständige Gemeindebehörde nicht mehr als verlängerter Arm der Staatsbehörden tätig werde; sie habe damit ihre frühere Stellung als Quasi-Staatsbehörde[89] verloren. Denn durch das Erfordernis einer ausdrücklichen gesetzlichen Übertragung staatlicher Weisungsbefugnisse und durch die grundsätzliche Begrenzung des Weisungsumfanges sei das typische Merkmal für die staatlichen Behörden, nämlich ihre unbedingte Unterwerfung unter eine a priori gegebene Befehlsgewalt der übergeordneten Behörden, weggefallen. Mit dieser kommunalrechtlichen Umformung sei daher die Gleichstellung der Gemeindebehörde mit den Staatsbehörden und ihre Einfügung in den staatlichen Instanzenzug beseitigt. *Jesch*[90] bezeichnet die Weisungsaufgaben zwar als gemeindliche Aufgaben, steht aber ihrer Qualifizierung als echte Selbstverwaltungsangelegenheiten aus terminologischen Gründen kritisch gegenüber[91].

---

[86] A. a. O. S. 43. — Auffallend bei den Darlegungen von *Göbel* und *Kunze-Schmid* ist, daß sie eine Qualifizierung der Weisungsaufgaben als Selbstverwaltungsangelegenheiten vermeiden.
[87] DÖV 1960, S. 739 ff. — Ihm folgen im wesentlichen *Lerche*, S. 72; *Rupp*, Grundfragen, S. 101 ff. (103). — Ganz ähnlich *Görg*, DÖV 1955, S. 273 (278 r. Sp.), DÖV 1961, S. 41 (45 l. Sp.).
[88] A. a. O. S. 742 l. Sp.
[89] Siehe oben 1. Teil 3. Kapitel 2. Abschnitt I. 1.
[90] A. a. O. S. 746.
[91] A. a. O. S. 741 Anm. 25; ebenso *Görg*, DÖV 1961, S. 45 l. Sp.

In seiner kritischen Besprechung der Entscheidung des BVerwG in Bd. 19, S. 121[92] betont auch *Bachof*[93] den grundlegenden Wandel im Verhältnis von Staat und Gemeinde in den Ländern, deren Gemeindeordnungen dem Weinheimer Entwurf gefolgt sind. Dessen erklärte Zielsetzung wäre es u. a. gewesen, die dualistische Konzeption gemeindlicher Aufgaben, die im Grunde noch an dem das Gesellschaftsmodell des 19. Jahrhunderts beherrschenden ideologischen Gegensatz von Staat und Gesellschaft orientiert sei, zu überwinden und sie durch die monistische Struktur eines einheitlichen, nur punktuell und partiell beschränkten gemeindlichen Wirkungskreises zu ersetzen. Es bedeute eine Verfälschung dieser Konzeption, die Weisungsaufgaben einfach mit den bisherigen Auftragsangelegenheiten gleichzusetzen. Das zeige schon die Tatsache, daß es bei diesen Aufgaben kein generelles und unbegrenztes Weisungsrecht mehr gebe, sondern vielmehr gesetzlich jeweils bestimmt sein müsse, welchen Umfang ein solches Weisungsrecht habe.

---

[92] Siehe oben Anm. 18.
[93] VerfR II, S. 411 ff.; ähnlich schon VerfR I, S. 306 f.; Diskussionsbeitrag in VVDStL Heft 22 (1965), S. 336 f.

Drittes Kapitel

Eigener Lösungsversuch

I. Textinterpretation

Die dargestellten Auffassungen von Praxis und Wissenschaft über das Wesen der Weisungsaufgaben stellen in der Mehrzahl den Versuch dar, mit einer begrifflichen Fixierung des *Objekts* der gemeindlichen Tätigkeit — der Aufgabe — eine bestimmte Stellung der Gemeinde gegenüber dem Staat zu kennzeichnen. Hierbei orientieren sie sich weitgehend an begrifflichen Leitbildern, wie sie mit den Selbstverwaltungs- und Auftragsangelegenheiten von der kommunalrechtlichen Dogmatik zur Einteilung des gemeindlichen Aufgabenbereiches bisher ausschließlich verwendet wurden.

Schon eine Textinterpretation der grundlegenden Bestimmungen im 1. und 7. Teil des Weinheimer Entwurfs[1] kommt zu dem Ergebnis, daß dessen Verfasser den Zweck verfolgten, mit den Weisungsaufgaben keine neue Bezeichnung für Auftragsangelegenheiten, sondern einen neuen Typ von Selbstverwaltungsaufgaben einzuführen. Abgesehen davon, daß der klassische Begriff „Auftragsangelegenheit" (oder „staatliche Aufgabe") sowie der mit ihm korrespondierende Begriff „Fachaufsicht" von ihnen aufgegeben wurden, kann man hierfür die Wahl von Bezeichnungen anführen, die bisher nur bei der Einteilung von Selbstverwaltungsangelegenheiten Verwendung fanden. Dies gilt zuerst für den Begriff der *Pflichtaufgabe* zur Erfüllung nach Weisung. Seit den 70er Jahren des vorigen Jahrhunderts werden die Selbstverwaltungsangelegenheiten in fakultative und obligatorische (oder freiwillige und pflichtige) unterteilt[2], eine Unterscheidung, die dogmatisch keine Schwierigkeiten bereitet und der im wesentlichen rechtspolitische Bedeutung zukommt[3]. In bezug auf das Verhältnis der Gemeinde zum Staat und

---

[1] Siehe oben 1. Kapitel I. — Die weiteren Ausführungen gelten sinngemäß auch für die dem Weinheimer Entwurf folgenden Gemeindeordnungen, soweit nichts anderes vermerkt ist.

[2] Siehe oben 1. Teil 3. Kapitel 1. Abschnitt I. 3. b) mit Anm. 63; ferner *Surén-Loschelder*, Bd. 1, S. 31; *Becker*, HKWPr. Bd. 1, S. 129 ff.; *Gönnenwein*, Gemeinderecht, S. 89 ff.

[3] Vgl. insbes. *Becker*, a. a. O. S. 136.

dessen Aufsichtsbefugnisse besteht zwischen freiwilligen und Pflichtaufgaben kein Unterschied[4]; beide stellen Selbstverwaltungsangelegenheiten dar.

Mit dem in den 30er Jahren aufgekommenen Terminus „Sonderaufsicht"[5], der in § 110 Abs. 2 des Weinheimer Entwurfs an die Stelle der bisherigen Bezeichnung „Fachaufsicht" getreten ist, werden in der Literatur bestimmte Modifikationen des staatlichen Aufsichtsrechts gegenüber der Gemeinde zusammengefaßt. Einmal versteht man darunter ganz allgemein die Überwachung von Tätigkeiten, die jedermann ausüben kann. Dadurch soll nur ausgedrückt werden, daß die Gemeinde wie jede natürliche Person den Gesetzen unterworfen ist[6]. In dieser Bedeutung hat der Begriff mit Kommunalaufsicht nichts zu tun und ist deshalb entbehrlich. Zum anderen versteht man unter Sonderaufsicht eine verstärkte Kommunalaufsicht, die die auf eine Gesetzmäßigkeitskontrolle beschränkte Staatsaufsicht über die Gemeinden in nötig erscheinenden Fällen auf eine Zweckmäßigkeitskontrolle ausdehnt[7]. Es ist gleichgültig, welchen Inhalt der Begriff der Sonderaufsicht hat; entscheidend ist, daß sie immer eine besondere Aufsicht über *Selbstverwaltungs*angelegenheiten darstellt[8]. Allerdings verwendet nur die nordrhein-westfälische Gemeindeordnung[9] diesen Begriff, während die baden-württembergische[10] und die schleswig-holsteinische[11] an der Bezeichnung „Fachaufsicht" festhalten.

Wenn auch nicht unmittelbar für die begriffliche Gleichsetzung der Weisungs- mit den Selbstverwaltungsangelegenheiten, so doch gegen ihre Bezeichnung als Auftragsangelegenheit läßt sich ins Feld führen, daß sich das Weisungsrecht nicht mehr eo ipso aus der Qualifizierung einer Aufgabe als staatliche ergibt, sondern dem Umfang nach durch Gesetz festgelegt werden muß[12]. Das gleiche gilt für die im Einzelfall

---

[4] Vgl. insbes. *Gönnenwein*, a. a. O. S. 89, 92 f.

[5] *Peters*, Grenzen, S. 249, spricht noch von Spezialaufsicht. Eine ausführliche Erörterung der Sonderaufsicht findet sich dann bei *Surén-Loschelder*, Bd. 2, S. 503 ff.

[6] Bspw. Bau-, Forst- und Personenbeförderungsgesetz, vgl. *Gönnenwein*, a. a. O. S. 206 m. w. N.

[7] Bspw. durch Genehmigungsvorbehalte; vgl. dazu *Gönnenwein*, a. a. O. S. 207 ff. m. w. N.; *Becker*, HKWPr. Bd. 1, S. 165, 172 ff.; vgl. auch Art. 75 Abs. 1 S. 2 LaVerf BaWü.

[8] *Surén-Loschelder*, Bd. 2, S. 503; *Muntzke-Schlempp*, S. 327; *Becker*, HKWPr. Bd. 1, S. 165, 172; *Kunze-Schmid*, S. 779.

[9] § 106 Abs. 2.

[10] § 129 Abs. 1.

[11] § 130 Abs. 1. — Die GO Hs erwähnt die Aufsicht über Weisungsangelegenheiten in den §§ 135 nicht; die Literatur spricht aber auch hier von Fachaufsicht, vgl. *Muntzke-Schlempp*, S. 326 ff., 1118 ff., 1163 ff.

[12] Hierauf stellen ab *Zuhorn-Hoppe*, S. 84; *Kunze-Schmid*, S. 43.

I. Textinterpretation

vorgesehene Möglichkeit der Beschränkung des Weisungsrechts[13], die es bei den herkömmlichen Auftragsangelegenheiten nicht gab[14]. Allerdings zeigt ein Blick auf Art. 109 Abs. 2 der bayerischen Gemeindeordnung, die die Unterscheidung in eigene und übertragene Angelegenheiten aufrechterhalten hat[15], daß die Verbindung von staatlicher Aufgabe und unbegrenztem Weisungsrecht nicht mehr zwingend zu sein scheint. Ein Unterschied ist dennoch zu erkennen: Art. 109 Abs. 2 S. 2 GO Bay enthält eine starre und schematische Regelung für alle den Gemeinden übertragenen Angelegenheiten, während bei den Weisungsaufgaben der Umfang des Weisungsrechts jeweils durch das einzelne Gesetz bestimmt werden muß. Auf der anderen Seite kann aber das im Einzelfall unbegrenzte Weisungsrecht als Argument dafür herangezogen werden, daß in diesem Fall rechtlich kein Unterschied zwischen Weisungs- und Auftragsangelegenheiten besteht[16]. Gegen die Gleichsetzung von Weisungsaufgaben und Auftragsangelegenheiten sprechen auch ganz eindeutig die Übergangsregelungen, die in den dem Weinheimer Entwurf folgenden Gemeindeordnungen enthalten sind[17]. Denn ihre Aufnahme in die Übergangs- und Schlußvorschriften der betreffenden Gemeindeordnungen wäre entbehrlich gewesen, wenn die Landesgesetzgeber nur eine terminologische Änderung beabsichtigt hätten; in diesem Fall würde eine Klammerdefinition im 1. Teil der Gemeindeordnungen genügt haben[18].

Aus diesen Ausführungen ergibt sich, daß eine Textinterpretation weder in sachlicher noch in begrifflicher Hinsicht zu einem eindeutigen Ergebnis kommt. Der Qualifizierung der Weisungsaufgaben als Auftragsangelegenheiten steht die Möglichkeit der Beschränkung des Weisungsrechts, der Qualifizierung als Selbstverwaltungsangelegenheiten eben dieses — u. U. unbegrenzte — Weisungsrecht entgegen. Zu Recht

---

[13] Hierauf stellen ab *Scheerbarth*, DVBl. 1953, S. 263 l. Sp.; *Senger*, DVBl. 1957, S. 10 r. Sp.; *Bachof*, VerfR II, S. 412; ebenso *Zuhorn-Hoppe*, a. a. O., und *Kunze-Schmid*, a. a. O.

[14] Siehe oben 1. Teil 3. Kapitel 1. Abschnitt II. 2. b).

[15] Siehe oben 1. Kapitel II. mit Anm. 15.

[16] So *Gönnenwein*, Gemeinderecht, S. 106; *H. J. Wolff*, Verwaltungsrecht II, S. 200.

[17] § 135 GO Schl-H; § 149 GO Hs; § 116 GO NRW; § 130 GO BaWü.

[18] Zum Teil wird aus der mißverständlich formulierten Vorschrift des § 116 GO NRW die Identität von Weisungs- und Auftragsangelegenheiten gefolgert; aus der Überschrift und der Klammerdefinition ergebe sich, daß eine Legaldefinition der Weisungsaufgaben vorliege, so *Scheerbarth*, DVBl. 1953, S. 263 f.; *Becker*, HKWPr. Bd. 1, S. 136 Anm. 1. Diese Bestimmung soll aber nur die Möglichkeit geben, die bisherigen Auftragsangelegenheiten für eine Übergangsphase nach den bisherigen Vorschriften durchzuführen, was sich aus ihrer Stellung im 8. Teil der GO NRW mit hinreichender Deutlichkeit ergibt; sie bezieht sich daher überhaupt nicht auf Weisungsaufgaben. Im Ergebnis ebenso *Schweer*, DVBl. 1956, S. 705; *Kottenberg*, S. 469; *Zuhorn-Hoppe*, S. 85 f.

— und wohl auch ganz bewußt — haben die Verfasser des Weinheimer Entwurfs daher auf die Verwendung der herkömmlichen Begriffe verzichtet.

II. Das neue Aufgabensystem der Gemeinde

1. Ableitung des monistischen Aufgabensystems aus dem Grundsatz der Allseitigkeit

Der Versuch, die Weisungsaufgaben in das überkommene Aufgabenschema einzuordnen, kann in dogmatischer und begrifflicher Hinsicht zu keinem befriedigenden Ergebnis führen, da dem Weinheimer Entwurf eine gänzlich neue Konzeption in bezug auf die von der Gemeinde zu erfüllenden Aufgaben zugrunde liegt. Der eigentliche Grund für die Einführung eines neuen Aufgabensystems beruht auf einer veränderten Auffassung des Grundsatzes der Allseitigkeit des gemeindlichen Wirkungskreises; das Institut der Weisungsaufgabe ist lediglich eine konsequente Folge dieser neuen Auffassung.

a) Der Grundsatz der Allseitigkeit[19]

aa) Die herkömmliche Auffassung

Der Grundsatz der Allseitigkeit des gemeindlichen Wirkungskreises, der aus dem Wesen der Gemeinde als Gebietskörperschaft gefolgert wird[20], ist untrennbar mit der Entwicklung der gemeindlichen Selbstverwaltung verknüpft. Welche Aufgaben zum eigenen Wirkungskreis gehörten, wurde niemals im Sinne einer abschließenden Regelung gesetzlich umschrieben, sondern durch den Grundsatz bestimmt, „daß die Gemeinden alle diejenigen dem örtlichen Bedürfnis entspringenden Aufgaben zu erledigen haben oder wenigstens erledigen dürfen, die nicht schon von einer anderen Stelle übernommen oder solchen durch Gesetz übertragen sind"[21].

Der Grundsatz der Allseitigkeit findet sich schon in den ersten Gemeindeordnungen des beginnenden 19. Jahrhunderts. So gab § 108 der *Steinschen* Städteordnung den Stadtverordneten die Befugnis, sämtliche Gemeindeangelegenheiten zu besorgen. In § 3 Abs. 2 des Württembergischen Verwaltungs-Edikts für die Gemeinden, Oberämter und Stiftungen vom 1. März 1822[22] erhielten die Gemeinden das Recht, „alle auf

---

[19] Auch Grundsatz der Allzuständigkeit, Unbeschränktheit, Totalität oder Universalität genannt.
[20] *Peters*, Grenzen, S. 55; *Surén-Loschelder*, Bd. 1, S. 28.
[21] *Peters*, a. a. O. S. 56.
[22] RegBl. S. 131.

II. Das neue Aufgabensystem der Gemeinde

diesen Gemeinde-Verband sich beziehenden Angelegenheiten zu besorgen ...". Mehr oder weniger prägnant formuliert ist dieser Grundsatz dann Allgemeingut der Kommunalgesetzgebung[23] und Kommunalrechtswissenschaft[24] geworden. Demgegenüber wurde die Bestimmung des Kreises der übertragenen Angelegenheiten nicht durch eine pauschale Zuständigkeitsregelung vorgenommen, sondern erfolgte im Einzelfall durch gesetzliche Übertragung einer dem staatlichen Bereich zugeordneten Aufgabe auf die Gemeinde. Nie stritt eine Vermutung zugunsten der Gemeinde, daß sie eine bestimmte Angelegenheit als übertragene wahrnehmen könne und dürfe.

Mangels einer enumerativen Aufzählung der in den eigenen Wirkungskreis fallenden Angelegenheiten mußte notwendigerweise die Frage auftauchen, wie der allseitige Aufgabenbereich der Gemeinde gegenüber dem der höheren Gemeinschaft abzugrenzen sei, d. h., welche Materien der Sphäre der Gemeinde und welche der Sphäre des Staates zugehören. Denn daß der allseitige Aufgabenkreis der Gemeinde kein unbegrenzter sein konnte, folgt schon aus ihrer Stellung im monarchischen Obrigkeitsstaat; die Gesellschaft hatte den Staat nur zum Teil aus der Ortsinstanz hinausgedrängt. Entsprechend dem von der nachbarschaftlichen Honoratiorenverwaltung geprägten Bild der „gesellschaftlichen" Selbstverwaltung diente als Kriterium zur Begrenzung der Allseitigkeit des eigenen Wirkungskreises „der lokale Charakter"[25] der Aufgaben: Die Gemeinde „als Organismus der örtlichen Gemeinschaft"[26] umfaßte „prinzipiell die Gesamtheit der durch örtliches Zusammenleben entstehenden kommunalen Zwecke"[27]. Die Beschränkung der gemeindlichen Allzuständigkeit auf lokalbezogene Angelegenheiten ergibt sich deutlich aus den zusammenfassenden Worten von *Anschütz*[28]: „Der kommunale Wirkungskreis ist ... nicht sachlich, sondern nur örtlich be-

---

[23] Vgl. bspw. Art. IV Abs. 3 österr. Gemeindegesetz 1849 (siehe oben 1. Teil 3. Kapitel I. Anm. 1); Art. V österr. Gemeindegesetz 1862 (siehe oben 1. Teil 3. Kapitel I. Anm. 5); Art. 8 Abs. 1 Württ. GO vom 28. 7. 1906 (RegBl. S. 323); Art. 2 Abs. 2 Württ. GO vom 19. 3. 1930 (RegBl. S. 45); § 7 Preuß. Gemeindeverfassungsgesetz vom 15. 12. 1933 (GS. S. 427).
[24] Vgl. bspw. *Brater*, Artikel „Gemeinde", S. 112, 128; *Zachariä*, Staatsrecht Bd. 1, S. 575 f.; *Gerber*, Staatsrecht, S. 59 f.; *Schulze*, S. 410 f.; *Blodig*, S. 5; *Schoen*, S. 8 ff.; *Meyer-Anschütz*, S. 420; *Peters*, Grenzen, S. 55; *Becker*, Selbstverwaltung, S. 292.
Aus der Rspr. des PrOVG vgl. die Entscheidungen in Bd. 12, S. 155 (158); Bd. 13, S. 89 (106); Bd. 14, S. 76 (86); Bd. 19, S. 169 (176); Bd. 41, S. 34 (37 ff.); Bd. 59, S. 48 (52); Bd. 87, S. 194 (200).
[25] *Schulze*, S. 411.
[26] *Brater*, Artikel „Gemeinde", S. 110.
[27] *v. Meier*, Verwaltungsrecht, S. 643.
[28] *Meyer-Anschütz*, S. 420; ebenso in Festschrift für *H. Brunner*, S. 351; vgl. auch die oben in Anm. 24 genannten Autoren, ferner *Kunze-Schmid*, S. 38; *Loschelder*, Gemeindeordnungen, S. 14.

grenzt. Aus ihm scheiden aus nur solche Angelegenheiten, welche nach ihrer Art und Bedeutung über den kommunalen, mit Begriffsnotwendigkeit lokalen Interessenkreis hinausragen, welche der Staat ... aus diesem Grunde oder aus anderen Gründen sich ausschließlich vorbehält oder höheren Kommunalverbänden ... überwiesen hat."

Das Erfordernis des örtlichen Bezugs einer Materie bildete die für die gemeindliche Zuständigkeit unüberschreitbare Grenze. Nur innerhalb dieses Rahmens durfte sich der demokratisch legitimierte Wille der Gemeindebürgerschaft verwirklichen. Die Begrenzung der gemeindlichen Zuständigkeit auf örtliche Angelegenheiten stellte die eigentliche Voraussetzung für die Existenz staatlicher Aufgaben auf der Lokalebene dar. Denn alle Aufgaben mit überörtlichem Bezug, selbst wenn sie das Gemeindegebiet berührten und durchaus für eine gemeindliche Erledigung geeignet waren, fielen in den Zuständigkeitsbereich des Staates und konnten daher allenfalls als „staatliche" auf die Gemeinde übertragen werden.

Die Beschränkung eigenverantwortlicher Verwaltung auf örtliche Angelegenheiten war die natürliche Folge des durch den Gegensatz von Staat und Gesellschaft geprägten Verhältnisses von Staat und Gemeinde. Nur der überschaubare Bereich der Gemeinde stand für die Verwaltung durch die Gesellschaft offen; was darüber hinausging, fiel in die Sphäre des Staates. Die Einteilung aller auf Lokalebene zu erledigender Aufgaben in örtliche und überörtliche bildet den Hintergrund der dualistischen Wirkungskreislehre.

bb) Die moderne Auffassung

Im Gegensatz zur herkömmlichen Definition hat der Grundsatz der Allseitigkeit des gemeindlichen Wirkungskreises in neuerer Zeit eine andere Formulierung gefunden, die nach richtiger Ansicht mehr als nur eine terminologische Änderung bedeutet. Der Unterschied gegenüber früher besteht darin, daß die neueren Definitionen die Allzuständigkeit der Gemeinde nicht mehr auf Angelegenheiten der *örtlichen* Gemeinschaft beschränken, sondern grundsätzlich auf alle öffentlichen Aufgaben erweitern, die auf Gemeindegebiet anfallen.

Der ausschließliche Bezug auf die Angelegenheiten der örtlichen Gemeinschaft fehlte schon in der Fassung, die der Grundsatz der Allseitigkeit in § 2 Abs. 2 DGO erhalten hatte. Diese Vorschrift bestimmte, daß „die Gemeinden ... in ihrem Gebiet alle (!) öffentlichen Aufgaben unter eigener Verantwortung zu verwalten (haben), soweit die Aufgaben nicht nach gesetzlicher Vorschrift anderen Stellen ausdrücklich zugewiesen sind oder auf Grund gesetzlicher Vorschrift von anderen Stellen übernommen werden". Diese Fassung hatte aber keinen Einfluß

II. Das neue Aufgabensystem der Gemeinde

auf die Auslegung der Bestimmung, die ganz im herkömmlichen Sinne verstanden wurde[29].

Der Wortlaut des Grundsatzes der Allseitigkeit, den er im engen Zusammenhang mit der Institutsgarantie der gemeindlichen Selbstverwaltung in den Landesverfassungen der Nachkriegszeit gefunden hat, ist nicht einheitlich. Zum Teil wird die Beschränkung der gemeindlichen Zuständigkeit auf die Angelegenheiten der örtlichen Gemeinschaft sichtbar[30], z. T. fehlt sie völlig[31], ohne daß dieser Grundsatz in der Regel eine andere Auslegung erfährt[32].

Bei der Interpretation dieser Bestimmungen ist davon auszugehen, daß die Verfassungsgeber von überlieferten Vorstellungen im Verhältnis von Staat und Gemeinde ausgegangen sind. Die Überlegungen, die dem Weinheimer Entwurf zugrunde liegen, fanden — mit einer Ausnahme[33] — keinen Niederschlag in den Landesverfassungen[34] und dem Grundgesetz. Sie gehen daher von einer dualistischen Struktur der Gemeindeaufgaben aus, was sich schon daraus ergibt, daß sie die Übertragung staatlicher Aufgaben vorsehen[35, 36]. Alle Versuche[37], diese Verfassungsbestimmungen aus den neuen, dem Weinheimer Entwurf folgenden Gemeindeordnungen heraus zu interpretieren und so eine Übereinstimmung zu erzielen, sind in Anbetracht der verschiedenen Grundauffassungen abzulehnen. Sie sind auch unnötig, da die betreffenden Verfassungsbestimmungen keine Garantie des dualistischen Aufgabensystems enthalten, sondern ausschließlich einen Kernbereich eigenverantwortlicher Tätigkeit der Gemeinde sichern wollen. Andere Aufgabensysteme sind daher, wenn sie diesen Kern unangetastet lassen, nicht verfassungswidrig[38].

---

[29] Vgl. *Surén-Loschelder*, Bd. 1, S. 28 f., unter Berufung auf die Rspr. des PrOVG. — § 2 Abs. 3 DGO sah dann auch die Übertragung staatlicher Aufgaben zur Erfüllung nach Anweisung vor.

[30] Art. 11 Abs. 2, 83 LaVerf Bay; Art. 123 LaVerf Saarl.; Art. 137 Abs. 1 LaVerf Hs; Art. 49 Abs. 1 LaVerf RhPf. Auch Art. 28 Abs. 2 GG begrenzt den Grundsatz der Allzuständigkeit des gemeindlichen Wirkungskreises ausdrücklich auf alle Angelegenheiten der örtlichen Gemeinschaft.

[31] Art. 71 Abs. 2 S. 1 LaVerf BaWü; Art. 44 LaVerf Ns; Art. 78 Abs. 2 LaVerf NRW; Art. 39 Abs. 1 LaVerf Schl-H.

[32] Vgl. bspw. für BaWü *Spreng-Birn-Feuchte*, S. 248.

[33] Art. 78 Abs. 4 LaVerf NRW kennt nur noch Weisungsaufgaben.

[34] Die LaVerf von Bay, Hs und RhPf wurden noch vor der Veröffentlichung des Weinheimer Entwurfs gegeben.

[35] Art. 75 Abs. 2 LaVerf BaWü; Art. 11 Abs. 3, 83 Abs. 3 u. 4 LaVerf Bay; Art. 137 Abs. 4 LaVerf Hs; Art. 44 Abs. 4 LaVerf Ns; Art. 49 Abs. 4 LaVerf RhPf; Art. 124 LaVerf Saarl; Art. 39 Abs. 4 LaVerf Schl-H.

[36] Auch Art. 28 Abs. 2 GG geht von einer dualistischen Aufgabenstruktur aus, vgl. i. e. unten 3.

[37] Vgl. bspw. *Kunze-Schmid*, S. 37.

[38] Siehe i. e. unten 3.

Die Beschränkung des Grundsatzes der Allseitigkeit auf die Angelegenheiten der örtlichen Gemeinschaft fehlt dagegen — wie schon im Weinheimer Entwurf[39] — in den meisten Gemeindeordnungen der Nachkriegszeit. So verwalten nach § 2 Abs. 1 GO BaWü die Gemeinden „in ihrem Gebiet alle öffentlichen Aufgaben allein und unter eigener Verantwortung, soweit die Gesetze nichts anderes bestimmen". Ganz ähnliche Formulierungen finden sich in den meisten der übrigen Gemeindeordnungen[40].

b) *Folgerungen*

Die neuen Formulierungen lassen deutlich erkennen, daß der Grundsatz der Allzuständigkeit eine Ausdehnung erfahren hat[41]. Im Gegensatz zur herkömmlichen Auffassung kann die Gemeinde nicht nur Angelegenheiten der örtlichen Gemeinschaft ohne ausdrückliche gesetzliche Zuweisung eigenverantwortlich erledigen, sondern *alle* Aufgaben, die auf ihrem Gebiet anfallen, also auch solche, die aus überörtlichen Sachzusammenhängen in das Gemeindegebiet hineinragen und somit überörtlichen Charakter aufweisen[42]. Eine Aufteilung der Zuständigkeiten in der Weise, daß die auf Gemeindegebiet anfallenden Aufgaben entweder, sofern sie zu den Angelegenheiten der örtlichen Gemeinschaft gehören, in die Zuständigkeit der Gemeinde fallen, oder, sofern das nicht der Fall ist, in die des Staates, ist nach dieser Konzeption nicht mehr möglich. Der Zuständigkeitsbereich der Gemeinde ist auf Kosten des Staates erweitert worden; bisher als staatlich angesehene Aufgaben wurden in die Zuständigkeit der Gemeinde überführt. Für staatliche Aufgaben auf der Ortsstufe ist daher kein Raum mehr. Deutlich kommt dies in der Fassung des § 2 Abs. 1 S. 1 des Weinheimer Entwurfs zum Ausdruck, wonach die Gemeinden in ihrem Gebiet „*ausschließliche* und eigenverantwortliche Träger der öffentlichen Verwaltung (sind)"; sie verwalten also *alle* öffentlichen Aufgaben *allein*[43], nicht mit oder neben dem Staat.

---

[39] § 2 Abs. 1 S. 1.
[40] § 2 S. 1 GO Hs; § 2 Abs. 1 GO Schl-H; § 2 GO NRW; § 1 S. 2 GO RhPf; § 2 Abs. 1 S. 1 GO Ns; im herkömmlichen Sinne dagegen Art. 1 GO Bay (vgl. auch Art. 7 Abs. 1); § 1 Abs. 1 S. 2 GO Saarl.
[41] Ebenso schon W. *Weber,* Selbstverwaltung, S. 48 ff., der hieraus jedoch nur Folgerungen für die Auslegung der Institutsgarantie ableitet; vgl. ferner *Kunze-Schmid,* S. 38; *Kottenberg,* S. 60; *Salzwedel* in *Loschelder-Salzwedel,* S. 229; *Peters,* DÖV 1964, S. 754; *Zuhorn-Hoppe,* S. 54 f., 87.
[42] Deutlich die Begründung des Regierungsentwurfs zu einer Gemeindeordnung von BaWü, Verzeichnis der Beilagen zu den Sitzungsprotokollen des Landtags von BaWü, 1. Wahlperiode 1952—1956, Bd. 3, Beilage 1060, S. 1358: „Daneben ist die Gemeinde aber auch grundsätzlich Träger aller überörtlichen (staatsintensiven) Aufgaben, die örtlich anfallen und örtlich erledigt werden können."
[43] So die Fassung des § 2 Abs. 1 GO BaWü.

Damit sind die Voraussetzungen für ein dualistisches Aufgabensystem entfallen. Die Gemeinde besitzt nur noch einen einheitlichen Wirkungskreis, der einen staatlichen ausschließt. Alle von ihr wahrgenommenen Aufgaben sind gemeindliche. Einer ausdrücklichen Übertragung der überörtlichen auf Gemeindegebiet anfallenden Aufgaben auf die Gemeinde bedarf es nicht mehr, da diese nach dem modernen Grundsatz der Allzuständigkeit bereits in ihren Zuständigkeitsbereich fallen und von ihr grundsätzlich eigenverantwortlich erledigt werden können.

Diese Konzeption liegt den Gemeindeordnungen zugrunde, die dem Weinheimer Entwurf gefolgt sind. Sie kennen nur noch einen einheitlichen Wirkungskreis der Gemeinde mit ausschließlich gemeindlichen Aufgaben. Folgerichtig werden staatliche Aufgaben nur noch in Übergangsvorschriften erwähnt[44]. Wenn die Gemeindeordnungen von Niedersachsen und Rheinland-Pfalz trotz der modernen Fassung des Grundsatzes der Allseitigkeit des gemeindlichen Wirkungskreises[45] weiterhin systemwidrig die Übertragung staatlicher Aufgaben vorsehen[46], so folgt hieraus, daß sie die neue Konzeption nicht übernommen haben; die Neufassung beschränkt sich auf eine terminologische Änderung. § 2 Abs. 2 GO Ns legt es auch nahe, daß die Fassung des Allzuständigkeitsgrundsatzes in § 2 Abs. 1 GO Ns nur gegen die Errichtung von Sonderbehörden zielt[47].

c) Gründe für die Ausdehnung des gemeindlichen Wirkungskreises

Für die Ausweitung des Grundsatzes der Allseitigkeit und die damit verbundenen Folgerungen lassen sich verschiedene Gründe anführen[48]. Wie schon erwähnt[49], bildete die vermehrte Übertragung von Auftragsangelegenheiten in der Weimarer Zeit eine Ursache für die seinerzeit entstehende Krise der gemeindlichen Selbstverwaltung. Die Folgen des 1. Weltkrieges und die damit im Zusammenhang stehende Umwandlung des monarchisch-obrigkeitlichen „Nachtwächterstaates" des 19. zum sozialen Leistungs- und Verteilerstaat des 20. Jahrhunderts brachte eine

---

[44] Siehe oben I. Anm. 17.
[45] § 2 Abs. 1 S. 1 GO Ns (ebenso Art. 44 Abs. 3 LaVerf); § 1 Abs. 1 S. 2 GO RhPf; ähnlich Art. 49 Abs. 1 LaVerf.
[46] Art. 44 Abs. 4 LaVerf, § 5 GO Ns; Art. 49 Abs. 4 LaVerf, § 2 Abs. 2 GO RhPf.
[47] § 2 Abs. 1 S. 1 GO Ns stellt nur darauf ab, daß die Gemeinden in ihrem Gebiet die ausschließlichen Träger der gesamten öffentlichen Aufgaben sind, nicht auch darauf, daß sie diese eigenverantwortlich wahrnehmen sollen.
[48] Vgl. in diesem Zusammenhang den im April 1960 veröffentlichten Bericht der Sachverständigenkommission für die Vereinfachung der Verwaltung beim Bundesminister des Innern, teilweise abgedruckt bei *Kottenberg*, S. 59 f.
[49] Sie oben 1. Teil 3. Kapitel 1. Abschnitt II. 3.

Flut neuer staatlicher Aufgaben[50] mit sich, zu deren Erledigung sich der Staat aus den bekannten Gründen[51] weitgehend der Gemeinden bediente. Die Entwicklung nach Beendigung des 2. Weltkrieges verlief ähnlich[52]. Durchaus zu Recht sah man in der Überhandnahme staatlicher Aufgaben der Gemeinde eine Gefahr für die kommunale Selbstverwaltung von einer Seite heraufziehen, von der man keine erwartet hatte und der mit den bisher zur Verteidigung dieser Institution verwendeten Argumenten nicht beizukommen war. Es ist naheliegend, daß im Interesse einer funktionsfähigen Selbstverwaltung diese Gefahr durch Einbeziehung aller auf Gemeindegebiet anfallenden Aufgaben in den gemeindlichen Wirkungskreis gebannt werden sollte. Ein weiterer Grund ist der, daß die tatsächliche Entwicklung im modernen Staat im zunehmenden Maße den herkömmlichen Bestand der Selbstverwaltung bedroht. Denn viele Aufgaben[53], die früher ausschließlich örtlichen Bezug aufwiesen, erhalten heute mehr und mehr überörtliche Bedeutung, was eine einheitliche Regelung notwendig macht. Unmittelbare Folge hiervon ist eine Ausdehnung des Zuständigkeitsbereiches des Staates auf Kosten der Gemeinde, mittelbare Folge eine weitere Vermehrung der Auftragsangelegenheiten. Hinzu kommt, daß eine genaue Abgrenzung der Angelegenheiten der örtlichen von denen der überörtlichen Gemeinschaft nach objektiven Kriterien nicht möglich ist. In den meisten Fällen läßt sich eine Aufgabe, ohne diesen Begriffen Gewalt anzutun, sowohl zu den örtlichen wie auch den überörtlichen Angelegenheiten zählen. Der Grundsatz der Allseitigkeit des gemeindlichen Wirkungskreises mit seinem herkömmlichen Inhalt und das darauf beruhende dualistische Aufgabensystem hätten in der Praxis zur Folge, daß der freie Spielraum eigenverantwortlicher Tätigkeit der Gemeinde bis auf den verfassungsrechtlich gesicherten Kern der Selbstverwaltung eingeschränkt würde. Der Staat hätte die Möglichkeit, unter Berufung auf ihren überörtlichen Charakter die überwiegende Anzahl der von der Gemeinde zu erledigenden Aufgaben für sich zu beanspruchen. Das Ergebnis wäre, daß der „eigene Wirkungskreis" der Gemeinde, wie schon früher[54], im wesentlichen aus wirtschaftlichen Angelegenheiten bestehen würde.

Ein Grund für die Ausdehnung des gemeindlichen Zuständigkeitsbereiches mag auch sein, daß das heutige Fachbeamtentum eher geneigt

---

[50] Genannt seien nur die Wohnraumbewirtschaftung und die vielfältigen Aufgaben der Kriegsopferversorgung.

[51] Siehe oben 1. Teil 3. Kapitel 2. Abschnitt I. 2. und 3.

[52] Nach *Zuhorn*, DÖV 1949, S. 49, bestand die gemeindliche Tätigkeit nach dem Kriege zu 80 % aus der Erledigung von Auftragsangelegenheiten.

[53] Bspw. die mit der Bewältigung der heutigen Verkehrsprobleme, der Wasser- und Energieversorgung zusammenhängenden Aufgaben.

[54] Siehe oben 1. Teil 3. Kapitel 1. Abschnitt I. 2. a).

sein wird, die vom Kirchturmhorizont gezogenen Grenzen der Gemeindepolitik zu durchstoßen als die alte Honoratiorenverwaltung. Umfassende Weisungsrechte, wie sie die Auftragsangelegenheiten kennzeichneten, sind daher nicht mehr nötig, weil die Gemeindeverwaltung — die Gemeinde ist nicht mehr Antipode, sondern Glied des demokratischen Staates[55] — die Interessen der höheren Gemeinschaft bis zu einem gewissen Grade von sich aus berücksichtigen wird.

Die neue Konzeption eines einheitlichen Wirkungskreises der Gemeinde stellt somit den Versuch dar, das Institut der gemeindlichen Selbstverwaltung den geänderten Verhältnissen anzupassen und es zugleich zu festigen.

2. Die Beschränkung des gemeindlichen Wirkungskreises (Der gesetzliche Vorbehalt)

Der moderne Grundsatz der Allzuständigkeit, wie er oben entwickelt wurde, begründet eine Regelzuständigkeit[56] zugunsten der Gemeinde für die eigenverantwortliche Erledigung aller auf Gemeindegebiet anfallenden öffentlichen Aufgaben. Trotz dieses weitgefaßten Grundsatzes sind der gemeindlichen Zuständigkeit absolute und relative Grenzen gezogen. Die ersten ergeben sich aus der allgemeinen Aufgabenstellung der Gemeinde[57] sowie aus ihrer historisch entwickelten Stellung als Gebietskörperschaft mit räumlich begrenztem Lebenskreis[58], die zweiten aus dem Vorbehalt anderweitiger gesetzlicher Regelung.

a) Weisungsaufgaben

Die sachliche Notwendigkeit, bei der gemeindlichen Erfüllung bestimmter Aufgaben dem Staate ein Weisungsrecht einzuräumen, wurde von den Schöpfern des Weinheimer Entwurfs nicht bestritten. Eine lückenlose Durchführung des modernen Grundsatzes der Allseitigkeit des gemeindlichen Wirkungskreises mit der daraus sich ergebenden Umwandlung aller Auftrags- in Selbstverwaltungsangelegenheiten hätte einem Auflösungsprozeß des Staates Vorschub geleistet, der in Anbe-

---

[55] So oder ähnlich lautet der § 1 fast aller Gemeindeordnungen, vgl. bspw. § 1 Abs. 1 GO BaWü; § 1 S. 1 GO NRW. Vgl. dazu *Loschelder*, Werdendes Gemeinderecht, S. 418.
[56] Zum Teil wird hier auch von einer Zuständigkeitsvermutung gesprochen, so *Maunz-Dürig*, Art. 28 RdNr. 30 m. w. N.; *Gönnenwein*, Gemeinderecht, S. 38. Ein sachlicher Unterschied liegt hierin nicht begründet.
[57] Vgl. bspw. § 1 Abs. 2 GO BaWü.
[58] Vgl. dazu *Surén-Loschelder*, Bd. 1, S. 28 f.; *Kunze-Schmid*, S. 38; aus der Rspr. vgl. PrOVGE Bd. 13, S. 89; Bd. 41, S. 34; Bd. 59, S. 48; BVerfGE Bd. 8, S. 122 (132 ff.).

tracht geschichtlicher Erfahrungen[59] auch von überzeugten Kommunalrechtlern nicht vertreten werden kann. Jede Neuordnung des Gemeinderechts muß sich aus diesem Grunde mit den „staatintensiven"[60] Aufgaben auseinandersetzen, die durch die Gemeinde ausgeführt werden sollen, bei denen der Staat jedoch auf sofort vollziehbare und angemessene Eingriffsbefugnisse in Ermessensfragen nicht verzichten kann. Die Schwierigkeiten einer Neuregelung nach dem Kriege bestand darin, die mit dem erweiterten Grundsatz der Allzuständigkeit bezweckte Stärkung des Selbstverwaltungsrechts mit den berechtigten Interessen des Staates in Einklang zu bringen — oder, wie es *Becker*[61] formuliert, „das Verwaltungsermessen der Gemeinden ... nicht auszuschließen, die unbegrenzte Weisung im Notfall jedoch zuzulassen". Die Weisungsaufgaben stellen das Ergebnis dieser rechtspolitischen Überlegung dar.

Nach dem Vorbehalt des Gesetzes dürfen Eingriffe in die Rechte der Gemeinde nur durch Gesetz oder auf der Grundlage eines Gesetzes erfolgen[62]. Da die modernen Gemeindeordnungen nur noch einen einheitlichen Wirkungskreis mit ausschließlich gemeindlichen Aufgaben kennen, bedarf das Recht des Staates, in diesen Wirkungskreis durch Weisungen einzugreifen, einer ausdrücklichen gesetzlichen Grundlage. Anders als bei Auftragsangelegenheiten, bei denen sich das unbeschränkte Weisungsrecht des Staates aus ihrer Zuordnung zum staatlichen Bereich ergibt, müssen die staatlichen Weisungsbefugnisse nunmehr dem Grunde und dem Umfang nach durch Gesetz bestimmt werden. Weisungsaufgaben stellen daher keinen einheitlichen Komplex von Aufgaben dar, der durch ein generelles Weisungsrecht des Staates abgedeckt ist und somit im schroffen Gegensatz zum (weisungsfreien) Selbstverwaltungsbereich steht; der gemeindliche Wirkungskreis wird vielmehr, wie das in ähnlichen Fällen[63] schon bisher der Fall war, nur „punktuell und partiell"[64] in bestimmten Sachgebieten durch staatliche Weisungsrechte beschränkt. Wird also von dem Gesetzesvorbehalt, unter dem der Grundsatz der Allseitigkeit des gemeindlichen Wirkungskreises steht, durch Einräumung von Weisungsrechten zugunsten des Staates Gebrauch gemacht, so wird nur das Merkmal der Eigenverantwortlich-

---

[59] Sie oben 1. Teil 1. Kapitel III.; vgl. auch *W. Weber*, DÖV 1948, S. 19 ff.; DÖV 1951, S. 509 ff. (512 f.); Selbstverwaltung, S. 1 ff.

[60] Ausdruck von *Kunze-Schmid*, S. 37.

[61] HKWPr Bd. 1, S. 138. — Vgl. in diesem Zusammenhang auch *Göbel*, Gemeindeordnung, S. 21; *Schweer*, DVBl. 1956, S. 704 r. Sp.; *Zuhorn-Hoppe*, S. 81.

[62] Die erste Ausprägung dieses Grundsatzes findet sich in § 3 Abs. 1 S. 2 des Weinheimer Entwurfs und allen Gemeindeordnungen, vgl. bspw. § 2 Abs. 4 S. 1 GO BaWü.

[63] Bspw. durch Genehmigungsvorbehalte; hier wird dem Staat zwar kein echtes Weisungsrecht, doch ein Mitwirkungsrecht in Zweckmäßigkeitsfragen durch Gesetz eingeräumt, vgl. *Gönnenwein*, Gemeinderecht, S. 207 ff. m. w. N.

[64] *Bachof*, VerfR II, S. 412.

II. Das neue Aufgabensystem der Gemeinde

keit eingeschränkt, nicht aber die alleinige oder ausschließliche Trägerschaft der Gemeinde beseitigt[65]. Die Weisungsaufgabe bleibt gemeindliche Aufgabe. Der Grundsatz, daß die Gemeinde der ausschließliche Träger der öffentlichen Verwaltung in ihrem Gebiet ist, geht somit über den Inhalt des Grundsatzes der Einheit der örtlichen Verwaltung[66] hinaus: Er ist nicht in einem formal-organisatorischen Sinn zu verstehen, daß die Gemeinde alle auf ihrem Gebiet anfallenden Aufgaben auszuführen hat, gleichgültig, ob es sich um gemeindliche oder staatliche (Auftrags-)Angelegenheiten handelt, sondern in einem materiellen Sinn, daß ihr alle diese Aufgaben zur eigenen Inhaberschaft zugeordnet werden[67]. Daher ist es sprachlich falsch, wenn der Weinheimer Entwurf[68] und die Gemeindeordnungen von Schleswig-Holstein[69], Hessen[70] und Nordrhein-Westfalen[71] die Auferlegung[72] von Weisungsaufgaben als „Übertragung" bezeichnen. Denn es werden hier keine Aufgaben auf die Gemeinde übertragen, für die sie an sich nicht zuständig wäre, sondern bei bestimmten Angelegenheiten, die bereits in ihre Zuständigkeit fallen, dem Staate lediglich ein Weisungsrecht eingeräumt. In der Sache ist dies bedeutungslos. Die Gesetzgeber haben sich von der auf die dualistische Aufgabenkonzeption zugeschnittene Terminologie — staatliche Aufgaben mußten „übertragen" werden — noch nicht zu lösen vermocht.

In der Rechtsstellung der Gemeinde ist durch die Einführung des monistischen Aufgabensystems eine wesentliche Änderung gegenüber früher eingetreten. Mit der Zugehörigkeit der Weisungsaufgaben zum gemeindlichen Wirkungskreis ist die Voraussetzung für das „besondere Gewaltverhältnis", in dem die Gemeinde bei der Wahrnehmung von Auftragsangelegenheiten zum Staate steht, entfallen. Bei der Ausführung von Weisungsaufgaben wird sie nicht mehr als Staatsorgan, Quasi-

---

[65] Ähnlich *Zuhorn-Hoppe*, S. 87. Vgl. auch die Begründung des Regierungsentwurfs zu einer Gemeindeordnung von BaWü, a. a. O. (siehe oben Anm. 42) S. 1358.
[66] Dieser Grundsatz, der z. T. ausdrücklich in die Gemeindeordnungen aufgenommen wurde (vgl. § 2 S. 2 und 3 GO Hs; § 2 Abs. 3 GO Schl-H), z. T. aus dem modernen Grundsatz der Allzuständigkeit gefolgert wird (so für § 2 Abs. 1 GO BaWü und § 2 GO NRW; vgl. *Kunze-Schmid*, S. 38 und *Kottenberg*, S. 60), stellt nur eine Ausprägung des letzteren Grundsatzes dar; er verbietet die Errichtung staatlicher Behörden für das Gebiet einer Gemeinde auf Grund des gesetzlichen Vorbehalts, doch sind Ausnahmen möglich; vgl. *Gönnenwein*, Gemeinderecht, S. 36 f.; *Loschelder*, Gemeindeordnungen, S. 14 f.; Art. 71 Abs. 2 S. 1 LaVerf BaWü; § 2 Abs. 1 S. 2 GO RhPf.
[67] Vgl. *Rupp*, Grundfragen, S. 102.
[68] § 3 Abs. 2.
[69] § 3 Abs. 2.
[70] § 4 S. 1 1. HS.
[71] § 3 Abs. 2; anders Art. 78 Abs. 4 S. 2 LaVerf NRW.
[72] So ein sprachlich richtiger Ausdruck in § 2 Abs. 3 GO BaWü; vgl. auch *Diez*, a. a. O. (siehe oben 2. Kapitel Anm. 13), S. 3489.

Staatsbehörde usw. tätig, sondern als Gemeindebehörde. Modifiziert durch das Weisungsrecht nimmt sie die gleiche Rechtsstellung ein, die sie bei der Erledigung von Selbstverwaltungsangelegenheiten innehat; insoweit keine staatlichen Weisungen ergehen, ist sie wie bei diesen nur an die gesetzlichen Bestimmungen gebunden. Das Weisungsrecht wird sonach nicht mehr gegenüber einer nachgeordneten Behörde ausgeübt, sondern gegenüber einem selbständigen Partner[73]. Da die Aufsicht sich nicht auf die Tätigkeit einer untergeordneten Behörde erstreckt, handelt es sich auch nicht um eine echte Fachaufsicht, sondern um eine „Sonderaufsicht"[74] oder Spezialaufsicht nach näherer gesetzlicher Vorschrift[75].

b) Auftragsangelegenheiten

Aus der unter gewissen Voraussetzungen auf Grund des Gesetzesvorbehalts zulässigen Errichtung staatlicher Sonderbehörden[76] könnte der Schluß gezogen werden, daß zumindest in diesen Fällen die Übertragung staatlicher Aufgaben auf die Gemeinde zulässig sei[77]. Die Konzeption der modernen Gemeindeordnungen verbietet es jedoch, den Gemeinden neben der Auferlegung von Weisungsaufgaben staatliche (Auftrags-)Angelegenheiten zu übertragen. Dies folgt auch eindeutig aus dem Fehlen dieses Begriffs in den grundlegenden Bestimmungen dieser Gemeindeordnungen über die Aufgabenstellung der Gemeinde und aus den Übergangsvorschriften, wonach die *bisherigen* Auftragsangelegenheiten entweder in Weisungsaufgaben umgewandelt wurden[78] oder diese — und nur diese — bis zum Erlaß neuer Vorschriften nach den bisherigen Vorschriften durchzuführen sind[79]. Die Landesgesetzgeber sind daher gehalten, diejenigen Aufgaben, für die ein staatliches Bedürfnis nach einheitlicher Ausführung besteht, den Gemeinden als Pflichtaufgaben aufzuerlegen und den Aufsichtsbehörden gleichzeitig ein Weisungsrecht einzuräumen. Diese gesetzgeberische Pflicht hat aber nur die nordrhein-

---

[73] Ebenso insbes. *Zuhorn-Hoppe*, S. 84.

[74] So § 110 Abs. 2 des Weinheimer Entwurfs und § 106 Abs. 2 GO NRW. In dieser Bedeutung steht der Begriff „Sonderaufsicht" auch nicht im Widerspruch zu seiner bisherigen Verwendung, da auch hier die auf Gesetzmäßigkeitskontrolle beschränkte Staatsaufsicht über die Gemeinden in gesetzlich bestimmten Fällen auf eine Zweckmäßigkeitskontrolle ausgedehnt wird.

[75] Ähnlich *Zuhorn-Hoppe*, S. 85, 306.

[76] Siehe oben Anm. 66.

[77] In dieser Richtung *Salzwedel* in *Loschelder-Salzwedel*, S. 232.

[78] § 130 GO BaWü.

[79] § 135 Abs. 4 GO Schl-H; § 149 GO Hs; § 116 GO NRW. Auftragsangelegenheiten bestehen daher in diesen Ländern noch; zu ihrem Umfang vgl. für NRW *Geller-Kleinrahm-Fleck*, S. 543; *Kottenberg*, S. 469; *Rietdorf*, DÖV 1962, S. 603 Anm. 39 m. w. N.

westfälische Landesverfassung ausdrücklich bestätigt[80]. Ein Landesgesetz, das neue Auftragsangelegenheiten den Gemeinden überträgt, wäre daher verfassungswidrig[81]. Die übrigen Landesverfassungen haben diese Konzeption nicht übernommen. Ein Landesgesetz, das Auftragsangelegenheiten vorsieht, wäre zwar nicht verfassungswidrig, würde aber eindeutig dem monistischen Aufgabensystem der neuen Gemeindeordnungen widersprechen. Soweit ersichtlich, haben alle diese Länder keine neuen Auftragsangelegenheiten auf die Gemeinden übertragen. Dagegen haben sie in mehreren Fällen von der Einrichtung der Organleihe Gebrauch gemacht[82]. Eine weitere Ausdehnung dieser Praxis läßt sich, von der Frage ihrer verfassungsrechtlichen Zulässigkeit wegen des Eingriffs in die Organisationshoheit der Gemeinden abgesehen[83], mit der Konzeption der modernen Gemeindeordnungen nicht vereinbaren. Die unbeschränkt zulässige Möglichkeit, durch geliehene Organe staatliche Aufgaben auf der Ortsstufe zu vollziehen, würde im Ergebnis zur Wiederherstellung des alten Rechtszustandes führen. Die Organleihe ist deshalb auf Ausnahmefälle zu beschränken[84].

3. Weisungsaufgaben und Selbstverwaltung

Die bisherigen Ausführungen haben zu dem Ergebnis geführt, daß Weisungsaufgaben keine bloße terminologische Spielart der Auftragsangelegenheiten, sondern als Bestandteil eines einheitlichen Wirkungskreises gemeindliche Angelegenheiten darstellen. Daraus läßt sich jedoch noch nicht die Folgerung ableiten, daß es sich bei den Weisungsaufgaben um Selbstverwaltungsaufgaben der herkömmlichen Art handelt. Der überkommene Begriff der Selbstverwaltung ist durch das Merkmal der Weisungsfreiheit gekennzeichnet. Ein Blick auf Art. 28 Abs. 2 GG, der diesen Begriff übernommen hat, scheint zu beweisen, daß es sich bei Weisungsaufgaben schon von Verfassungs wegen nicht um Selbstverwaltungsaufgaben handeln kann. Denn ein Komplex von Aufgaben, so wird hier

---

[80] Art. 78.
[81] Ebenso *Rietdorf*, DÖV 1962, S. 603; *Geller-Kleinrahm-Fleck*, S. 539, 546; *Zuhorn-Hoppe*, S. 55, 86; abschwächend *Salzwedel*, a. a. O. S. 232; nicht eindeutig *Kottenberg*, S. 467 ff.; vgl. aber unten Anm. 115.
[82] Siehe oben 1. Teil 3. Kapitel 1. Abschnitt II. 2. b) bb).
[83] Kritisch *Rupp*, Grundfragen, S. 101.
[84] Ein solcher Fall liegt einmal vor, wenn er in der Gemeindeordnung selbst geregelt ist (bspw. § 47 Abs. 3 GO NRW; die verfassungsrechtliche Grundlage findet sich in Art. 78 Abs. 2 LaVerf NRW), zum anderen dann, wenn die Voraussetzungen zur Errichtung einer Sonderbehörde vorliegen, insbesondere wenn eine dringende staatliche Notwendigkeit besteht, *einen* Beamten mit der Ausführung zu betrauen (bspw. aus Gründen der Geheimhaltung oder zur schnellen Durchsetzung von Weisungen in Notfällen, vgl. etwa § 9 Abs. 3 OBG NRW). Dies trifft aber für § 50 Abs. 4 Polizeigesetz BaWü nicht zu!

argumentiert[85], bei denen die Gemeinden an Weisungen gebunden seien und die dennoch Selbstverwaltungsangelegenheiten darstellen sollen, sei mit Art. 28 Abs. 2 GG unvereinbar, da nach dieser Bestimmung die eigene Verantwortung zum Wesen der Selbstverwaltung gehöre und verfassungsrechtlich gesichert sei. Das ist aber nicht richtig.

Nach Art. 28 Abs. 2 S. 1 GG muß den Gemeinden das Recht gewährleistet sein, alle Angelegenheiten der örtlichen Gemeinschaft im Rahmen der Gesetze in eigener Verantwortung zu regeln. Diese institutionelle Garantie[86] bedeutet, daß die gemeindliche Selbstverwaltung durch Bundes- oder Landesgesetze weder als Einrichtung beseitigt noch so eingeschränkt werden darf, daß sie in ihrem Wesensgehalt angetastet wird[87]. Ob ein Eingriff in diesen verfassungsrechtlich abgesicherten Bereich eigenverantwortlicher Tätigkeit vorliegt, kann nicht nach einem einheitlichen, für alle Fälle geltenden Kriterium beurteilt werden, sondern ist „danach zu bestimmen, was von dem Recht der Selbstverwaltung übrigbleibt"[88]. Die Aufzeichnung der hiernach für den Gesetzgeber unüberschreitbaren Grenzen, die von der Rspr. weitgehend nach der historischen Entwicklung der Selbstverwaltung bestimmt werden, kann im einzelnen unterbleiben — interessant ist nur das Ergebnis: Art. 28 Abs. 2 GG gewährleistet den Gemeinden nur einen Kern, ein Mindestmaß eigenverantwortlicher Tätigkeit.

Im außerhalb des unantastbaren Kreises gelegenen Vorfeld gemeindlicher Aufgabenerfüllung ist der Gesetzgeber durch Art. 28 Abs. 2 GG nicht gehindert, den Gemeinden weitere Aufgabengebiete zur eigenverantwortlichen Wahrnehmung (als Selbstverwaltungsaufgaben) zu belassen, sich bei bestimmten Aufgaben ein beschränktes Weisungsrecht oder andere Formen der Zweckmäßigkeitskontrolle vorzubehalten oder

---

[85] In diesem Sinne bspw. *Dregger*, Der Städtetag 1955, S. 193; *Becker*, DVBl. 1956, S. 5 l. Sp.; *Schweer*, DVBl. 1956, S. 707 l. Sp.; DVBl. 1957, S. 13; *Scheerbarth*, DVBl. 1958, S. 85. In dieser Richtung auch VG Münster, DÖV 1961, S. 272; nicht eindeutig *Senger*, DVBl. 1957, S. 11 l. Sp.; *Rietdorf*, DVBl. 1958, S. 345. —
Ähnlich zu den Auftragsangelegenheiten schon *Kitz*, PreußVerwBl. Bd. 45 (1923/24), S. 250 ff.

[86] Ein Grundrecht der Gemeinde auf Selbstverwaltung wird von der h. L. abgelehnt, vgl. *Maunz-Dürig*, Art. 19 Abs. 3 RdNr. 9, 29, 38; Art. 28 RdNr. 28; a. M. *Zuhorn-Hoppe*, S. 75 f. —
Zur Entstehung der Institutsgarantie vgl. *C. Schmitt*, Verfassungslehre, S. 170 ff.; StGH für das Deutsche Reich, RGZ Bd. 126, S. 14 (22 f.).

[87] Nach BVerwGE Bd. 6, S. 19 (22) enthält Art. 28 Abs. 2 GG eine doppelte Garantie: „Eine Garantie des Aufgabenbereiches und eine Garantie der eigenverantwortlichen Führung der Geschäfte innerhalb dieses Aufgabenbereiches." Ähnlich *Gönnenwein*, Gemeinderecht, S. 31. — Zu den Grenzen zulässiger Eingriffe vgl. insbes. die Rspr. des BVerfG, BVerfGE Bd. 1, S. 167; Bd. 7, S. 358; Bd. 8, S. 332; Bd. 9, S. 268; Bd. 11, S. 266; Bd. 17, S. 172.

[88] BVerwGE Bd. 6, S. 19 (Leitsatz).

Aufgaben als staatliche zu übertragen. Daher liegt es „in der Hand des Gesetzgebers, wo er die Grenze zwischen den eigenen Angelegenheiten der Gemeinde und den staatlichen Aufgaben ziehen will. Beide Bereiche sind vertauschbar, sofern das verfassungsrechtlich geschützte Gebiet der Selbstverwaltung nicht beeinträchtigt wird"[89]. Art. 28 Abs. 2 GG steht einerseits dem Fortbestand oder der Einführung des Instituts der Auftragsverwaltung nicht entgegen[90]. Andererseits verbietet er auch nicht die Umformung bisher staatlicher Aufgaben in Selbstverwaltungs- oder Weisungsaufgaben, da er nur den essentiellen Selbstverwaltungskern sichern, nicht aber das bei Erlaß des Grundgesetzes vorgefundene dualistische Aufgabensystem der Gemeinde gegenständlich und institutionell für alle Zeiten zementieren wollte[91]. Die Institutsgarantie bezieht sich nur auf die Selbst-, nicht auf die Auftragsverwaltung; sie hat, was sich schon aus der Streitfrage um den Grundrechtscharakter der Selbstverwaltung ergibt, lediglich staatsgerichtete Abwehrfunktionen zu erfüllen. Mit der Umwandlung der Auftragsangelegenheiten in Weisungsaufgaben wird der Selbstverwaltungsbereich der Gemeinde vergrößert und nicht etwa vermindert[92].

Art. 28 Abs. 2 GG gebietet daher nicht, daß die Gemeinden einen bestimmten Aufgabenkreis als Auftrags- oder Weisungsaufgaben auszuführen haben. Er verbietet jedoch die Umwandlung derjenigen Aufgaben in Weisungsaufgaben, die zum Kern der Selbstverwaltung gehören, da das jeweils vorbehaltene Weisungsrecht die eigene Verantwortung der Gemeinde insoweit ausschließt[93]. Diese Unvereinbarkeit mit Art. 28 Abs. 2 GG kann auch nicht mit dem Hinweis überspielt werden, bei den Weisungsaufgaben handele es sich begrifflich um Selbstverwaltungsangelegenheiten. Das gleiche gilt für die insoweit deckungsgleichen Selbstverwaltungsgarantien der Landesverfassungen. Sie können mehr Rechte als Art. 28 Abs. 2 GG gewährleisten[94], nicht jedoch weniger (Art. 31 GG).

---

[89] *Jesch,* DÖV 1960, S. 740 l. Sp.
[90] So die h. L., vgl. *Jesch,* a. a. O.; *Maunz-Dürig,* Art. 28 RdNr. 31, 33 m. w. N.; *v. Mangoldt-Klein,* Bd. 1, S. 709; *Köttgen,* HKWPr. Bd. 1, S. 217; *Gönnenwein,* Gemeinderecht, S. 33 m. w. N.
[91] Ähnlich *Bachof,* VerfR II, S. 414; *v. Mangoldt-Klein,* Bd. 1, S. 709.
[92] Für die Vereinbarkeit des Instituts der Weisungsaufgabe mit Art. 28 Abs. 2 GG auch *Gelzer,* DVBl. 1958, S. 89; *Rietdorf,* DVBl. 1958, S. 345; *Jesch,* DÖV 1960, S. 739 f.; *H. J. Wolff,* Verwaltungsrecht II, S. 200; *Zuhorn-Hoppe,* S. 88; *Bachof,* VerfR II, S. 414; OVG Münster, OVGE Bd. 13, S. 356.
[93] Im Ergebnis ebenso die Begründung des Regierungsentwurfs zu einer Gemeindeordnung für BaWü, a. a. O. (siehe oben Anm. 42); ferner *Gönnenwein,* Gemeinderecht, S. 30, 107.
[94] Vgl. Art. 78 LaVerf NRW. Die Verfassungen würden daher einer gänzlichen Abschaffung der Auftragsangelegenheiten und Weisungsaufgaben nicht entgegenstehen.

Die Streitfrage, ob es sich bei Weisungsaufgaben um Selbstverwaltungsangelegenheiten handelt, ist daher von der hier vertretenen Auffassung aus rein terminologischer Natur. Sucht man in Beantwortung dieser Frage nach einem gemeinsamen Begriff für *alle* Aufgaben des einheitlichen gemeindlichen Wirkungskreises, so empfiehlt sich der historisch in einem bestimmten Sinn fixierte Begriff „Selbstverwaltungsangelegenheit" nicht[95]. Denn danach bedeutet Selbstverwaltung Selbstverantwortung; in diesem Bereich kann die gemeindliche Tätigkeit wohl an Gesetze gebunden und einer Rechtsaufsicht unterworfen werden, nicht aber durch Weisungen gelenkt werden. Insoweit wird auch bei einem monistischen Aufgabensystem die Verantwortung von der anweisenden Stelle übernommen. Dies erhellt deutlich die Wahrnehmung von Weisungsaufgaben, die einem unbeschränkten Weisungsrecht unterliegen. Von Selbstverwaltung im Sinne von Selbstverantwortung kann hier nicht mehr gut die Rede sein. Es empfiehlt sich aber auch nicht, den Begriff „Selbstverwaltungsangelegenheit" auf weisungsfreie Aufgaben (freiwillige und Pflichtaufgaben) zu begrenzen. Denn dadurch würde verschwiegen, daß auch die Weisungsaufgaben Bestandteil des einheitlichen gemeindlichen Wirkungskreises sind; ist das Weisungsrecht auf bestimmte Fälle begrenzt — oder wird es nicht ausgeübt —, so wird die betreffende Aufgabe im übrigen eben selbstverantwortlich wahrgenommen. Eine solche Begriffsbegrenzung würde doch wieder einer dualistischen Betrachtungsweise Vorschub leisten.

Will man daher nicht in Begriffe wie „modifizierte Selbstverwaltungsangelegenheit" oder eine solche „neuen Typs" u. ä. flüchten, so bleibt nur übrig, den Begriff „Selbstverwaltung" ganz aus der Kennzeichnung der Aufgaben der Gemeinde zu verbannen. Mit *Jesch*[96] könnte man allenfalls sagen, „daß nunmehr alle Aufgaben von der Gemeinde als Träger der Selbstverwaltung wahrgenommen werden". Diese *gemeindlichen* Aufgaben können dann, wie es auch der Systematik der modernen Gemeindeordnungen entspricht, nur nach der *Pflicht* zu ihrer Ausführung eingeteilt werden, nämlich in freiwillige und Pflichtaufgaben; die letzteren zerfallen wieder in weisungsfreie und weisungsunterworfene Aufgaben[97].

---

[95] Im Ergebnis ebenso *Berkenhoff*, DVBl. 1955, S. 347; *Schweer*, DVBl. 1956, S. 706; *Becker*, HKWPr. Bd. 1, S. 136; *Göb*, HKWPr. Bd. 1, S. 390; *Jesch*, DÖV 1960, S. 741 Anm. 25; *Görg*, DÖV 1961, S. 45; *Zuhorn-Hoppe*, S. 79, 88.

[96] DÖV 1960, S. 741 Anm. 25 mit Hinweis auf Art. 25 Abs. 3 S. 3 und Art. 69 LaVerf BaWü.

[97] Ebenso *Göbel*, Gemeindeordnung, S. 21; *Görg*, DÖV 1955, S. 278; DÖV 1961, S. 45; *Jesch*, DÖV 1960, S. 741; *Bachof*, VVDStL Heft 22 (1965), S. 336. — Die Einteilung von *Gönnenwein*, Gemeinderecht, S. 100 ff., 107 ff. ist abzulehnen.

4. Bund und Gemeinde

Gemessen an der Konzeption der modernen Gemeindeordnungen hält auch die Übertragung von *Auftragsangelegenheiten* unmittelbar auf die Gemeinden durch den *Bundes*gesetzgeber[98] auf Grund von Art. 84 Abs. 1 GG einer kritischen Überprüfung nicht stand. Folgt man der h. L.[99], wonach „punktuelle" Eingriffe in das grundsätzlich der Landesgesetzgebung vorbehaltene Verhältnis zwischen Staat und Gemeinde durch Zustimmungsgesetze des Bundes verfassungsrechtlich zulässig sind, so ist doch nicht zu übersehen, daß der unmittelbaren Einschaltung der Gemeinden in den Vollzug von Bundesgesetzen unüberschreitbare Schranken gesetzt sind. Daß es diese Grenzen gibt, wird von der h. L. nicht bestritten, strittig ist nur, wo sie im einzelnen zu ziehen sind. So darf nach *Maunz-Dürig*[100] ein solches Bundesgesetz „nicht Fragen regeln, die herkömmlicherweise den Gemeindeordnungen zur Regelung überlassen bleiben ... Ferner darf es keine *allgemeinen* Eingriffe in den gemeindlichen Wirkungsbereich und die Gemeindeverfassung bringen ... Zulässig sind (nur) einzelne Eingriffe in die Gemeindeverfassung, allerdings wird man hier wegen der Intensität des Eingriffs ganz besondere Umstände fordern müssen". Nach *Salzwedel*[101] „darf kein ‚doppeltes Kommunalverfassungsrecht' in dem Sinne entstehen, daß die Vollzugsregelungen die innere und äußere Gemeindeverfassung stets völlig unbeachtet lassen und deren Einheit nicht nur in einigen Fällen durchbrechen, sondern in ihrer Gesamtheit schlechthin sprengen. Eine gewisse strukturelle Kongruenz zwischen den eigentlichen Gemeindefunktionen und den durch Bundesgesetze geschaffenen muß aufrechterhalten bleiben".

Da das Aufgabensystem Struktur und Umfang staatlicher Aufsichtsrechte bestimmt und damit grundlegend für das Verhältnis von Gemeinde und Staat ist, stellt es einen wesentlichen Bestandteil des Gemeindeverfassungsrechts dar. Wie die Beispiele zeigen, hat der Bundesgesetzgeber aus dem monistischen Aufgabensystem der modernen Gemeindeordnungen bisher keine Konsequenzen gezogen. Diese permanente Nichtbeachtung stellt keinen punktuellen, sondern einen allgemeinen Eingriff in die Gemeindeverfassung dieser Länder dar, da ihr ohne Rücksicht auf bestehende Verschiedenheiten das überkommene dualistische System in toto übergestülpt wird. Dadurch entsteht ein doppeltes Gemeindeverfassungsrecht[102]. Die Gemeinde wird

---
[98] Siehe oben 1. Teil 3. Kapitel 2. Abschnitt II. 2., insbes. Anm. 82.
[99] Siehe oben 1. Teil 3. Kapitel 2. Abschnitt II. 2. mit Anm. 84.
[100] Art. 84 RdNr. 25 m. w. N.
[101] In *Loschelder-Salzwedel*, S. 226; ebenso *Zuhorn-Hoppe*, S. 26; vgl. auch *Görg*, DÖV 1961, S. 42 (insbes. Anm. 17).
[102] Ebenso *Geller-Kleinrahm-Fleck*, S. 545; vgl. auch *Becker*, HKWPr. Bd. 1, S. 151 f.

wieder zur Quasi-Staatsbehörde, so daß von einer „strukturellen Kongruenz"[103] zwischen der Stellung der Gemeinde im monistischen System, das nur noch gemeindliche Aufgaben kennt, und der durch diese Bundesgesetze geschaffenen Stellung, in der sie staatliche Aufgaben ausführt, keine Rede sein kann. Schon die konsequent angewandte h. L. muß daher zu dem Ergebnis kommen, daß in diesen Fällen eine Übertragung von Auftragsangelegenheiten auf die Gemeinden durch den Bundesgesetzgeber verfassungsrechtlich unzulässig ist[104]. Auch aus sachlichen Gründen kann der Bund kein Interesse daran haben, daß Aufgaben gerade als Auftragsangelegenheiten auf die Gemeinden übertragen werden, da nur den Ländern die Ausübung der Aufsichts- und Weisungsbefugnisse zusteht; eine Bundeskommunalaufsicht gibt es nicht[105]. Wird die Verfassungsmäßigkeit solcher Gesetze überhaupt bejaht, so ist der Bundesgesetzgeber daher bei der direkten Einschaltung der Gemeinden in den Verwaltungsvollzug von Bundesgesetzen nach Art. 84 Abs. 1 GG auf diejenigen Aufgabenarten festgelegt, die das jeweilige Gemeindeverfassungsrecht zur Verfügung stellt.

Fraglich ist, ob mit der gleichen Begründung die verfassungsrechtliche Zulässigkeit der Übertragung von Auftragsangelegenheiten unmittelbar auf die Gemeinden durch Bundesgesetze auf Grund des Art. 85 Abs. 1 GG[106] verneint werden kann. Im Unterschied zur Inanspruchnahme der Gemeinden durch Bundesgesetze nach Art. 84 Abs. 1 GG besteht nämlich ein berechtigtes Interesse des Bundes an einem durchgehenden Weisungsrecht, wenn die Gemeinden — gleichgültig, ob durch Bund oder Länder — in den Vollzug dieser Gesetze eingeschaltet werden. Aus Art. 85 Abs. 3 GG, der dieses Interesse ausdrücklich bestätigt, wird daher zu Recht die Pflicht der Länder gefolgert, wegen der verwaltungsmäßigen Sicherstellung des unbeschränkten Weisungsrechts des Bundes für die entsprechenden gesetzlichen Grundlagen zu sorgen[107]. Folgt man daher der h. M.[108], wonach Aufgaben, die von den Ländern im Auftrage des Bundes ausgeführt werden, von den Ländern wiederum nur als Auftragsangelegenheiten auf die Gemeinden übertragen werden dürfen, so ergeben sich keine Bedenken gegen solche Bundesgesetze. Denn wenn selbst die Länder ohne Rücksicht auf das bestehende Kommunalverfassungsrecht auf Grund von Art. 85 GG verpflichtet sind, Bundesauf-

---

[103] *Salzwedel*, a. a. O. S. 226.
[104] Im Ergebnis wie hier *Berkenhoff*, Kommunalverfassungsrecht, S. 50; *Zuhorn-Hoppe*, S. 28 f., wohl auch *Geller-Kleinrahm-Fleck*, S. 545; *Rietdorf*, DÖV 1962, S. 603 f.; weitergehend *Lerche*, S. 72, 78.
[105] Vgl. *Geller-Kleinrahm-Fleck*, S. 545 m. w. N.
[106] Siehe oben 1. Teil 3. Kapitel 2. Abschnitt II. 2. mit Anm. 82.
[107] Vgl. *Maunz-Dürig*, Art. 85 RdNr. 13, 36; *Görg*, DÖV 1961, S. 42 f.; *Rietdorf*, DÖV 1962, S. 603; *Geller-Kleinrahm-Fleck*, S. 545.
[108] Siehe oben 1. Teil 3. Kapitel 2. Abschnitt II. 1. mit Anm. 76.

tragsangelegenheiten nur in dieser Form auf die Gemeinden zu übertragen, so muß das, von allen anderen Bedenken abgesehen, auch dem Bund gestattet sein.

Eine andere Auffassung ließe sich nur vertreten, wenn die in Art. 85 Abs. 3 GG aufgestellte Forderung nach Gewährleistung des Weisungsrechts auch durch die Auferlegung der betreffenden Bundesauftragsangelegenheit als Pflichtaufgabe nach Weisung erfüllt werden könnte. Denn dann wäre wie bei Gesetzen nach Art. 84 Abs. 1 GG kein Grund ersichtlich, warum sich der Bund nicht an die landesrechtlichen Organisationsformen halten sollte. In der Tat kann jedoch selbst der Vorbehalt eines unbeschränkten Weisungsrechts die von Art. 85 Abs. 3 GG geforderten Voraussetzungen in bezug auf das Weisungsrecht des Bundes nicht erfüllen. Da die Gemeinde bei der Wahrnehmung von Weisungsaufgaben dem Land als selbständiger Partner gegenübersteht, liegt schon einmal kein hierarchischer Verwaltungsaufbau vor, wie er im Instanzenweg der unmittelbaren Staatsverwaltung besteht und von Art. 85 GG durchgängig gefordert wird[109]. Zum anderen würde die tatsächliche Durchschlagskraft der Weisungen des Bundes[110] durch die Folgerungen, die insbesondere in bezug auf die Stellung der Gemeindevertretung und den Rechtsschutz gegen Weisungen der Aufsichtsbehörden aus der neuen Konzeption gezogen werden[111], zwar nicht vereitelt, aber doch in einem von Art. 85 GG nicht beabsichtigtem Maße vermindert werden[112].

Die Übertragung von Bundesauftragsangelegenheiten unmittelbar auf die Gemeinden durch Bundesgesetze nach Art. 85 Abs. 1 GG ist daher jedenfalls nicht deshalb unzulässig, weil das Kommunalrecht einiger Länder keine Auftragsangelegenheiten mehr kennt.

---

[109] Richtig *Maunz-Dürig*, Art. 85 RdNr. 13 Anm. 1 (S. 6): „Die Weisungshierarchie darf zwischen unmittelbarer und mittelbarer Staatsverwaltung im Rahmen des Art. 85 weder unterbrochen noch abschwächend modifiziert werden. Es muß gleichsam ein ‚direkter Draht' vorhanden sein." Im Widerspruch hierzu halten aber *Maunz-Dürig*, a. a. O. (Art. 85 RdNr. 13) die Ausgestaltung von Bundesauftragsangelegenheiten als Pflichtaufgaben nach Weisung grundsätzlich für zulässig!

[110] Nach h. M. werden allerdings die Weisungen des Bundes von den obersten Landesbehörden nicht lediglich als solche weitergegeben, sondern in Weisungen des Landes transformiert; vgl. *Görg*, DÖV 1961, S. 43 Anm. 18; *Rietdorf*, DÖV 1962, S. 603 Anm. 41; *Geller-Kleinrahm-Fleck*, S. 545; a. M. *Schäfer*, DÖV 1960, S. 647.

[111] Siehe i. e. unten 4. Kapitel II. und IV. 3.

[112] Im Ergebnis ebenso *Schäfer*, DÖV 1960, S. 647; *Rietdorf*, DÖV 1962, S. 603 Anm. 40; wohl auch *Kottenberg*, S. 471, und *Görg*, DÖV 1961, S. 45 f.; nicht eindeutig *Geller-Kleinrahm-Fleck*, S. 545, und *Maunz-Dürig*, a. a. O. (oben Anm. 109). — Auch das GG sieht in einem Fall (Art. 90 Abs. 2) Bundesauftragsverwaltung durch die Gemeinden vor; hier ist die Auferlegung als Weisungsaufgabe schon verfassungsrechtlich unzulässig. Vgl. dazu auch *Görg*, DÖV 1961, S. 43.

3. Kap.: Eigener Lösungsversuch

Daß die bisherige Praxis aber auf Bedenken stößt, zeigen die Beratungen von Bund, Ländern und kommunalen Spitzenverbänden[113]. Als Ergebnis scheint sich die wohl wesentlich von den Vorstellungen des Bundes beeinflußte Auffassung durchzusetzen, durch Erlaß einheitlicher landesrechtlicher Regelungen in Organisationsgesetzen[114], die dann für diese Fälle wieder eine Auftragsverwaltung der Gemeinde einführen, bundesgesetzliche Bestimmungen dieser Art überflüssig zu machen[115].

---

[113] Dazu allgemein *Rietdorf*, DÖV 1962, S. 606; *Kottenberg*, S. 472; *Geller-Kleinrahm-Fleck*, S. 546; vgl. auch *Becker*, HKWPr. Bd. 1, S. 151 f.

[114] Bspw. § 16 LOG NRW.

[115] Positiv hierzu *Kottenberg*, S. 472. — In NRW entstehen noch verfassungsrechtliche Probleme, weil Art. 78 LaVerf nur ein monistisches Aufgabensystem vorsieht [siehe oben unter 2. b) mit Anm. 81]. Nach h. M. wird aber Art. 78 Abs. 2 und 3 LaVerf NRW insoweit durch Art. 85 Abs. 3 S. 3 GG durchbrochen (Art. 31 GG), so *Rietdorf*, DÖV 1962, S. 603 Anm. 40; *Geller-Kleinrahm-Fleck*, S. 546; *Salzwedel* in *Loschelder-Salzwedel*, S. 232; a. M. *Kottenberg*, S. 472.

Viertes Kapitel

Folgerungen für die Weisungsaufgaben

I. Die Beschränkung des Weisungsrechts

Die in den modernen Gemeindeordnungen zum Ausdruck gekommene Konzeption eröffnet die Möglichkeit, den Umfang des Weisungsrechts bei jeder einzelnen Weisungsaufgabe den staatlichen Notwendigkeiten anzupassen[1]. Denn die Selbstverantwortung der Gemeinde soll nur insoweit ausgeschlossen werden, als dies berechtigte Interessen des Staates erfordern. Die Gesetzgeber haben daher, wenn sie mit dieser von den Verfassern des Weinheimer Entwurfs verfolgten Zielsetzung übereinstimmen wollen, bei der einzelgesetzlichen Bestimmung des Umfangs des Weisungsrechts zu prüfen, inwieweit eine Einschränkung der gemeindlichen Selbstverantwortung notwendig ist. Es besteht kein Zweifel, daß eine ausnahmslose Einräumung unbeschränkter Weisungsrechte mit dieser Zielsetzung nicht zu vereinbaren ist.

Mit dieser Möglichkeit wird eine Forderung der Praxis erfüllt, die das unbeschränkte Weisungsrecht bei Auftragsangelegenheiten in vielen Fällen als sachlich nicht notwendig und daher als zu weitgehend empfand[2]. Diese Ansicht wird dadurch bestätigt, daß in der bisherigen Praxis Weisungen an die Gemeinde bei der Wahrnehmung von Auftragsangelegenheiten im allgemeinen selten erteilt wurden[3].

Die Grenzen staatlicher Einflußnahme im Einzelfall sind jedoch sehr schwer abzustecken. Denn einerseits soll, um ein Wort *Beckers*[4] nochmals aufzugreifen, das Verwaltungsermessen der Gemeinden nicht ausgeschlossen, andererseits die unbegrenzte Weisung im Notfall jedoch zugelassen werden. Als einzige der dem Weinheimer Entwurf folgenden Gemeindeordnungen bestimmt die hessische in ihrem § 4 S. 2, daß Wei-

---

[1] Vgl. zu den Möglichkeiten einer Beschränkung *Kunze-Schmid*, S. 43 f. sub III 2; *Rietdorf*, Kommentar zum OBG, Vorbem. S. XIII ff.
[2] Vgl. *Zuhorn*, DÖV 1949, S. 51.
[3] So die Erfahrungen der beiden Praktiker *Senger*, DVBl. 1957, S. 10, und *Rietdorf*, DVBl. 1958, S. 344.
[4] Siehe oben 3. Kapitel II 2. a) mit Anm. 61; in diesem Sinne auch *Kunze-Schmid*, S. 43 sub III 1.

sungen sich auf allgemeine Anordnungen beschränken und in der Regel nicht in die Einzelausführung eingreifen sollen. Daraus folgt, daß der hessische Gesetzgeber den Umfang des Weisungsrechts grundsätzlich auf allgemeine Weisungen beschränken soll[5]. Am deutlichsten hat der Gesetzgeber von Nordrhein-Westfalen diesen Grundsatz verwirklicht, obwohl er nicht in der GO zum Ausdruck kommt. Er beschränkt das Weisungsrecht in der Regel auf allgemeine Weisungen[6], die z. T. noch näher umschrieben werden[7], läßt jedoch in Ausnahmefällen auch Einzelweisungen zu[8]. Diese Praxis entspricht dem mit dem Weinheimer Entwurf verfolgten Ziel, die Selbstverwaltung der Gemeinde nur in sachlich notwendigen Fällen einzuschränken.

Dagegen hat der baden-württembergische Gesetzgeber bei der Auferlegung von Weisungsaufgaben den Aufsichtsbehörden bisher grundsätzlich ein unbeschränktes Weisungsrecht eingeräumt[9]. Das gleiche gilt für den Gesetzgeber von Schleswig-Holstein[10]. Da bei den meisten der genannten Materien die Beschränkung auf allgemeine Weisungen im Regelfall dem Erfordernis einheitlicher Verwaltungsführung genügen würde, entspricht diese Praxis nicht dem Sinn und Zweck der in § 2

---

[5] Der hessische Gesetzgeber richtet sich auch weitgehend danach. Die Formulierung in solchen Fällen lautet: „Den Gemeinden können allgemeine Weisungen erteilt werden. Im Einzelfall kann ein Weisung nur erteilt werden, wenn die Gemeinde ihre Obliegenheiten nicht im Einklang mit den Gesetzen wahrnimmt oder allgemeine Weisungen nicht befolgt", so § 1 Abs. 1 S. 2 und 3 Hessisches Ausführungsgesetz zum Viehseuchengesetz i. d. F. vom 5. 7. 1957 (GVBl. S. 94). Ähnlich § 8 Abs. 1 Hessisches Meldegesetz vom 22. 9. 1960 (GVBl. S. 201); § 3 Abs. 4 Hessisches Ausführungsgesetz zum Wohnraumbewirtschaftungsgesetz vom 2. 6. 1954 (GVBl. S. 100); § 57 Abs. 1 Hessisches Gesetz über die öffentliche Sicherheit und Ordnung vom 17. 12. 1964 (GVBl. S. 209).
[6] Bspw. § 1 Abs. 4 Landeswohngesetz vom 23. 1. 1950 (GVBl. S. 25); § 9 Abs. 2 Buchst. a) OBG NRW.
[7] § 15 Abs. 3 Buchst. a) Feuerschutzgesetz vom 25. 3. 1958 (GVBl. S. 101).
[8] § 9 Abs. 3 Buchst. b) OBG NRW; § 15 Abs. 3 Buchst. b) Feuerschutzgesetz (siehe vor. Anm.).
[9] Vgl. bspw. § 9 Abs. 3 S. 2 Vermessungsgesetz vom 4. 7. 1961 (GBl. S. 201); Art. 21 S. 2 Landtagswahlgesetz i. d. F. der Bekanntmachung vom 20. 9. 1963 (GBl. S. 153); § 82 Abs. 2 S. 4 Landesbauordnung vom 6. 4. 1964 (GBl. S. 151); Art. 6 S. 2 Volksabstimmungsgesetz vom 15. 2. 1966 (GBl. S. 14). Auch bei Auferlegung von Weisungsaufgaben auf andere öffentlich-rechtliche Körperschaften wird den Aufsichtsbehörden ein uneingeschränktes Weisungsrecht eingeräumt, vgl. § 2 Abs. 2 S. 2 des Gesetzes zur Durchführung der Kriegsopfer- und Schwerbeschädigtenfürsorge vom 14. 5. 1963 (GBl. S. 71) mit dem ausdrücklichen Hinweis, daß Weisungen auch im Einzelfall erteilt werden können; § 10 Landesjugendwohlfahrtsgesetz vom 9. 7. 1963 (GBl. S. 99); vgl. insbes. Abs. 3.
[10] Vgl. bspw. § 80 Abs. 1 S. 2 Wassergesetz vom 25. 2. 1960 (GVOBl. S. 39); §§ 1 S. 2, 3 des Gesetzes zur Ausführung des Bundesgesetzes über Titel, Orden und Ehrenzeichen vom 8. 7. 1960 (GVOBl. S. 116); §§ 1 Abs. 2, 4 des Gesetzes über die Bestimmung der Staatsangehörigkeitsbehörden vom 24. 12. 1960 (GVOBl. 1961, S. 3); § 4 des Zweiten Gesetzes über Zuständigkeiten nach der GewO vom 28. 6. 1963 (GVOBl. S. 77).

Abs. 3 2. HS GO BaWü und § 3 Abs. 2 2. HS GO Schl-H getroffenen Regelung. Dadurch kommt der Anschein auf, daß die Gesetzgeber entweder die Folgerungen aus der neuen Konzeption des Weinheimer Entwurfs nicht erkannt haben oder bewußt die Weisungsaufgaben in der praktischen Auswirkung den alten Auftragsangelegenheiten anzunähern versuchen. Die Gesetzgebungspraxis in Nordrhein-Westfalen und in Hessen zeigt, daß es auch anders geht[11].

II. Die Stellung der Gemeindevertretung

Für die Durchführung der Auftragsangelegenheiten war bisher stets ein Einzelbeamter — in der Regel der Bürgermeister — zuständig, dessen Verantwortlichkeit gegenüber der Gemeindevertretung in diesem Bereich ausgeschlossen war[12]. Als mittelbares Staatsorgan unterstand er ausschließlich der dienstlichen Leitung der vorgesetzten Staatsbehörde und war daher nur dieser verantwortlich. Mit der Einbeziehung der Weisungsaufgaben in den einheitlichen gemeindlichen Wirkungskreis ist die Stellung der Gemeindebehörde als Quasi-Staatsbehörde entfallen. Sofern ausdrücklich nichts anderes bestimmt ist, fällt daher die Ausführung der Weisungsaufgaben in die Zuständigkeit des Gemeinderats[13], der über alle Angelegenheiten der Gemeinde entscheidet[14] und für dessen Zuständigkeit im Verhältnis zum Bürgermeister eine Vermutung besteht[15]. Da die Gemeindevertretung kein Parlament, sondern ein Verwaltungsorgan darstellt[16], ist die Weisungsbefugnis der Staatsbehörden mit dem Wesen dieser Vertretungskörperschaft auch vereinbar[17].

Die modernen Gemeindeordnungen haben allerdings ganz im Sinne der herkömmlichen Regelung den Bürgermeister[18], den Gemeindedirektor[19] oder den Magistrat[20] für die Durchführung der Weisungsaufgaben für zuständig erklärt[21]. Ihre Rechtsstellung wird jedoch da-

---

[11] Kritisch zur Praxis in BaWü schon *Göbel*, Gemeindeordnung, S. 22.
[12] Siehe oben 1. Teil 3. Kapitel 2. Abschnitt I. 1.
[13] Ebenso schon *Böhme*, Der Städtetag, N. F. Bd. 1 (1948), S. 42; *Zuhorn*, DÖV 1949, S. 51, 53; ferner *Gönnenwein*, Gemeinderecht, S. 109 f.
[14] Vgl. § 27 GO Schl-H; § 50 GO Hs; § 28 GO NRW; § 24 GO BaWü.
[15] So *Kunze-Schmid*, S. 215 f. für BaWü.
[16] OVG Münster, DVBl. 1951, S. 420; *Kunze-Schmid*, S. 214 f.
[17] Im Ergebnis ebenso *Zuhorn-Hoppe*, S. 87.
[18] §§ 49 Abs. 4, 56 Abs. 4 GO Schl-H; § 44 Abs. 3 GO BaWü.
[19] § 47 Abs. 1 S. 2 GO NRW.
[20] §§ 66 Abs. 1 Buchst. a); 149 Abs. 2 GO Hs.
[21] Kritisch dazu *Göbel*, Gemeindeordnung, S. 22; vgl. auch *Kunze-Schmid*, S. 44, 353.

durch nicht verändert; sie handeln auch in diesem Falle ausschließlich als Gemeindeorgane. Da die Weisungsaufgaben den Gemeinden selbst auferlegt werden, liegt auch keine Organleihe vor[22]. Infolgedessen wird ihre Verantwortlichkeit gegenüber der Gemeindevertretung, bzw. deren Kontrollbefugnis gegenüber diesem gesetzlich bestimmten Ausführungsorganen nicht ausgeschlossen[23]. Am deutlichsten kommt das in § 47 Abs. 1 S. 2 GO NRW[24] zum Ausdruck, wonach der Gemeindedirektor „die Weisungen, welche die Landesregierung bei Pflichtaufgaben (§ 3 Absatz 2) erteilt, unter der Kontrolle des Rates und in Verantwortung ihm gegenüber durchführt". Die anderen Bestimmungen sind ebenso auszulegen, obwohl zweifelhaft ist, ob der baden-württembergische und der schleswig-holsteinische Gesetzgeber sich dieser Konsequenz bewußt waren; der Wortlaut dieser Bestimmungen läßt eher das Gegenteil vermuten. Wird bei der Ausführung einer Weisungsaufgabe keine Weisung erteilt, so kann der Gemeinderat durch Beschluß eine Stellungnahme abgeben, aber keine eigene Entscheidung treffen[25]. Folgt eine entgegengesetzte Weisung der Aufsichtsbehörde, so ist der Bürgermeister auf jeden Fall an sie gebunden[26].

III. Weisungsaufgaben und Widerspruchsverfahren

1. Die Zuständigkeit der Aufsichtsbehörden zum Erlaß des Widerspruchsbescheides

Das Widerspruchsverfahren nach §§ 68 ff. VwGO dient dem Zweck, die Gerichte durch eine nochmalige verwaltungsinterne Überprüfung der getroffenen Maßnahme zu entlasten[27]. Da diese „Selbstkontrolle der Verwaltung"[28] zweckmäßigerweise durch eine unvoreingenommene Behörde[29] vorgenommen wird, bestimmt § 73 Abs. 1 S. 2 Ziffer 1 VwGO als Grundsatz, daß die nächsthöhere Behörde den Widerspruchsbescheid erläßt, wenn die Ausgangsbehörde dem Widerspruch nicht abhilft. Die

---

[22] Ebenso *Jesch*, DÖV 1960, S. 741 Anm. 21; *Geller-Kleinrahm-Fleck*, S. 541.
[23] Im Ergebnis ebenso *Göbel*, Gemeindeordnung, S. 23; *Senger*, DVBl. 1957, S. 11; *Jesch*, DÖV 1960, S. 741; *Kottenberg*, S. 468 (vgl. auch S. 472); *Loschelder*, Gemeindeordnungen, S. 17; *Zuhorn-Hoppe*, S. 88; *Geller-Kleinrahm-Fleck*, S. 541 f.; *Kunze-Schmid*, S. 352 ff.; z. T. a. M. *Schweer*, DVBl. 1956, S. 707; DVBl. 1957, S. 13.
[24] Ähnlich § 149 Abs. 1 2. Halbsatz GO Hs.
[25] *Kunze-Schmid*, S. 353.
[26] *Senger*, DVBl. 1957, S. 11; *Kunze-Schmid*, S. 353.
[27] Amtliche Begründung zum Entwurf einer VwGO, BT-Drucksache Nr. 55 3. Wahlperiode, S. 38; *Redeker-v. Oertzen*, § 68 Anm. 2; *Klinger*, S. 354.
[28] Formulierung des OVG Münster, OVGE Bd. 4, S. 8.
[29] Vgl. die amtliche Begründung a. a. O.; ferner *Gelzer*, DVBl. 1958, S. 88 Anm. 4.

III. Weisungsaufgaben und Widerspruchsverfahren

Nachprüfung erstreckt sich auf Recht- und Zweckmäßigkeit der angegriffenen Maßnahme, da die vorgesetzte Behörde auch die uneingeschränkte Fachaufsicht über die Ausgangsbehörde ausübt. Während die in § 73 Abs. 1 S. 2 Ziffer 2 VwGO von diesem Grundsatz getroffene Ausnahme (Erlaß des Widerspruchsbescheids durch die Behörde, die den Verwaltungsakt erlassen hat, wenn die nächsthöhere Behörde eine oberste Bundes- oder oberste Landesbehörde ist) aus praktischen Gründen eingeführt wurde[30], beruht die in § 73 Abs. 1 S. 2 Ziffer 3 VwGO geregelte Ausnahme, wonach in Selbstverwaltungsangelegenheiten die Selbstverwaltungsbehörde den Widerspruchsbescheid erläßt, soweit nicht durch Gesetz anderes bestimmt wird[31], auf der dogmatischen Erwägung, daß es in Selbstverwaltungsangelegenheiten keine nächsthöheren Behörden gibt[32]. Da es sich bei diesen Angelegenheiten nach der herkömmlichen Auffassung um weisungsfreie Angelegenheiten[33] handelt, kann sich die Zuständigkeit zum Erlaß des Widerspruchsbescheides bei Auftragsangelegenheiten nur nach § 73 Abs. 1 S. 2 Ziffer 1 (oder Ziffer 2) VwGO richten[34].

Für die Weisungsaufgaben kommt die ganz h. L.[35], die sich hierin durch ausdrückliche Gesetzesbestimmungen[36] bestätigt sieht, zum gleichen Ergebnis. Dem ist zuzustimmen, obwohl die Sonderaufsichtsbehörde nicht die im Instanzenzug vorgesetzte Behörde der Gemeinde ist. Einmal beschränkt sich die Ausnahme des § 73 Abs. 1 S. 2 Ziffer 3 VwGO auf Selbstverwaltungsangelegenheiten. Da Weisungsaufgaben zwar gemeindliche, aber keine weisungsfreien Aufgaben sind, trifft für sie der Grundsatz des § 73 Abs. 1 S. 2 Ziffer 1 VwGO zu. Diese Folge kann auch nicht durch ihre begriffliche Identifikation mit Selbstverwaltungsaufgaben (neuen Typs o. ä.) umgangen werden. Zum anderen spricht für die Zuständigkeit der Aufsichtsbehörde, daß diese im Rahmen ihrer Weisungsbefugnis letztlich die Verantwortung für die angegriffene Maßnahme trägt und daher die Möglichkeit haben muß, über deren Recht-

---

[30] Vgl. die amtliche Begründung a. a. O.; *Klinger*, S. 364; *Eyermann-Fröhler*, § 73 RdNr. 2.
[31] Eine Übersicht über die landesgesetzlichen Regelungen geben *Redeker-v. Oertzen*, § 73 Anm. 3; *Ule*, Verwaltungsprozeß, S. 83.
[32] Amtliche Begründung a. a. O.; *Klinger*, S. 365.
[33] So ausdrücklich für die Selbstverwaltungsangelegenheiten i. S. des § 73 Abs. 1 S. 2 Ziffer 3 VwGO die Klammerdefinition in § 7 Abs. 1 S. 1 des bawü Ausführungsgesetzes zur VwGO vom 22. 3. 1960 (GBl. S. 94).
[34] *Köhler*, S. 543; *Schunck- de Clerck*, § 73 2 c; *Eyermann-Fröhler*, § 73 RdNr. 3; *Redeker-v. Oertzen*, § 73 Anm. 2.
[35] *Görg*, DÖV 1961, S. 45; *Klinger*, S. 365; *Eyermann-Fröhler*, § 73 RdNr. 3; *Redeker-v. Oertzen*, § 73 Anm. 2; *Schunck-de Clerck*, § 73 2 c; a. M. anscheinend *Zurhausen-Berndt* in *Loschelder-Salzwedel*, S. 483.
[36] § 7 Abs. 1 AG VwGO NRW; ebenso die jetzt gegenstandslose Regelung in § 27 Abs. 2 S. 3, 4 OBG NRW. Vgl. auch § 7 Abs. 1 S. 1 AG VwGO BaWü.

und Zweckmäßigkeit zu entscheiden. Dem stehen hier — im Gegensatz zu den gemeindlichen Selbstverwaltungsangelegenheiten, bei denen die Nachprüfung der betreffenden Maßnahme im Hinblick auf Art. 28 Abs. 2 GG auf die Rechtmäßigkeit zu beschränken ist[37] — keine dogmatischen Bedenken entgegen, da das Weisungsrecht grundsätzlich mit Art. 28 Abs. 2 GG vereinbar ist[38]. In Weisungsangelegenheiten ist daher nächsthöhere Behörde i. S. des § 73 Abs. 1 S. 2 Ziffer 1 VwGO die Aufsichtsbehörde.

2. Der Umfang der Prüfungsbefugnis der Widerspruchsbehörde

Unbestritten ist, daß sich der Umfang der Prüfungsbefugnis der sich nach § 73 Abs. 1 S. 2 Ziffer 1, 2 VwGO bestimmenden Widerspruchsbehörde — also auch in Auftragsangelegenheiten — grundsätzlich ohne Einschränkung auf die Recht- und Zweckmäßigkeit der von der Ausgangsbehörde getroffenen Maßnahme erstreckt[39]. Hinsichtlich der Zweckmäßigkeit — die volle Nachprüfung der Rechtmäßigkeit ist selbstverständlich — wird diese Auffassung auch für Weisungsaufgaben vertreten, selbst wenn der Umfang des Weisungsrechts durch Gesetz beschränkt ist[40].

Da der einheitliche Wirkungskreis der Gemeinde durch das Weisungsrecht lediglich punktuell beschränkt wird, ihre gesamte übrige Tätigkeit weisungsfreie Verwaltung darstellt, bestimmt sich der Umfang der Prüfungsbefugnis der Widerspruchsbehörde nach dem Umfang des gesetzlich festgelegten Weisungsrechts[41], sofern der Gesetzgeber keine andere Regelung getroffen hat[42]. Die andere Auffassung „würde hier die Pflichtaufgaben n. W. im Ergebnis den Auftragsangelegenheiten gleichstellen und die mit der einen Hand nach außen heraus-

---

[37] H. L., vgl. *Eyermann-Fröhler*, § 73 RdNr. 3 m. w. N. — Alle landesgesetzlichen Regelungen beschränken die Nachprüfung der Widerspruchsbehörde auch auf die Rechtmäßigkeit der angegriffenen Maßnahme; vgl. bspw. § 7 Abs. 1 S. 2 AG VwGO BaWü.

[38] Siehe oben 3. Kapitel II. 3.

[39] § 68 Abs. 1 S. 1 VwGO; vgl. dazu noch *Klinger*, S. 354, 366; *Eyermann-Fröhler*, § 68 RdNr. 17; *Redeker-v. Oertzen*, § 68 Anm. 2, § 73 Anm. 11; *Schunck-de Clerck*, § 68 1 c, § 73 3 b; ferner OVG Hamburg, VRspr. Bd. 2, S. 339 (342) m. w. N.; OVG Koblenz, AS Bd. 4, S. 425 (427).

[40] *Rietdorf*, Kommentar zum OBG, Vorbemerkung S. XIII und S. 163 f.; ders., DVBl. 1958, S. 346 f.; *Gelzer*, DVBl. 1958, S. 88; VG Münster, DÖV 1961, S. 273.

[41] Im Ergebnis ebenso *Scheerbarth*, DVBl. 1958, S. 85; wohl auch *Görg*, DÖV 1961, S. 45 l. Sp.

[42] § 7 Abs. 1 AG VwGO NRW (ebenso § 27 Abs. 2 S. 3, 4 OBG NRW) regelt nur die Zuständigkeit zum Erlaß des Widerspruchsbescheides, besagt aber nichts über den Umfang der Prüfungsbefugnis; a. M. VG Münster DÖV 1961, S. 273 l. Sp.

gestellte Selbstverwaltung der Gemeinden mit der anderen Hand durch Aufhebung ihrer Entscheidungsfreiheit vollkommen aushöhlen..."[43]. Es ist kein Grund ersichtlich, warum der Aufsichtsbehörde bei der zufälligen Einlegung eines Widerspruchs eine uneingeschränkte Zweckmäßigkeitskontrolle zustehen soll, die ihr im Normalfall infolge der Beschränkung des Weisungsrechts versagt ist. Der mit der Beschränkung des Weisungsrechts verfolgte Zweck, den staatlichen Einfluß auf die Gemeindeverwaltung im Interesse der Stärkung der Selbstverwaltung einzudämmen, würde für diesen Fall zunichte gemacht. Dem Rechtsschutz des Bürgers[44] wird dadurch Genüge getan, daß — entsprechend dem Erlaß des Widerspruchsbescheides durch die Gemeinde selbst oder die Rechtsaufsichtsbehörde in Selbstverwaltungsangelegenheiten — die Nachprüfung des Verwaltungsaktes unter dem Gesichtspunkt der Zweckmäßigkeit im weisungsfreien Bereich durch die Gemeinde erfolgt[45]. Der Hinweis auf die frühere Rechtslage[46] schlägt deshalb nicht durch, weil es sich dort um Auftragsangelegenheiten handelte. Die unbeschränkte Zweckmäßigkeitskontrolle im Widerspruchsverfahren könnte auch u. U. gegen Art. 28 Abs. 2 GG verstoßen, wenn das Weisungsrecht im Einzelfall so ausgestaltet ist, daß zwar dieses noch mit der Selbstverwaltungsgarantie im Einklang steht, nicht aber jede weitere Einschränkung der gemeindlichen Entscheidungsfreiheit.

IV. Der Rechtsschutz der Gemeinde[47]

1. Der Rechtsschutz in Selbstverwaltungsangelegenheiten

In dem allgemeinen Gewaltverhältnis, in dem die Gemeinde bei der Wahrnehmung von Selbstverwaltungsangelegenheiten gegenüber dem Staate seit jeher steht, werden die gegenseitigen Beziehungen — beruhend auf der Trennung von Recht und Nicht-Recht des Verfassungsrechts der konstitutionellen Monarchie — durch *Rechtsakte* geregelt[48]. Die Anerkennung eigener Rechte der Gemeinde bildete die notwendige Voraussetzung für die Gewährung von Rechtsschutz, dessen Umfang

---

[43] *Scheerbarth*, a. a. O. S. 85 r. Sp.
[44] Hierauf stellen insbes. *Rietdorf* und *Gelzer* a. a. O. (siehe oben Anm. 40) ab, allerdings noch zum Beschwerdeverfahren nach § 27 Abs. 2 S. 4 OBG NRW.
[45] Das übersieht insbes. *Gelzer*, a. a. O. S. 85 r. Sp.
[46] So VG Münster, DÖV 1961, S. 273 r. Sp.
[47] Im folgenden werden lediglich Maßnahmen der Exekutive untersucht; die — im Hinblick auf Art. 28 Abs. 2 GG konsequente — Verfassungsbeschwerde nach § 91 BVerfGG sowie ähnliche Einrichtungen der Länder (bspw. Art. 76 LaVerf BaWü i. V. m. §§ 8 Ziffer 8, 54 StGHG BaWü) gegen Akte der Legislative bleiben außer Betracht.
[48] Siehe oben 1. Teil 3. Kapitel 2. Abschnitt I. 2. b).

jedoch bis in die neueste Zeit in den einzelnen Ländern verschieden war[49].

Unter der Geltung der Generalklausel des § 40 VwGO ist dagegen heute allgemein anerkannt, daß nicht nur, wie fast alle Gemeindeordnungen ausdrücklich bestimmen[50], die im Rahmen der Rechtsaufsicht ergehenden, sondern alle Maßnahmen staatlicher Behörden, die sich außerhalb eines Auftragsverhältnisses auf Selbstverwaltungsangelegenheiten der Gemeinde beziehen, als Verwaltungsakte anzusehen sind und im Verwaltungsstreitverfahren angefochten werden können[51,52].

2. Der Rechtsschutz in Auftragsangelegenheiten

a) Grundsatz

Die Beziehungen in dem besonderen Gewaltverhältnis, das zwischen Staat und Gemeinde bei der Wahrnehmung staatlicher Aufgaben besteht, gehören nach der traditionellen Doktrin dem Innenraum des Staates an und fallen somit in das Gebiet des Nicht-Rechts[53]. Die Gewährung von Rechtsschutz gegen Weisungen der Fachaufsichtsbehörden in Auftragsangelegenheiten ist daher nach der herkömmlichen Auffassung nicht denkbar.

Auch unter der Geltung der Generalklausel des § 40 VwGO lehnt die h. M. die Zulässigkeit einer Klage der Gemeinde gegen Maßnahmen der Fachaufsichtsbehörden grundsätzlich ab. In der Begründung können, von den Schattierungen im einzelnen abgesehen, zwei große Gruppen unterschieden werden: Während die eine ganz im Sinne der überkommenen Lehre mit dem internen Charakter der Weisung argumentiert[54],

---

[49] Vgl. bspw. *Loening*, S. 193 f., 197 f. (vgl. auch S. 778 ff., 806 ff.); *Fleiner*, Institutionen, S. 120 Anm. 73; *W. Jellinek*, S. 535; *Peters*, Lehrbuch, S. 323 f. — Vgl. auch § 113 DGO.

[50] § 128 GO RhPf; § 128 GO Schl-H; § 142 GO Hs; § 112 GO NRW; §§ 132, S. 2, 113 Abs. 2 GO Ns; § 125 GO BaWü; § 128 Abs. 2 GO Saarl. — Art. 118 GO Bay wurde nach Erlaß der VwGO aufgehoben. Diese Bestimmungen stellen lediglich Konkretisierungen des § 40 VwGO dar.

[51] Vgl. aus der Literatur *Bachof*, Vornahmeklage, S. 24; *Obermayer*, Verwaltungsakt, S. 136 ff., 139 ff., 141 ff.; *Becker*, HKWPr. Bd. 1, S. 178 ff.; *Jesch*, DÖV 1960, S. 742; *H. J. Wolff*, Verwaltungsrecht I, S. 270, Verwaltungsrecht II, S. 102; *Kunze-Schmid*, S. 819 f.; *Gönnenwein*, Gemeinderecht, S. 215 f.; *Ule*, Verwaltungsgerichtsbarkeit, S. 165; *Klinger*, S. 190, S. 313 Anm. 5; *Eyermann-Fröhler*, § 42 RdNr. 53; *Redeker-v. Oertzen*, § 42 Anm. 33; *Schunck-de Clerck*, S. 213; 231 f.

[52] Vgl. aus der Rspr. BVerwGE Bd. 6, S. 101; Bd. 16, S. 83; Bd. 17, S. 87; Bd. 18, S. 38; Bd. 19, S. 121; BVerwG DVBl. 1966, S. 177 = DÖV 1966, S. 243; DVBl. 1966, S. 792; OVG Lüneburg, DVBl. 1954, S. 370.

[53] Siehe oben 1. Teil 3. Kapitel 2. Abschnitt I. 2. b).

[54] So insbes. die Literatur: *Bachof*, Vornahmeklage, S. 24; *Scheerbarth*, DVBl. 1953, S. 264; *Fröhler*, Staatsaufsicht, S. 97 ff.; *Becker*, HKWPr. Bd. 1,

stellt die andere auf die Unzulässigkeit von Insichprozessen ab[55, 56]. Denn „es ist anerkannten Rechts, daß Weisungen der staatlichen Aufsichtsbehörde, die nicht in Selbstverwaltungsangelegenheiten, sondern im Rahmen eines durch eine Rechtsnorm festgelegten Weisungsrechts auf dem Gebiete der sogenannten Auftragsverwaltung ergangen sind, nicht im Prozeßwege angefochten werden können. Das ergibt sich aus dem Verhältnis der Über- und Unterordnung, das die staatliche Verwaltung beherrscht und ihrem Wesen nach auch auf Auftragsangelegenheiten Anwendung findet. Es würde dem Grundsatz der Einheit der Verwaltung widersprechen und jede geordnete Verwaltung unmöglich machen, wenn übergeordnete und nachgeordnete Behörden gegeneinander prozessieren könnten"[57]. Konsequent verneinen auch § 3 Abs. 2 der DVO zur GO RhPf[58] und § 135 Abs. 3 GO Ns eine Anfechtbarkeit der Weisungen. Auch die der Durchsetzung einer Weisung der Fachaufsichtsbehörde dienenden Anordnungen der Rechtsaufsichtsbehörde[59] sind nicht anfechtbar[60].

b) Neuere Auffassungen

Stehen sich die Bereiche der eigenverantwortlichen und der weisungsabhängigen Gemeindetätigkeit isoliert gegenüber, wie es bei der dualistischen Konzeption des Gemeinderechts der Fall ist, so ist in der Tat die Anfechtung von Weisungen der Fachaufsichtsbehörden ausge-

---

S. 175; *Bettermann* in: Die Grundrechte Bd. III/2, S. 787; *Kantel*, S. 47; *Schneider*, S. 58; *Merk*, S. 690; *Bochalli*, S. 105; *Köhler*, S. 277 f.; *Ule*, Verwaltungsgerichtsbarkeit, S. 165; ders., Verwaltungsprozeß, S. 128; *Eyermann-Fröhler*, § 42 RdNr. 53; *Redeker-v. Oertzen*, § 42 RdNr. 33; *Klinger*, S. 190, 313 Anm. 5; ebenso LVG Düsseldorf, DÖV 1952, S. 502 mit (krit.) Anm. von *Bachof*; OVG Münster, Bd. 11, S. 181 = NJW 1956, S. 1692.

[55] So insbes. die Rspr.: BVerfGE Bd. 6, S. 101; VGH Bebenhausen, BaWü VerwBl. 1958, S. 155; OVG Münster, OVGE Bd. 4, S. 3 m. w. N. aus der früheren Rspr.; OVGE Bd. 7, S. 138; OVGE Bd. 9, S. 111; OVG Lüneburg, OVGE Bd. 1, S. 129; LVG Aurich, DV 1949, S. 164; LVG Düsseldorf, DV 1949, S. 276 mit zustimmender Anmerkung von *Peren;* ebenso *Senger*, DVBl. 1957, S. 11; *Geller-Kleinrahm-Fleck*, S. 547; *Schunck-de Clerck*, S. 232 (vgl. auch S. 213).

[56] Im Ergebnis sind noch gegen die Anfechtbarkeit *Zuhorn*, DÖV 1949, S. 50; *Jesch*, DÖV 1960, S. 742 ff. (744); *Görg*, DÖV 1961, S. 42, 44; *Kottenberg*, S. 470 f.; *Berkenhoff*, Kommunalverfassungsrecht, S. 36; vgl. auch *Göbel*, Gemeindeordnung, S. 344 f.; *Gönnenwein*, Gemeinderecht, S. 216; in der Rspr. BVG Hannover, DV 1949, S. 46; OVG Münster, DÖV 1952, S. 510 Nr. 265; vgl. auch OVGE Bd. 6, S. 224 (227 ff.); BGH, VRspr. Bd. 6, S. 199 (201).

[57] BVerwGE Bd. 6, S. 101 (102) in Anlehnung an OVG Münster, NJW 1953, S. 1647.

[58] Vom 3. 12. 1964 (GVBl. S. 251).

[59] Grundsätzlich sind nur die Rechtsaufsichtsbehörden zu Eingriffen in die Gemeindeverwaltung befugt; vgl. § 130 Abs. 3 S. 2 GO Schl-H; § 145 GO Hs; § 113 GO NRW; § 129 Abs. 2 GO BaWü.

[60] *Göbel*, Gemeindeordnung, S. 344 f.; *Jesch*, DÖV 1960, S. 744; *Kottenberg*, S. 471; *Kunze-Schmid*, S. 820; 842.

schlossen. Sie verbleiben im Innenraum des Staates und wirken daher nicht „Recht stiftend"[61] zwischen Staat und Gemeinde.

Die Auffassung der überkommenen Lehre zum besonderen Gewaltverhältnis Staat—Bürger war genau dieselbe. Nach ihr fiel das besondere Gewaltverhältnis[62] gemäß der an den formalen Kriterien von Außen und Innen orientierten Trennung von Recht und Nicht-Recht in den Innenraum des Staates und somit in das Gebiet des Nicht-Rechts. Dies hatte zur Folge, daß die in ihnen ergehenden Akte nicht unter den Grundsatz der Gesetzmäßigkeit der Verwaltung fielen, nicht an die Beachtung der Grundrechte gebunden waren[63] und gegen sie kein Rechtsschutz gewährt wurde[64]. Nach dem Kriege setzte sich insbesondere im Hinblick auf den mangelnden Rechtsschutz die Erkenntnis durch, daß hier eine „Lücke des Rechtsstaates"[65] klafft. Denn ist eine — natürliche oder juristische — Person Träger eigener Rechte und zugleich Organ staatlicher Funktionen, so ist es durchaus möglich, daß eine im staatlichen Bereich ergangene Weisung in den „privaten" übergreift und die subjektiven — privaten und öffentlichen — Rechte dieser Person tangiert. Es ist naheliegend, daß das Institut des besonderen Gewaltverhältnisses, bei dem infolge der Doppelstellung des Gewaltunterworfenen diese Möglichkeit evident ist, im Hinblick auf die geänderte Verfassungslage und die Einführung der Generalklausel einer kritischen Überprüfung unterzogen wurde. Ein kurzer Überblick über den Stand der Meinungen zu den rechtlichen Besonderheiten dieses Instituts zeigt, daß Lehre und Rspr. die Fesseln der überkommenen Doktrin gesprengt haben. So wird die Geltung des Vorbehaltsprinzips[66] und die Grundrechtsbindung des Staates[67] im besonderen Gewaltverhältnis grundsätzlich bejaht. Ebenso ist grundsätzlich anerkannt[68], daß

---

[61] Formulierung von *O. Mayer*, Verwaltungsrecht Bd. 1, S. 102.

[62] Der Begriff stammt von *O. Mayer*, Verwaltungsrecht Bd. 1 (1. Auflage 1895), S. 103; vgl. ferner *Laband*, Staatsrecht Bd. 1, S. 433 ff.; *Fleiner*, Institutionen, S. 165 ff.

[63] Grundrechte schützen nur im allgemeinen Gewaltverhältnis; vgl. *Jesch*, Gesetz, S. 208 Anm. 145 sub d).

[64] Zur überkommenen Lehre vgl. noch *Bachof*, VVDStL Heft 12 (1954), S. 56, 58 ff.; *Ule*, VVDStL Heft 15 (1957), S. 133 ff.; *Thieme*, DÖV 1956, S. 521 f.; *Jesch*, Gesetz, S. 16, 20, 206 ff.; *Rupp*, Grundfragen, S. 41 ff.

[65] *Forsthoff*, Lehrbuch, S. 124.

[66] Vgl. dazu insbes. *Jesch*, Gesetz, S. 206 ff., 234 ff.; vgl. ferner *Bachof*, VVDStL Heft 12 (1954), S. 60; ders., VVDStL Heft 15 (1957), S. 205 f.; *Thieme*, DÖV 1956, S. 523 ff.; ders., JZ 1964, S. 81 ff.; *Obermayer*, Verwaltungsakt, S. 121; *H. J. Wolff*, Verwaltungsrecht I, S. 111 f.

[67] Vgl. *Jesch*, Gesetz, S. 208 Anm. 145 sub d) m. w. N.; vgl. ferner *v. Mangoldt-Klein*, Bd. 1, S. 129, 133 ff.; zur Rspr. des BVerwG vgl. *Bachof*, VerfR I, S. 125 f.

[68] A. M. nur noch *Nebinger* in seinem allerdings schon 1949 erschienenen Lehrbuch „Verwaltungsrecht, Allgemeiner Teil", S. 197.

IV. Der Rechtsschutz der Gemeinde

im besonderen Gewaltverhältnis neben generell-abstrakten[69] auch (anfechtbare) individuell-konkrete Rechtsakte ergehen können. Umstritten ist jedoch, auf Grund welcher Kriterien die Verwaltungsakte von den Nichtverwaltungsakten abzugrenzen sind. Trotz verschiedener von der Lehre unternommener Versuche[70] ist noch keine gesicherte, allseits anerkannte dogmatische Grundlage für diese Trennung gefunden worden; die h. L.[71] stellt in Anlehnung an die von der konstitutionellen Staatsrechtslehre vorgenommene Scheidung in Außen und Innen darauf ab, ob die im Rahmen des besonderen Gewaltverhältnisses ergehenden Einzelakte „mit unmittelbarer rechtlicher Wirkung"[72] ergehen, also „das persönliche Rechtsverhältnis ... betreffen"[73] — dann Außenwirkung mit der Folge der Anfechtbarkeit —, oder nur „das amtliche"[73] — dann Innenwirkung mit der Folge der Nichtanfechtbarkeit[74].

Betrachtet man die nach dem Kriege von Lehre und Rspr. zur Frage des Rechtsschutzes der Gemeinde bei der Wahrnehmung von Auftragsangelegenheiten geäußerten Auffassungen genauer, so wird deutlich, daß auch hier die traditionelle Vorstellung von der als innerstaatlich gedachten Stellung der Gemeinde in Auflösung begriffen ist. Allerdings verläuft die Entwicklung hier zögernder als im Verhältnis Staat—Bür-

---

[69] Hierzu vgl. insbes. *Bachof*, Laforet-Festschrift, S. 287, 300 ff.; vgl. ferner *Maunz-Dürig*, Art. 19 Abs. IV RdNr. 30; *H. J. Wolff*, Verwaltungsrecht I, S. 111 f. (Sonderverordnungen). — Zur früheren Auffassung vgl. *O. Mayer*, Verwaltungsrecht Bd. 1, S. 84 f.; *Fleiner*, Institutionen, S. 61 ff., 167.

[70] Bspw. *Ule*, VVDStL Heft 15 (1957), S. 133 ff. (151 ff.): Grund- und Betriebsverhältnis (zur Kritik vgl. u. a. *Thieme*, JZ 1964, S. 82 f.; *Maunz-Dürig*, Art. 19 Abs. IV RdNr. 25 [S. 17]); im Ergebnis ähnlich *H. J. Wolff*, a. a. O. S. 270; *Rupp*, Grundfragen, S. 41 ff., 79 ff.; vgl. ferner *Krüger*, Smend-Festschrift, S. 211 ff. (ebenso NJW 1953, S. 1369 ff.; VVDStL Heft 15 (1957), S. 124 ff.): Rechts- und Verwaltungswert (zur Kritik vgl. insbes. *Bachof*, Laforet-Festschrift, S. 288 ff., 290 ff.; VVDStL Heft 12 (1954), S. 60; VVDStL Heft 15 (1957), S. 203 f.; vgl. auch *Rupp*, Grundfragen, S. 42 Anm. 71 m. w. N.); *Thieme*, DÖV 1956, S. 528: Schutzwürdigkeitstheorie; *Obermayer*, Verwaltungsakt, S. 160 ff.: Rechtsschutzbedürfnis als Kriterium für Trennung von anfechtbaren und nicht anfechtbaren Verwaltungsakten (zur Kritik *Bachof*, AöR Bd. 82 [1957], S. 146 ff. [148 f.]; *Maunz-Dürig*, Art. 19 Abs. IV RdNr. 25 [Anm. 2 S. 16 und 17 f.]).

[71] Grundlegend *Bachof*, Laforet-Festschrift, S. 285 ff. (296 ff., 300 ff.); vgl. ferner *Maunz-Dürig*, Art. 19 Abs. IV RdNr. 25 und die Kommentarliteratur zur VwGO: *Eyermann-Fröhler*, § 42 RdNr. 50; *Schunck-de Clerck*, S. 208 ff.; *Klinger*, S. 183; *Redeker-v. Oertzen*, § 42 RdNr. 50. — Trotz aller theoretischen und methodischen Streitfragen ist die Feststellung gerechtfertigt, daß sich die von den einzelnen Autoren erzielten Ergebnisse kaum unterscheiden.

[72] *Bachof*, Laforet-Festschrift, S. 300.

[73] *H. J. Wolff*, Verwaltungsrecht I, S. 270. Ähnlich *Maunz-Dürig*, Art. 19 Abs. IV RdNr. 25, die aber trotz Anfechtbarkeit dieser Akte an ihrer Qualifizierung als innerdienstliche Rechtsakte festhalten.

[74] Zur Rspr. vgl. die Nachweise bei *Bachof*, VerfR I, S. 58, 216; *Maunz-Dürig*, Art. 19 Abs. IV RdNr. 25 S. 18 f.; *Eyermann-Fröhler*, § 42 RdNr. 47 ff., 50 ff.; *Ule*, Verwaltungsgerichtsbarkeit, S. 158 ff.

ger, wo der Mangel an Rechtsschutz immer einschneidender empfunden wurde als im Verhältnis von Staat und Gemeinde. So gilt nach einer frühen Entscheidung des VG Stuttgart[75] der Grundsatz, daß eine Gemeinde gegen die in Auftragsangelegenheiten ergangenen Weisungen der vorgesetzten Behörden keine Anfechtungsklage erheben kann, nur, „soweit die vorgesetzten Behörden überhaupt im Rahmen ihrer allgemeinen Zuständigkeiten handeln. Überschreiten sie diese Zuständigkeit, so legen sie der Gemeinde damit eine ihr nicht obliegende Verbindlichkeit auf, da die Gemeinden nur gehalten sind, Weisungen der *zuständigen* Behörden auszuführen"[76]. Eine ähnliche, wenn auch terminologisch unrichtige Auffassung vertritt das OVG Münster[77]: „Enthält der angefochtene VA unstreitig eine Weisung der staatl. Aufsichtsbehörde in staatl. Auftragsangelegenheiten, die sich im Rahmen eines durch eine Rechtsnorm festgelegten Weisungsrechts der staatl. Behörde hält, so ist eine Prozeßbefugnis[78] der Selbstverwaltungskörperschaft gegen die staatl. Aufsichtsbehörde nicht gegeben ... Geht der Streit aber darum, ob ein Weisungsrecht der staatlichen Behörde gegenüber der Selbstverwaltungskörperschaft besteht oder ob sich die im einzelnen Falle erteilte Weisung im Rahmen des gesetzlich festgelegten Weisungsrechts hält, ist der Selbstverwaltungskörperschaft die Prozeßführungsbefugnis zur Gewährleistung der Wahrung eigener Rechte als Gebietskörperschaft und selbständiger juristischer Person zuzugestehen; denn in diesem Falle geht der Streit nicht um die Verbindlichkeit einer auf die Durchführung einer Auftragsangelegenheit bezogenen Weisung, sondern um die Verbindlichkeit eines die Gebietskörperschaft belastenden VA, die die Gebietskörperschaft deshalb bestreitet, weil dem VA eine hinreichende Rechtsgrundlage fehle".

Das BVerwG[79] ist dieser Entscheidung des OVG Münster insoweit gefolgt, als es fachaufsichtliche Weisungen auf dem Gebiete der Auftragsverwaltung im Grundsatz ebenfalls für unanfechtbar hält. Nach seiner Meinung bedarf es aber des vom OVG Münster gewährten besonderen Prozeßführungsrechts nicht: „Dem Rechtsschutzbedürfnis der Gemeinde gegen unzulässige Eingriffe in ihr Selbstverwaltungsrecht ist dadurch Genüge getan, daß im Rahmen der Zulässigkeitsprüfung einer Klage ...

---

[75] DVBl. 1950, S. 246.
[76] A. a. O. S. 246 r. Sp.
[77] OVGE Bd. 7, S. 138 = DÖV 1953, S. 732 = NJW 1953, S. 1647 = MDR 1953, S. 759. Kritisch dazu *Obermayer*, a. a. O. S. 143; BVerwGE Bd. 6, S. 101; VGH Bebenhausen, BaWüVerwBl. 1958, S. 155 (156); vgl. auch *Jesch*, DÖV 1960, S. 743 Anm. 37. Dem OVG Münster folgen *Spreng-Birn-Feuchte*, S. 259; *Odenbreit-Hensel*, S. 491; *Bochalli*, S. 112.
[78] Gemeint ist wohl Aktivlegitimation (Sachbefugnis).
[79] BVerwGE Bd. 6, S. 101. Zur Kritik dieser Entscheidung vgl. *Bachof*, VerfR I, S. 297 ff., 306 ff.

IV. Der Rechtsschutz der Gemeinde

die Frage entschieden wird, ob eine ihr Selbstverwaltungsrecht nicht berührende innerdienstliche Weisung oder eine Maßnahme vorliegt, die ihr Selbstverwaltungsrecht zu verletzen geeignet ist. Nur im letzteren Fall liegt ein Verwaltungsakt vor ..."[80]. In einem neueren Urteil scheint das BVerwG[81] den Grundsatz der Unanfechtbarkeit aufsichtsbehördlicher Weisungen in Auftragsangelegenheiten nicht mehr als zwingend anzusehen: Die Gemeinde könne hier „in aller Regel" (!) nicht Klage erheben; da sie im übertragenen Wirkungskreis Angelegenheiten des Landes wahrnehme, könne sie durch eine von ihren Vorstellungen und Wünschen abweichende Entscheidung des Landes „im allgemeinen" (!) nicht in ihren Rechten verletzt sein. Maßnahmen der zuständigen Landesbehörde in Auftragsangelegenheiten seien daher „in der Regel" (!) keiner Anfechtung unterworfen. Zu bemerken ist hier, daß § 130 Abs. 3 S. 1 GO Schl-H, zu der dieses Urteil erging, schon eine Entscheidung in diesem Sinn getroffen hat.

In der Lehre hat *Bachof*[82] schon frühzeitig darauf hingewiesen, daß „Anordnungen staatlicher Behörden, die die Selbstverwaltungsangelegenheiten einer Körperschaft einschließlich deren privatrechtlichen Tätigkeitsbereiches berühren ..., zu den Verwaltungsakten (zählen)". Er hat diese Auffassung konsequent fortgeführt[83]. In seiner letzten Stellungnahme[84] unterscheidet er für Gemeindeordnungen mit getrennten Aufgabenkreisen drei Möglichkeiten:

1. Hält sich die Aufsichtsbehörde im Rahmen ihrer Weisungsbefugnis, erläßt sie aber eine in concreto inhaltlich rechtswidrige Weisung, so kann die Gemeinde nicht klagen, da sie nicht die Verletzung eigener Rechte geltend macht.
2. Überschreitet die Aufsichtsbehörde den Bereich der Fachaufsicht, indem sie eine Weisung in einem Sachgebiet erläßt, über das die Gemeinde als Selbstverwaltungsangelegenheit entscheiden darf, so kann sie klagen.
3. Das gleiche gilt für eine Weisung, die zwar gegenständlich durch die Fachaufsicht gedeckt ist, die aber zugleich die Gemeinde als Träger eigener Rechte betrifft.

Nach *Obermayer*[85] ist eine Klage dann unzulässig, wenn sich die staatliche Aufsichtsmaßnahme im Bereich der Auftragsangelegenheiten hält.

---

[80] A. a. O. S. 103 unter Berufung auf *Obermayer*, Verwaltungsakt, S. 143.
[81] BVerwGE Bd. 19, S. 121 (123). Zur Kritik vgl. *Bachof*, VerfR II, S. 411 ff.
[82] Vornahmeklage, S. 24.
[83] DÖV 1952, S. 502 (Urteilsanmerkung); Laforet-Festschrift, S. 313.
[84] VerfR I, S. 307 f., mit Beispielen.
[85] Verwaltungsakt, S. 143; ähnlich *Berkenhoff*, DVBl. 1955, S. 347; *Fröhler*, S. 97, 101; *Muntzke-Schlempp*, S. 244, 1156 f.

Dies sei auf Grund objektiver Merkmale festzustellen. Bei einem Streit darüber, ob sich eine Aufsichtsmaßnahme auf eine Auftrags- oder Selbstverwaltungsangelegenheit beziehe, prüfe das Gericht, da das Vorliegen eines Verwaltungsaktes eine Prozeßvoraussetzung darstelle, schon für die Zulässigkeit der Klage, ob der staatliche Eingriff objektiv im Bereich der Auftragsverwaltung erlassen worden sei oder nicht. Nur im ersteren Fall wäre die Klage wegen Fehlens eines Verwaltungsaktes als unzulässig abzuweisen. *Obermayer* geht anscheinend davon aus, daß jede Aufsichtsmaßnahme, die die Grenzen des Auftragsbereiches verläßt, die Gemeinde in ihren Rechten verletzt.

Die Ausführungen *H. J. Wolffs* sind widersprüchlich. Einmal sind seiner Meinung nach die Anweisungen der Fachaufsichtsbehörde an die Gemeinde in Auftragsangelegenheiten stets (!) Verwaltungsakte[86]; ihre verwaltungsgerichtliche Anfechtung sei zulässig mit der Behauptung, die Aufsichtsbehörde habe die äußeren und inneren (!) Schranken ihres Aufsichtsrechts überschritten[87]. Andererseits ist er, im Anschluß an das BVerwG[88], der Auffassung, bei gemeindlichen Klagen in Fachaufsichtssachen fehle es freilich i. d. R. (!) an einer Rechtsverletzung[89]. Wie sich aus seinen weiteren Ausführungen ergibt[90], läßt *H. J. Wolff* eine uneingeschränkte Anfechtbarkeit dieser Weisungen im Grundsatz eben nicht zu. Eine Klage sei immer dann unzulässig, wenn sie sich — wie i. d. R. — im Rahmen der Weisungsabhängigkeit des Angewiesenen halte. Denn es sei der Sinn der Weisungsabhängigkeit, daß das rechtlich weisungsabhängige Subjekt dem Weisungsberechtigten gegenüber im Rahmen seiner Weisungsgebundenheit keine eigenen Rechte habe, in denen es „verletzt" (§ 42 II VwGO) sein könne. Eine Klage könne in solchen Fällen also unstreitig nur auf die Behauptung gestützt werden, daß der Anweisende sein Weisungsrecht überschritten habe. Dann wirke der Verwaltungsakt extern für die weisungsabhängige Person, der mehr zugemutet werde, als sie auf Grund ihrer rechtlichen Weisungsunterworfenheit zu befolgen verpflichtet sei. Das könne der Fall sein bei Überschreiten der äußeren (!) Grenzen der gesetzlichen Auftragsangelegenheit.

---

[86] Verwaltungsrecht I, S. 271; Verwaltungsrecht II, S. 102 f. gegen BVerwGE Bd. 6, S. 101 (a. M. bis zur 2. Auflage des Verwaltungsrechts I, S. 224).

[87] Verwaltungsrecht II, S. 102.

[88] BVerwGE Bd. 19, S. 121.

[89] A. a. O. S. 103. — Wie der Hinweis auf das BVerwG in diesem Zusammenhang zeigt, stellt *H. J. Wolff* nicht auf die Begründetheit der Klage ab. Unklar ist dann, in welchen Fällen eine Klage mangels Rechtsverletzung (besser Rechtsbetroffenheit) unzulässig sein soll, wenn die Gemeinde geltend macht, die Fachaufsichtsbehörde habe die äußeren *und* inneren Schranken des Aufsichtsrechts überschritten. Ähnlich in der Kritik *Rupp*, Grundfragen, S. 102.

[90] Verwaltungsrecht I, S. 271.

IV. Der Rechtsschutz der Gemeinde

Nach den übrigen Autoren, die auf diese Fragen eingehen, sind die Weisungen der Fachaufsichtsbehörden dann anfechtbar, „wenn sie ohne gesetzliche Grundlage ergehen, diese überschreiten oder (!) wenn sie die Gemeinde als Selbstverwaltungskörperschaft verpflichten"[91], das Selbstverwaltungsrecht verletzen[92], bzw. in das Selbstverwaltungsrecht eingreifen[93].

Die Rechtslage in Bayern ist deshalb interessant, weil nach Art. 109 Abs. 2 S. 2 Ziffer 1 der GO Bay[94], die an der Scheidung von eigenem und übertragenem Wirkungskreis festhält[95], Eingriffe der Fachaufsicht in den Angelegenheiten des übertragenen Wirkungskreises auf die Fälle zu beschränken sind, in denen das Wohl der Allgemeinheit oder berechtigte Interessen einzelner eine Weisung oder Entscheidung zwingend erfordern. Der VGH Bay[96] schließt aus dieser Bestimmung einen Rechtsanspruch der Gemeinden darauf, daß die Fachaufsicht Maßnahmen[97] nur in diesem Rahmen ergreift. Die in Art. 116 Abs. 1 S. 1 und 2 GO Bay genannten Maßnahmen der Fachaufsichtsbehörde stellen daher Verwaltungsakte gegenüber den Gemeinden dar und können mit der Anfechtungsklage angegriffen werden[98]. Mit früheren Vorstellungen von der Stellung der Gemeinde im übertragenen Wirkungskreis hat diese Auffassung nichts mehr gemein[99].

---

[91] *Schweer*, DVBl. 1956, S. 704; vgl. auch S. 708; ebenso *Senger*, DVBl. 1957, S. 11; ähnlich *Göbel*, Gemeindeordnung, S. 345.

[92] *Eyermann-Fröhler*, § 42 RdNr. 53; vgl. auch § 42 RdNr. 50; *Redeker-v. Oertzen*, § 42 Anm. 84.

[93] *Köhler*, S. 262, 297 f.; *Ule*, Verwaltungsgerichtsbarkeit, S. 165; ders., Verwaltungsprozeß, S. 128; *Jesch*, DÖV 1960, S. 742; ebenso wohl *Klinger*, S. 190; unklar *Schunck-de Clerck*, S. 231 f.

[94] Die Vorschrift wurde 1962 geändert und ergänzt; auf die Rechtsschutzproblematik hatte dies jedoch keinen Einfluß; vgl. *Helmreich-Widtmann*, § 109 Anm. 8.

[95] Art. 7, 8.

[96] BayVBl. 1955, S. 25 = DÖV 1955, S. 25 = VRspr. Bd. 7, S. 250; zustimmend *Bachof*, Jellinek-Gedächtnisschrift, S. 307 Anm. 77; *Beer*, BayVBl. 1962, S. 307 ff.; *Helmreich-Widtmann*, Art. 109 Anm. 8; Art. 120 Anm. 3; im Ergebnis auch *Obermayer*, a. a. O. S. 143 ff.; ablehnend *Fröhler*, S. 99 ff.; *Eyermann-Fröhler*, § 42 RdNr. 53; kritisch *Masson*, BayVBl. 1955, S. 9 ff., 43 ff., BayVBl. 1962, S. 311 ff., der aber die Anfechtungsklage in manchen Fällen zuläßt (vgl. insbes. BayVBl. 1955, S. 43 f.; zur Kritik dieser Auffassung vgl. *Obermayer*, a. a. O. S. 144 f.).

[97] Dies gilt nach h. M. nicht für Widerspruchsbescheide; vgl. VGH Bay, BayVBl. 1960, S. 125; ebenso *Masson*, BayVBl. 1955, S. 44; BayVBl. 1962, S. 312; *Helmreich-Widtmann*, Vorbemerkung vor Art. 119 II 1 e (S. 644 f.); a. M. *Beer*, a. a. O.

[98] So ausdrücklich *Helmreich-Widtmann*, Art. 116 Anm. 4; Vorbem. vor Art. 119 II 1 (S. 643 f.).

[99] Nach *Obermayer*, a. a. O. S. 144, hat die bayerische Gemeinde ihre bisherige Doppelrolle als verlängerter Arm des Staates und als eigenständiges Rechtssubjekt damit beendet.

Die bei der Frage nach dem Umfang des Rechtsschutzes der Gemeinde in *Auftragsangelegenheiten* auftretende Problematik der Abgrenzung von Außen und Innen, von Verwaltungsakt und Verwaltungsanweisung ist genau dieselbe, wie sie für das besondere Gewaltverhältnis Staat—Bürger skizziert wurde. Zwei eng miteinander verflochtene Problemkreise sind für den Umfang und die dogmatische Grundlegung des Verwaltungsrechtsschutzes im besonderen Gewaltverhältnis entscheidend: Einmal die Abgrenzung der schutzwürdigen Sphäre des Gewaltunterworfenen von der ihn nicht berührenden — internen — Sphäre des Staates, und zum anderen das nach Aufgabe der Impermeabilitätslehre auftretende Problem, den auf den historisch-konventionellen Rechtsbegriff zugeschnittenen Begriff des Verwaltungsakts der neuen Rechtslage anzupassen. Der in der Wissenschaft herrschende Theorien- und Methodenstreit beruht zum großen Teil darauf, daß man sich nicht klar ist, von welchem Ausgangspunkt der richtige Weg zur Lösung führt.

Da Bürger und Gemeinde als eigenständige Rechtssubjekte dem Staate im Außenverhältnis gegenüberstehen, keinesfalls — wie etwa eine Staatsbehörde — unselbständige Glieder des als einheitliche Rechtsperson gedachten Staates sind, vermochte die Impermeabilitätslehre den Nichtrechtscharakter der Beziehungen innerhalb dieser besonderen Gewaltverhältnisse nie befriedigend zu erklären[100]. Wird die Doktrin vom rechtsfreien Innenraum des Staates daher zu Recht als Relikt einer vergangenen Verfassungsepoche angesehen[101], so ist man gezwungen, falls nicht alle Akte in diesem Bereich anfechtbar sein sollen, zwischen anfechtbaren und nichtanfechtbaren Rechtsakten[102] oder Verwaltungsakten[103] zu unterscheiden. Von der „ideologischen Flurbereinigung" abgesehen, ist mit der Qualifizierung aller in diesem Verhältnis ergehenden Akte als Rechtsakte daher nicht viel gewonnen. Das gleiche gilt für die Qualifikation als Verwaltungsakt, der als Zweckbegriff nur diejenigen Akte umfaßt, gegen die gerichtlich vorgegangen werden kann[104]. Für die Qualifikation einer Maßnahme im besonderen Gewaltverhältnis als Verwaltungsakt ist daher mit der h. L.

---

[100] Vgl. insbes. *Rupp*, Grundfragen, S. 41 ff.

[101] Zu den Schwierigkeiten der herkömmlichen Lehre (Rechtsformwechsel) vgl. insbes. *Jesch*, DÖV 1960, S. 743 Anm. 40 m. w. N.; ferner *Bachof*, VVDStL Heft 15 (1957), S. 204.

[102] Auch *Rupp*, Grundfragen, S. 81, der zwischen Außenrecht und Innenrecht unterscheidet, kommt für die Frage des Rechtsschutzes im Ergebnis zu einer ähnlichen Unterscheidung wie *Ule* (siehe oben Anm. 70).

[103] So *Obermayer*, a. a. O. S. 159 ff. (166, 169 ff.), und *H. J. Wolff*, Verwaltungsrecht I, S. 271.

[104] Vgl. die Kritik von *Bachof*, AöR Bd. 82 (1957), S. 148 f., an *Obermayer*, a. a. O. Die gleiche Kritik gilt der Auffassung von *H. J. Wolff*, a. a. O. (siehe vorige Anm.). Vgl. auch *Jesch*, DÖV 1960, S. 743 Anm. 34.

IV. Der Rechtsschutz der Gemeinde

darauf abzustellen, ob der Gewaltunterworfene unmittelbar in seinen Rechten *betroffen* wird. Da die Grenze zwischen dieser zu schützenden Sphäre des Gewaltunterworfenen und der ihn nicht berührenden Sphäre des Staates infolge wechselnder Anschauungen dauernder Veränderung unterworfen ist, läßt sich schwerlich ein sicheres dogmatisches Kriterium dafür finden, ob die Rechte des Gewaltunterworfenen im Einzelfall tatsächlich betroffen werden. Dies ist vielmehr durch eine teleologisch-wertende Abgrenzung „zwischen den widerstreitenden Gesichtspunkten möglichster Verrechtlichung der Staatstätigkeit einerseits und ihrer Ergiebigkeit (Effizienz) andererseits"[105] festzustellen, die sich an den vorgezeichneten Wertungen der Verfassung — insbesondere Art. 19 Abs. 4 GG — zu orientieren hat. Diese Bestimmung des zu schützenden Rechtskreises setzt sich sicher nicht dem Vorwurf der Willkür aus[106], wenn sie auch keine so sichere Grundlage wie eine dogmatische Abgrenzung bietet.

Auf der Grundlage dieser Auffassung sind alle absoluten Aussagen über die Klagebefugnis der Gemeinde gegen Weisungen der Fachaufsichtsbehörden in Auftragsangelegenheiten von vornherein abzulehnen. Insbesondere gilt dies für das ohnehin fragwürdige Argument des Insichprozesses[107], da die Gemeinde dem Staat als selbständiger Rechtsträger gegenübersteht; hier wirkt deutlich die Impermeabilitätslehre im Prozeßrecht fort.

Ein Verwaltungsakt liegt immer dann vor, wenn die Gemeinde unmittelbar in ihren Rechten betroffen wird. Dies kann der Fall sein, wenn die Fachaufsichtsbehörde die Grenzen ihrer Weisungsbefugnis überschreitet[108], braucht es aber nicht, da nicht jede rechtswidrige Weisung eigene Rechte der Gemeinde betreffen muß[109]. Aber auch wenn sich die Fachaufsichtsbehörde im Rahmen ihrer Weisungsbefugnis hält, können eigene Rechte der Gemeinde betroffen sein, so bspw., wenn die Weisung zugleich die Gemeinde als Träger eigener Rechte betrifft[110, 111]. Die

---

[105] *Bachof*, VVDStL Heft 15 (1957), S. 205. — Hingewiesen werden kann hier darauf, daß solche Wertungen auch in anderen Rechtsbereichen vorgenommen werden, besonders deutlich bspw. im materiellen Wahlprüfungsrecht, vgl. dazu *Seifert*, S. 338 ff.; *Maunz-Dürig*, Art. 41 RdNr. 23 ff.; vgl. auch BVerfGE Bd. 16, S. 130 ff.

[106] So aber *Krüger*, NJW 1953, S. 1370.

[107] Vgl. dazu *Redeker-v. Oertzen*, § 63 Anm. 8 m. w. N.

[108] Deutlich bei Beschränkung des Weisungsrechts *und* Anerkennung eines subjektiven Rechts der Gemeinde auf Einhaltung dieser Schranken wie in Bayern. In Auftragsangelegenheiten mit unbeschränktem Weisungsrecht wird dieser Fall nur dann vorliegen, wenn das Selbstverwaltungsrecht betroffen ist.

[109] Ebenso *Bachof*, VerfR I, S. 307; *Rupp*, Grundfragen, S. 102 Anm. 243.

[110] Ebenso *Bachof* a. a. O.

[111] Denkbar ist auch eine Betroffenheit in — vorsichtig ausgedrückt —

142   4. Kap.: Folgerungen für die Weisungsaufgaben

äußeren Grenzen des Auftragsbereiches können daher kein entscheidendes Kriterium bei der Abgrenzung anfechtbarer und nichtanfechtbarer Maßnahmen der Fachaufsichtsbehörden sein. Nur wenn die Gemeinde durch diese Maßnahme nicht in ihren Rechten betroffen wird, liegt ein innerdienstlicher Akt vor, gegen den eine Klage unzulässig ist. Insoweit wird sie nur als Organ des Staates betroffen, ebenso wie eine Maßnahme nur die dienstliche Stellung eines Gewaltunterworfenen, nicht auch seine persönliche betreffen kann.

3. Der Rechtsschutz in Weisungsangelegenheiten

a) Auffassungen in Lehre und Rechtsprechung

aa) Grundsätzliche Ablehnung

Diejenigen Autoren, welche keinen Unterschied zwischen Auftragsangelegenheiten und Weisungsaufgaben erblicken, lehnen, soweit sie zu dieser Frage überhaupt Stellung nehmen, in Übereinstimmung mit der früher unbestrittenen Rechtslage ein förmliches Rechtsmittel gegen Weisungen der Fachaufsichtsbehörden ab[112]. Das gleiche gilt für die Kommentarliteratur zum Verwaltungsprozeß, die sich nicht näher mit der kommunalrechtlichen Problematik befaßt[113].

Auch diejenigen Autoren, die den grundsätzlichen Unterschied zwischen Weisungs- und Auftragsangelegenheiten erkennen, gelangen in der Frage des Rechtsschutzes gegen aufsichtsbehördliche Weisungen, soweit sie überhaupt auf dieses Problem eingehen[114], bzw. es nicht ausdrücklich dahingestellt sein lassen[115], zu keinem einheitlichen Ergebnis.

---

grundrechtlich geschützten Positionen (bspw. Willkürverbot, Art. 3 Abs. 1 GG; vgl. dazu insbes. *Maunz-Dürig*, Art. 19 Abs. III RdNr. 32 m. w. N., *Zuhorn-Hoppe*, S. 75 f.).

[112] *Schweer*, DVBl. 1956, S. 708, DVBl. 1957, S. 13; *Becker*, HKWPr. Bd. 1, S. 180; *Cantner*, HKWPr. Bd. 1, S. 428; *Pagenkopf*, S. 84, 118; *Merk*, S. 653 ff., 690; *Forsthoff*, Lehrbuch, S. 535; *Schneider*, S. 58.

[113] *Eyermann-Fröhler*, § 42 RdNr. 53; *Ule*, Verwaltungsgerichtsbarkeit, S. 165; ders., Verwaltungsprozeß, S. 128; *Redeker-v. Oertzen*, § 42 Anm. 33. — Die Berufung von *Ule* und von *Redeker-v. Oertzen* auf das Urteil des VG Münster vom 10. 10. 1960 (DÖV 1961, S. 271) geht insoweit fehl, als es sich um die Anfechtbarkeit von Weisungen handelt; vgl. unten Anm. 115.

[114] Keine Stellungnahme findet sich bei *Vogels*, S. 151; *Reschke*, DVBl. 1954, S. 413 ff.; *Rietdorf*, DÖV 1957, S. 7 ff.; DVBl. 1958, S. 344 ff.; *Köttgen*, HKWPr. Bd. 1, S. 218, 222 ff.; *Gelzer*, DVBl. 1958, S. 87; *Lerche*, S. 72; *Loschelder*, Werdendes Gemeinderecht, S. 420 ff., 425 ff., 459 ff., Gemeindeordnungen, S. 14 ff., 40 f.

[115] Dies ist der Fall bei *Kottenberg*, S. 70; *Bachof*, VerfR I, S. 306 f.; VerfR II, S. 411 ff.; VG Münster, DÖV 1961, S. 272 l. Sp.; das VG hält jedoch eine Klage der Gemeinde gegen Widerspruchsbescheide der Fachaufsichtsbehörde für unzulässig.

So lehnt *Salzwedel*[116] strikt ein subjektiv-öffentliches Recht der Gemeinden darauf ab, daß die gesetzlichen Schranken des Weisungsrechts eingehalten werden. Aus der gesetzlichen Fiktion von Eigenaufgaben könnten nicht auch noch Abwehrrechte gegen den Staat hergeleitet werden, der die an sich staatlichen Aufgaben in bestimmter Weise geregelt sehen wolle. Daß es sich der Sache nach um staatliche Angelegenheiten handele, begründe gerade eine zusätzliche Verantwortlichkeit der staatlichen Behörden, die im Bereich echter Selbstverwaltung fehle. Die staatlichen Sonderaufsichtsbehörden könnten die Verantwortung für die überörtlichen Auswirkungen der gemeindlichen Entscheidungen aber nur tragen, wenn sich die Gemeinden mit ihrer verwaltungspolitischen Konzeption für den örtlichen Bereich nicht noch zur Wehr setzen könnten. Die objektiv-rechtlichen Weisungsschranken werden lediglich verwaltungsintern kontrolliert; ihre Überschreitung verletze keine subjektiven Rechte der Gemeinde. Im Rahmen der Pflichtaufgaben nach Weisung stehe die Gemeinde gewissermaßen im besonderen Gewaltverhältnis.

Auch die Rspr. verhält sich ablehnend. So ist nach dem Urteil des VGH Bebenhausen vom 12. 9. 1958[117] die Rechtsbeschwerde[118] der Gemeinde gegen eine Maßnahme der Aufsichtsbehörde, die eine gemeindliche Entscheidung in Weisungsangelegenheiten aufhebt, unzulässig, weil eine nachgeordnete Instanz nicht Träger eigener subjektiver Rechte sein könne; dies gelte auch im Verhältnis zwischen einer Gemeinde und der staatlichen Aufsichtsbehörde im Bereich der weisungsgebundenen Aufgaben. Im übrigen enthalte § 125 GO BaWü eine erschöpfende Regelung für die verwaltungsgerichtliche Überprüfung von Akten der Aufsichtsbehörden einer Gemeinde überhaupt, nicht nur von Akten der Rechtsaufsicht. Ein Unterschied zu früheren Auffassungen bei Auftragsangelegenheiten ist hier nicht zu erkennen.

bb) Grundsätzliche Bejahung

H. J. Wolff[119] hält seine bei Auftragsangelegenheiten vertretene Meinung[120] auch für Weisungsaufgaben aufrecht: Eine Klage sei nur dann möglich, wenn die äußeren Grenzen eines gesetzlich begrenzten Weisungsrechts überschritten werden.

---

[116] „Kommunalrecht" in *Loschelder-Salzwedel*, S. 230 f.; ebenso VVDStL Heft 22 (1965), S. 218 f.
[117] BaWüVerwBl. 1958, S. 155; ebenso *Kunze-Schmid*, S. 844; VG Münster a. a. O.
[118] Heute: Klage.
[119] Verwaltungsrecht I, S. 271; vgl. auch Verwaltungsrecht II, S. 102.
[120] Siehe oben 2. b).

4. Kap.: Folgerungen für die Weisungsaufgaben

Ähnlich scheint die Auffassung von *Göbel*[121] zu sein: Wenn das Weisungsrecht bei Weisungsaufgaben beschränkt werde, müsse im weisungsfreien Raum die allgemeine Rechtmittelmöglichkeit bestehen, denn sonst bleibe die ganze Umgestaltung im Aufgabenbereich eine bloße Form. Auch *Göbel* sieht daher nur in der Überschreitung der äußeren Grenzen des Weisungsrechts eine Rechtsverletzung.

Dagegen ergibt sich aus den Ausführungen von *Kunze-Schmid*[122], daß sie im Ergebnis eine uneingeschränkte Anfechtung der Weisungen bejahen. Denn der Gemeinde seien Rechtsmittel immer dann zuzugestehen, soweit der Streit darum gehe, ob ein Weisungsrecht der Fachaufsichtsbehörde überhaupt gegeben ist oder ob sich die im einzelnen Falle erteilte Weisung im Rahmen des gesetzlich festgelegten Weisungsrechts halte. Dieser Rahmen werde aber auch dann verletzt — hier liegt der Unterschied zu den obigen Auffassungen —, „wenn die Fachaufsichtsbehörde im Wege der Weisung eine Entscheidung der Gemeinde in einer Rechtsfrage rechtsirrtümlich beanstandet oder die Anwendung einer rechtsirrtümlichen Rechtsauslegung anordnet"[123]. Damit wird die Klage gegen jede rechtswidrige Weisung zugelassen, auch wenn die äußeren Grenzen des Weisungsrechts nicht überschritten werden. Nach *Kunze-Schmid* ist die Klage dann unzulässig, wenn sich die Fachaufsichtsbehörde im Rahmen des Weisungsrechts hält und der Gemeinde eine Weisung erteilt, über deren Zweckmäßigkeit sie anderer Meinung ist. Diese durchaus richtige Auffassung ergibt sich aber nicht aus der Eigenart der Weisungsaufgaben, sondern gilt für die Erhebung jeder Klage (§ 42 Abs. 2 VwGO).

Auch andere Autoren bejahen generell eine Klagemöglichkeit der Gemeinde. Daraus, daß die Gemeinden und ihre Organe bei der Ausführung der Weisungen nicht mehr als in die staatliche Behördenorganisation eingeordnet gelten, folgert *Görg*[124], daß nunmehr die Weisungen zur Ausführung der Pflichtaufgaben mit den Mitteln des Verwaltungsrechtsschutzes angefochten werden können. Die Weisungen der staatlichen Aufsichtsbehörden und ihre Widerspruchsbescheide seien Verwaltungsakte; da es sich in jedem Falle um gemeindliche Aufgaben handele, beträfen staatliche Weisungen die Gemeinden in ihrem eigenen Wirkungsbereich als Träger eigener Rechte und Pflichten[125]. *Senger*[126]

---

[121] Gemeindeordnung, S. 344; vgl. auch S. 22; ähnlich *Gönnenwein*, Gemeinderecht, S. 217; *Berkenhoff*, Kommunalverfassungsrecht, S. 36.
[122] Gemeindeordnung, S. 842 f. (843).
[123] A. a. O. S. 843. — Allerdings wird ein Recht der Gemeinde auf fehlerfreie Ermessensausübung abgelehnt (a. a. O. S. 844).
[124] DÖV 1955, S. 278 r. Sp.; DÖV 1961, S. 45 l. Sp.
[125] DÖV 1961, S. 45 l. Sp. — Nach ihm entfällt der Verwaltungsrechtsschutz der Gemeinden aber gegenüber Weisungen des Bundes, die die Länder in

ist der Meinung, daß grundsätzlich die Klagebefugnis nach der Generalklausel der MRVO Nr. 165[127], als auch nach § 112 GO NRW bejaht werden müsse, weil es sich eben nicht mehr um einen „Insichprozeß" handele, sondern die Gemeinde als Selbstverwaltungskörperschaft der Aufsichtsbehörde als selbständiger Partner gegenüberstehe. Es sei schwerlich vorstellbar, etwa die Weisungsaufgaben als Selbstverwaltungsangelegenheiten anzusehen, aber dennoch im Fall von Weisungen der Aufsichtsbehörde ein Unter- und Überordnungsverhältnis im Sinne der bisherigen Auftragsangelegenheiten anzunehmen. Vielmehr zwinge die Logik dazu, die im Rahmen ihrer Selbstverwaltung handelnde Gemeinde für berechtigt zu halten, die von ihr für falsch gehaltenen Weisungen der Aufsichtsbehörde im Klagewege anzugreifen, und zwar nicht nur wegen Überschreitung des gesetzlichen Weisungsrechts, sondern auch wegen Ermessensmißbrauchs oder Ermessensüberschreitung.

Sehr eingehend hat sich *Jesch*[128] mit dem Rechtsschutzproblem beschäftigt. Als Hauptargument für eine Klagebefugnis der Gemeinde zieht er Art. 19 Abs. 4 GG heran. Die Voraussetzung für die Anwendung dieses prozessualen Grundrechts, das Bestehen eigener subjektiver Rechte, sei gegeben, da der Gemeinde einzelne subjektive Rechte als Emanationen der institutionellen Garantie der Selbstverwaltung zustehen würden. Sie besitze daher nicht nur ein prozessuales Antragsrecht in einem Normenkontrollverfahren über die Auslegung der Selbstverwaltungsgarantie, sondern materielle Rechte, gegen deren Beeinträchtigung sie sich wehren könne. Wenn nun der Landesverfassungsgeber oder der Gesetzgeber den Kreis der weisungsfreien Angelegenheiten über den garantierten Mindestgehalt hinaus ausdehne, so erweitere er damit zugleich den Rechtsbereich der Gemeinde und ihre Abwehrrechte gegen Eingriffe in diesen Bereich. Die erfolgreiche Anfechtung von Weisungen der Fachaufsichtsbehörden hänge also davon ab, ob die Gemeinde ein materielles subjektives Abwehrrecht gegen rechtswidrige Weisungen besitze[129]. Dies sei der Fall bei den dem Weinheimer Entwurf folgenden Gemeindeordnungen. Hier gebe es nur noch einen einheitlichen Wirkungskreis mit einem auf ausdrückliche gesetz-

---

Bundesauftragsangelegenheiten weitergeben, ebenso im Falle des Art. 85 Abs. 3 S. 2 GG.

[126] DVBl. 1957, S. 11 f. Im Ergebnis ebenso ohne weitere Begründung für §§ 7 ff. OBG NRW *Scheerbarth*, DÖV 1957, S. 471 l. Sp. (wohl auch DVBl. 1958, S. 84 f.; a. M. noch DVBl. 1953, S. 264); *Friesenhahn* in *Loschelder-Salzwedel*, S. 178 f.

[127] Heute: VwGO.

[128] DÖV 1960, S. 743 ff.; ihm folgend *Geller-Kleinrahm-Fleck*, S. 547, im wesentlichen auch *Rupp*, Grundfragen, S. 102; *Bochalli*, S. 112 Anm. 6 (nicht für Widerspruchsbescheide).

[129] A. a. O. S. 746 l. Sp.

liche Grundlage beschränkten Weisungsrecht. Überschreite die Staatsbehörde die ihr gezogenen Grenzen, so verletze sie damit das subjektive Recht der Gemeinde, keinen weiteren Eingriffen ausgesetzt zu sein, als es die Legislative gestatte, und damit zugleich das Recht der Gemeinde auf eigenverantwortliche Erledigung aller Aufgaben, soweit nicht eine anderslautende gesetzliche Regelung bestehe. In einem monistischen Aufgabensystem bedeute eben jede rechtswidrige Ausübung der Weisungsbefugnis zugleich ein Eindringen in weisungsfreies Gebiet[130].

Nach Jesch[131] sind daher in Baden-Württemberg, Hessen, Nordrhein-Westfalen und Schleswig-Holstein[132] Weisungen der Fachaufsichtsbehörden anfechtbar. Zugleich sei damit auch die Klage gegen Maßnahmen der Rechtsaufsichtsbehörde gegeben, wenn diese Aufsichtsmittel ergreift, um eine Gemeinde zum Vollzug einer Weisung anzuhalten.

Mit im wesentlichen gleicher Begründung wird diese Auffassung jetzt auch von Zuhorn-Hoppe[133] vertreten, nachdem Zuhorn[134] früher noch eine grundsätzlich ablehnende Stellung einnahm. Nach ihnen sind auch die Weisungen als anfechtbare Verwaltungsakte und nicht als interne Dienstbefehle anzusehen, da das bisherige Weisungsrecht bei den Weisungsaufgaben funktionell verändert sei und es nicht mehr gegenüber einer nachgeordneten Behörde, sondern gegenüber einem grundsätzlich selbständigen Partner ausgeübt werde. Da nur im Rahmen der gesetzlichen Ermächtigung Weisungsrecht und Weisungsgewalt der Aufsichtsbehörden bestehe, verletze eine rechtswidrige Weisung das Recht auf weisungsfreie Durchführung aller Angelegenheiten, wenn dieser Rahmen überschritten werde.

b) Kritik und eigene Auffassung

Alle Auffassungen, die bei der Frage des Rechtsschutzes der Gemeinden gegen Weisungen der Aufsichtsbehörden keinen Unterschied zwischen Auftrags- und Weisungsangelegenheiten erblicken, sind von vornherein abzulehnen. Denn Grundlage für die Lösung dieses Problems kann nur die jeweilige kommunalrechtliche Gestaltung der gemeind-

---

[130] A. a. O. S. 746; S. 743 Anm. 37.

[131] A. a. O. S. 746 l. Sp.

[132] Dies ist trotz der gegenteiligen Regelung in § 130 Abs. 3 GO Schl-H konsequent, da Art. 19 Abs. 4 GG ein Annex des materiellen Rechts ist; aus dem gesetzlichen Rechtswegausschluß kann daher nicht auf eine Negation einer materiellen Rechtsposition geschlossen werden; vgl. dazu Jesch, a. a. O. S. 746 r. Sp.

[133] Gemeinde-Verfassung, S. 327 f.; vgl. auch S. 85.

[134] Gemeinde-Verfassung (1. Auflage 1954), S. 46. Zuhorn begründet seine Bedenken mit der aufschiebenden Wirkung der Klage, welche die schnelle Durchführung weisungsgebundener Aufgaben völlig unmöglich machen würde (dazu vgl. Senger, DVBl. 1957, S. 12, und Schweer, DVBl. 1957, S. 13).

lichen Aufgabenerledigung sein. In den Ländern, deren Gemeindeordnungen dem dualistischen Aufgabensystem folgen, steht die Gemeinde bei der Wahrnehmung staatlicher Aufgaben in einem besonderen Gewaltverhältnis zum Staat. Die Besonderheiten dieses Rechtsinstituts bestimmen noch immer den Umfang des Rechtsschutzes der Gemeinde gegen staatliche Weisungen. Wenn sich auch die Auffassungen hierüber in Anbetracht der neuen Verfassungslage spürbar gewandelt haben, so gestehen sie doch der Gemeinde keineswegs eine allgemeine Klagebefugnis gegen diese Weisungen zu.

Dagegen steht die Gemeinde nach der Konzeption der modernen Gemeindeordnungen bei der Wahrnehmung von Weisungsaufgaben im allgemeinen Gewaltverhältnis zum Staat. Denn in diesem Bereich handelt sie nicht mehr als verlängerter Arm des Staates und damit als Vollstrecker staatlichen Willens, sondern — ebenso wie bisher im Selbstverwaltungsbereich — als eigenständige, nicht in ein hierarchisches System eingegliederte Person, die bei der Verwaltung ihres einheitlichen Aufgabenkreises im Rahmen der Gesetze eigene Vorstellungen grundsätzlich eigenverantwortlich verwirklicht. Alle Versuche, diesen Bereich dem innerstaatlichen und damit rechts- oder zumindest verwaltungsgerichtsfreien Raum zuzuordnen, sind daher verfehlt.

Entsprechend der Stellung des Bürgers im allgemeinen Gewaltverhältnis zum Staat hängt der Umfang des verwaltungsgerichtlichen Rechtsschutzes der Gemeinde davon ab, inwieweit ihr subjektive Rechte zustehen. Daß die Gemeinde überhaupt Träger subjektiver Rechte sein kann, wird ernsthaft nicht bestritten werden können. Schon die bisher von allen Gemeindeordnungen vorgesehene Klagemöglichkeit der Gemeinde gegen Maßnahmen der Rechtsaufsicht zeigt, daß mit der Qualifizierung einer Angelegenheit als Selbstverwaltungsaufgabe die Zuerkennung eines subjektiven Rechts der Gemeinde auf ihre weisungsfreie Erledigung verbunden ist, da „die Einräumung gerichtlicher Verfolgbarkeit eines rechtlich geschützten Interesses stets die Ausgestaltung und Erhebung desselben zum subjektiven Recht" bedeutet[135, 136]. In Gemeindeordnungen mit getrennten Wirkungskreisen betrifft daher jede im Wege der Rechtsaufsicht ausgesprochene Maßnahme das subjektive Recht der Gemeinde auf weisungsfreie Erfüllung der Aufgaben des „eigenen Wirkungskreises".

---

[135] *Bachof*, Jellinek-Gedächtnisschrift, S. 300, unter Berufung auf *G. Jellinek*, System, S. 106. — Im Hinblick auf Art. 19 Abs. 4 GG ist jedoch die Klagbarkeit kein Kriterium des subjektiven Rechts, sondern dessen Folge; vgl. *Bachof*, a. a. O., und den weiteren Text.

[136] Im Ergebnis ebenso *Jesch*, DÖV 1960, S. 745 f.; vgl. auch Art. 28 Abs. 2 GG: „Den Gemeinden muß das Recht (!) gewährleistet sein, ..."

4. Kap.: Folgerungen für die Weisungsaufgaben

Die Zulässigkeit einer gemeindlichen Klage gegen Weisungen, die die im einzelnen Gesetz für die Sonderaufsichtsbehörden gezogenen Grenzen des Weisungsrechts überschreiten, hängt davon ab, ob die Gemeinde ein subjektives Recht auf Einhaltung dieser Schranken besitzt. Dies ist dann nicht der Fall, wenn die Beschränkung des Weisungsrechts nur objektiv-rechtlich wirkt, d. h. nur Rechtsreflexe entfaltet, die die Gemeinde tatsächlich begünstigen, ohne ihren Bestand an subjektiven Rechten unmittelbar zu vergrößern[137, 138]. Diese Auffassung steht jedoch mit der vom Weinheimer Entwurf verfolgten Zielsetzung in deutlichem Widerspruch.

Als Voraussetzungen für das Vorliegen eines subjektiven Rechts werden heute immer noch im Anschluß an *Bühler*[139] der zwingende Charakter eines Rechtssatzes, dessen Erlaß zugunsten bestimmter Personen sowie die diesen eingeräumte Rechtsmacht der Berufung auf ihn angesehen. Die Beachtung der Grenzen des Weisungsrechts ist nach den modernen Gemeindeordnungen unzweifelhaft nicht in das Ermessen der Sonderaufsichtsbehörden gestellt[140]. Daß die Ausweitung des gemeindlichen Aufgabenkreises auf alle auf Gemeindegebiet anfallenden Aufgaben nicht nur allgemein zur Stärkung des Selbstverwaltungsgedankens, sondern zumindest auch im Interesse der einzelnen Gemeinde erfolgte, läßt sich den Gründen entnehmen, die für die Einführung eines monistischen Aufgabensystems ursächlich waren[141]. Mit der Bestimmung, daß die Gemeinden in ihrem Gebiet ausschließliche und eigenverantwortliche Träger der öffentlichen Verwaltung sind, sollte das ursprünglich auf die Aufgaben des „eigenen Wirkungskreises" beschränkte Recht auf weisungsfreie Erfüllung auf *alle* von der Gemeinde zu erledigenden Aufgaben ausgedehnt werden. Im Unterschied zu Auftragsangelegenheiten, wo erst aus der einzelgesetzlichen Begrenzung des Weisungsrechts auf ein Recht der Gemeinde auf Einhaltung dieser Schranke geschlossen werden kann[142], werden bei Weisungsaufgaben

---

[137] So *Salzwedel* a. a. O. (siehe oben Anm. 116). — Zum Begriff „Rechtsreflex" vgl. insbes. *Bachof*, a. a. O. S. 288 ff.

[138] Wie das bayerische Gemeinderecht zeigt, wird diese Ansicht selbst bei Auftragsangelegenheiten nicht vertreten: Die h. M. folgert hier aus der beschränkten Weisungsbefugnis der Fachaufsichtsbehörden (Art. 109 Abs. 2 S. 2 Ziffer 1 GO Bay) einen Rechtsanspruch der Gemeinde auf Einhaltung dieser Grenzen; vgl. oben 2. b) mit Anm. 96.

[139] Die subjektiven öffentlichen Rechte und ihr Schutz in der deutschen Verwaltungsrechtsprechung (1914), S. 9 ff., 21 ff.; vgl. auch *Bachof*, a. a. O. S. 287 ff., 294 ff. m. w. N.

[140] Vgl. dagegen bspw. die Formulierung in Art. 108 GO Bay; § 120 S. 2 GO RhPf; § 118 Abs. 3 GO BaWü für Maßnahmen der Rechtsaufsicht.

[141] Siehe oben 3. Kapitel II. 1. c).

[142] Falls sich nicht schon aus der Gemeindeordnung selbst ein solcher Schluß ziehen läßt wie in Bayern; vgl. oben Anm. 138.

durch die im einzelnen Gesetz gezogene Grenze keine Rechte gewährt, sondern bereits vorhandene beschränkt.

Im Hinblick auf den ausdrücklichen Rechtswegausschluß in § 130 Abs. 3 S. 1 GO Schl-H und die gesetzlichen Rechtsschutzregelungen in den Ländern Hessen, Nordrhein-Westfalen und Baden-Württemberg[143] könnte lediglich zweifelhaft sein, ob sich die Gemeinde auf die gewollte Begünstigung auch berufen kann. Gewollte objektiv-rechtliche Begünstigungen stellen aber heute, wie *Bachof*[144] gezeigt hat, grundsätzlich subjektive Rechte dar, da nach der Gesamtkonzeption des GG — und hier insbesondere des Art. 19 Abs. 4 GG — „auf einen Rechtsschutz aller bislang nur objektiv-rechtlich geschützten Individualinteressen zu schließen sei"[145]; diese Begünstigungen werden somit von Verfassungs wegen in den Rang subjektiver Rechte erhoben. Diese Folgerung gilt nicht nur im Verhältnis Staat-Bürger, das das GG allerdings primär im Auge gehabt hat, sondern auch im Verhältnis des Staates zu denjenigen juristischen Personen des öffentlichen Rechts, die — wie die Gemeinde — „als Interessenvertreter der ihnen inkorporierten einzelnen dem Staate in ähnlicher Weise gegenüberstehen wie die einzelnen selbst"[146].

Im übrigen ist einmal darauf hinzuweisen, daß Art. 19 Abs. 4 GG auch für öffentlich-rechtliche Körperschaften gilt[147]. Zum anderen wurde gerade die Gemeinde durch die grundgesetzlich verankerte Selbstverwaltungsgarantie gegenüber anderen öffentlich-rechtlichen Körperschaften, von den Gemeindeverbänden und Kirchen abgesehen, erkennbar bevorzugt. Die darin zum Ausdruck gekommene Auffassung vom Wesen der Selbstverwaltung als eines staatsfreien Raumes intendiert gleichzeitig den größtmöglichen Schutz dieses Eigenbereichs vor staatlichen Eingriffen. Auch aus Art. 28 Abs. 2 GG läßt sich somit der Schluß ziehen, daß jeder gewollten Einschränkung staatlicher Befugnisse in bezug auf die Gemeindeverwaltung ein subjektives Recht der Gemeinde auf Einhaltung dieser Befugnisse korrespondiert. Hieraus folgt, daß die Gemeinde unter der Geltung der verwaltungsgerichtlichen Generalklausel stets die Beachtung der der Sonderaufsicht gesetzlich gezogenen Grenzen klageweise erzwingen kann.

Fraglich ist, ob sich aus dem monistischen Aufgabensystem der dem Weinheimer Entwurf folgenden Gemeindeordnungen die weitergehende

---

[143] Da diese Länder ausdrücklich nur die Klage gegen Maßnahmen der Rechtsaufsicht zugelassen haben, könnte im Wege des Umkehrschlusses die Unzulässigkeit der Klage gegen Maßnahmen der Sonderaufsichtsbehörden gefolgert werden.
[144] A. a. O. S. 301 ff. m. w. N.
[145] *Bachof*, a. a. O. S. 301.
[146] *Bachof*, a. a. O. S. 306.
[147] *Maunz-Dürig*, Art. 19 Abs. IV RdNr. 16.

Folgerung ergibt, daß nicht nur das Überschreiten der äußeren Grenzen der Weisungsgewalt, sondern „jede rechtswidrige Ausübung der Weisungsbefugnis zugleich ein Eindringen in weisungsfreies Gebiet" bedeutet[148]. Nach dieser Auffassung wäre gegen alle Maßnahmen der Sonderaufsicht der Verwaltungsrechtsweg zulässig.

Das subjektive Recht der Gemeinde auf weisungsfreie Erfüllung erstreckt sich zwar auf *alle* Aufgaben ihres Wirkungskreises. Denn nach dem modernen Grundsatz der Allzuständigkeit verwaltet die Gemeinde in ihrem Gebiet alle öffentlichen Aufgaben allein und unter eigener Verantwortung. Auch die Weisungsaufgaben sind Bestandteil des einheitlichen gemeindlichen Wirkungskreises; sie werden nicht von vornherein, wie es bei den staatlichen Aufgaben der Fall war, als geschlossener Komplex den weisungsfreien Aufgaben gegenübergestellt und einem unbeschränkten Weisungsrecht unterworfen. Die Befugnis der Sonderaufsichtsbehörden zur Erteilung von Weisungen muß vielmehr in jedem einzelnen Fall, also punktuell durch Gesetz festgelegt und ihrem Umfang nach bestimmt werden.

Das Bestehen eines subjektiven Rechts der Gemeinde auf weisungsfreie Aufgabenerfüllung setzt jedoch voraus, daß die betreffende Angelegenheit eigenverantwortlich wahrgenommen wird. Ist die Eigenverantwortlichkeit der Gemeinde durch ein gesetzlich begründetes Weisungsrecht ausgeschlossen, so stellt — in dessen Umfang — die gleichzeitige Anerkennung eines Rechtes der Gemeinde auf weisungsfreie Erfüllung dieser Aufgabe einen Widerspruch dar. Denn das subjektive Recht der Gemeinde auf weisungsfreie = eigenverantwortliche Aufgabenerledigung findet dort seine Grenze, wo die Verantwortung der Gemeinde genommen und der anweisenden Stelle übertragen wird. Erläßt die Sonderaufsichtsbehörde eine Weisung, die die äußeren Grenzen des Weisungsrechts nicht überschreitet, die aber mit dem Gesetz, auf Grund dessen ihr das Weisungsrecht zusteht, inhaltlich im Widerspruch steht[149], so kann sie nicht in den weisungsfreien Bereich eingreifen und damit das Selbstverwaltungsrecht der Gemeinde verletzen. Ganz abgesehen von der Frage, ob es eine legitime Aufgabe der Verwaltungsgerichtsbarkeit ist, Auseinandersetzungen zwischen Teilen eines Gemeinwesens zu entscheiden, die in einem unmittelbaren Weisungsverhältnis zueinander stehen, läßt sich ein subjektives Recht der

---

[148] *Jesch*, DÖV 1960, S. 746 l. Sp.; vgl. oben a) bb).

[149] Beispiel: Nach Art. 21 S. 2 LWahlG BaWü vom 20. 9. 1963 (GBl. S. 153) kann das Innenministerium der Gemeinde (unbeschränkt) Weisungen erteilen. Verstößt die Weisung gegen Grundsätze des Wahlrechts, indem bspw. bestimmte Personen von der Wahl ausgeschlossen werden sollen, so ist die inhaltlich rechtswidrige Weisung durch die Gemeinde nicht anfechtbar. Denn dadurch ist sie nicht in ihrem Selbstverwaltungsrecht betroffen.

Gemeinde auf Abwehr *jeder* rechtswidrigen Weisung aus der Konzeption der modernen Gemeindeordnungen nicht herleiten.

Für die Anfechtung von Maßnahmen der Sonderaufsicht gelten daher die gleichen Grundsätze, die für die Anfechtung von Maßnahmen der Fachaufsicht aufgestellt wurden[150]. Danach stellen ihre Verfügungen nur dann Verwaltungsakte dar, wenn die Gemeinde in ihren Rechten betroffen wird. Dies ist stets der Fall, wenn die Sonderaufsichtsbehörde die gesetzlich gezogenen Grenzen ihrer Weisungsbefugnis überschreitet, jedoch nicht, wenn sie nur eine in concreto inhaltlich rechtswidrige Weisung erläßt. Auch wenn sich die Sonderaufsicht im Rahmen ihrer Weisungsbefugnis hält, können aber zugleich eigene Rechte der Gemeinde betroffen sein[151].

Nach der neueren Rspr. des BVerwG[152] kann die Gemeinde auch durch einen Widerspruchsbescheid in ihren Rechten verletzt werden. Auch Widerspruchsbescheide der Sonderaufsichtsbehörden in Weisungsangelegenheiten stellen daher für die Gemeinde dann Verwaltungsakte dar, wenn die äußeren Grenzen des Weisungsrechts nicht beachtet werden[153].

Folgt man der hier vertretenen Auffassung, so ist ein gesetzlicher Rechtswegausschluß, wie er in § 130 Abs. 3 S. 1 GO Schl-H bestimmt wurde, mit Art. 19 Abs. 4 GG unvereinbar[154]. Denn dieser Artikel würde „zu einem leerlaufenden Grundrecht degradiert", wenn auf Grund solcher Regelungen das Vorliegen eines subjektiven Rechtes geleugnet wird[155].

Es liegt auf der Hand, daß diese Lösung nicht nur in bezug auf ihre dogmatischen Voraussetzungen, sondern auch in bezug auf ihre Folgen nach beiden Seiten hin Angriffe zur Kritik bietet. Schon früh wurden Bedenken im Hinblick auf die aufschiebende Wirkung einer Klage geäußert, die den schnellen Vollzug wichtiger Weisungen hindere[156]. Möglicherweise wird der Staat auch versuchen, die Errichtung von Sonderbehörden zu forcieren oder die Gemeinde fester am goldenen Zügel

---

[150] Siehe oben 2. b) am Ende.
[151] Siehe oben 2. b) am Ende mit Anm. 110 und 111.
[152] BVerwGE Bd. 19, S. 121; ebenso VGH BaWü, BaWüVBl. 1964, S. 73.
[153] A. M. VG Münster, a. a. O. (siehe oben Anm. 115).
[154] So schon *Scheerbarth*, DVBl. 1953, S. 264; ebenso *Jesch*, DÖV 1960, S. 746, und wohl auch *H. J. Wolff*, Verwaltungsrecht II, S. 102.
[155] *Jesch*, a. a. O.
[156] *Scheerbarth*, DVBl. 1953, S. 264; *Zuhorn*, Gemeinde-Verfassung (1. Auflage 1954), S. 46.

finanzpolitischer Maßnahmen zu führen[157]. Diese rechtspolitische Kritik berührt aber nicht das spezielle Problem der Klagebefugnis, sondern die Zweckmäßigkeit der vom Weinheimer Entwurf geschaffenen Neuordnung überhaupt. Wird dessen Konzeption jedoch gefolgt, so wäre es inkonsequent, einerseits die Eigenständigkeit der Gemeinde mit der Erweiterung ihres Aufgabenbereiches zu stärken, andererseits den Rechtsschutz auf Maßnahmen der Rechtsaufsicht zu beschränken.

---

[157] Auf die sonstigen Möglichkeiten nicht in traditionellen Bahnen verlaufender Einflußnahme des Staates auf die Gemeindeverwaltung als Folge einer Überbetonung des Selbstverwaltungsgedankens hat insbes. W. *Weber*, Selbstverwaltung, S. 19, eindrucksvoll hingewiesen.

Literaturverzeichnis

Anschütz, Gerhard: Die Verfassungsurkunde für den Preußischen Staat, Berlin 1912
(zit.: Verfassungsurkunde)
— Artikel „Gesetz", in: WBStVwR Bd. 2, S. 212 ff.
— Polizei, Staat und Gemeinde in Preußen, in: Festschrift für Heinrich Brunner, München und Berlin 1914, S. 339 ff.
— Die Verfassung des Deutschen Reiches vom 11. August 1919, Kommentar, 14. Auflage, Berlin 1933
(zit.: Kommentar)
— Die Reichsaufsicht, in: HDStR Bd. 1, S. 363 ff.

v. Aretin, Joh. Christ., und Karl *v. Rotteck:* Staatsrecht der konstitutionellen Monarchie, 2 Bände, Altenburg 1824/1828

Arndt, Adolf: Das Staatsrecht des Deutschen Reiches, Berlin 1901

Bachof, Otto: Die verwaltungsgerichtliche Klage auf Vornahme einer Amtshandlung, Tübingen 1951
(zit.: Vornahmeklage)
— Verwaltungsakt und innerdienstliche Weisung, in: Verfassung und Verwaltung in Theorie und Wirklichkeit, Festschrift für Laforet, München 1952, S. 285 ff.
(zit.: Laforet-Festschrift)
— Begriff und Wesen des sozialen Rechtsstaats, in: VVDStL, Heft 12 (1954), S. 37 ff.
— Reflexwirkungen und subjektive Rechte im Öffentlichen Recht, in: Forschung und Berichte aus dem Öffentlichen Recht, Band 6, Gedächtnisschrift für Walter Jellinek, München 1955, S. 287 ff.
(zit.: Jellinek-Gedächtnisschrift)
— Verfassungsrecht, Verwaltungsrecht, Verfahrensrecht in der Rechtsprechung des Bundesverwaltungsgerichts, Band 1, 3. Auflage, Tübingen 1966, Band 2, Tübingen 1967
(zit.: VerfR I und VerfR II)
— Teilrechtsfähige Verbände des Öffentlichen Rechts, in: AöR, Bd. 83 (1958), S. 208 ff.

Baethgen, Friedrich: Schisma- und Konzilszeit, Reichsreform und Habsburgs Aufstieg, in: Bruno Gebhardt, Handbuch der Deutschen Geschichte, Bd. 1: Frühzeit und Mittelalter, 8. Auflage, Stuttgart 1954, Nachdruck 1962, S. 505 ff.

Becker, Erich: Gemeindliche Selbstverwaltung. Erster Teil: Grundsätze der gemeindlichen Verfassungsgeschichte, Berlin 1941
(zit.: Selbstverwaltung)
— Über den Inhalt der Gemeindeverwaltung und die Rechtsstellung des Gemeindedirektors in Nordrhein-Westfalen, in: DVBl. 1956, S. 4 ff.

Becker, Erich: Entwicklung der deutschen Gemeinden und Gemeindeverbände im Hinblick auf die Gegenwart, in: HKWPr., Bd. 1, S. 62 ff.
— Die Selbstverwaltung als verfassungsrechtliche Grundlage der kommunalen Ordnung in Bund und Ländern, in: HKWPr., Bd. 1, S. 113 ff.
— Das staatspolitische Vermächtnis des Freiherrn vom Stein, in: DÖV 1957, S. 740 ff.

Beer, Manfred: Rechtsschutz der Gemeinden gegen Widerspruchsbescheide der Fachaufsichtsbehörden, in: BayVBl. 1962, S. 307 ff.

Berkenhoff, H. A.: Die staatliche Dotierung der gemeindlichen Auftragsangelegenheiten, in: DVBl. 1955, S. 347 ff.
— Das Kommunalverfassungsrecht in Nordrhein-Westfalen, 2. Auflage, Siegburg 1965
(zit.: Kommunalverfassungsrecht)

Bettermann, Karl-August: Der Schutz der Grundrechte in der ordentlichen Gerichtsbarkeit, in: Die Grundrechte, Bd. III, 2. Halbband, S. 779 ff.

Blodig, Hermann: Die Selbstverwaltung als Rechtsbegriff. Eine verwaltungsrechtliche Monographie, Wien und Leipzig 1894

v. Blume, Wilhelm: Über deutsche Selbstverwaltung, Tübingen 1917

Bochalli, Alfred: Besonderes Verwaltungsrecht, 3. Auflage, Köln — Berlin — Bonn 1967

Böhme, Ernst: Rechtsübereinstimmung im Gemeinderecht, in: Der Städtetag N. F., Jahrg. 1 (1948), S. 41 ff.

Bornhak, Conrad: Preußisches Staatsrecht. 2. Band: Verwaltungsrecht, Allgemeiner Teil, Breslau 1912
(zit.: Staatsrecht Bd. 2)

Bosl, Karl: Staat, Gesellschaft, Wirtschaft im deutschen Mittelalter, in: Bruno Gebhardt, Handbuch der Deutschen Geschichte, Bd. 1: Frühzeit und Mittelalter, 8. Auflage, Stuttgart 1954, Neudruck 1962, S. 585 ff.

Brater, Karl: Artikel „Gemeinde", in: Deutsches Staats-Wörterbuch, herausgegeben von J. C. Bluntschli und K. Brater, 4. Band, Stuttgart und Leipzig 1859, S. 109 ff.
(zit.: Artikel „Gemeinde")

Braubach, Max: Von der Französischen Revolution bis zum Wiener Kongreß, in: Bruno Gebhardt, Handbuch der Deutschen Geschichte, Bd. 3: Von der Französischen Revolution bis zum ersten Weltkrieg, 8. Auflage, Stuttgart 1960, Nachdruck 1962, S. 1. ff.

Brie, Siegfried: Theorie der Staatenverbindungen, in: Festschrift zur 500-jährigen Jubelfeier der Universität Heidelberg, Stuttgart 1886

Bühler, Ottmar: Die subjektiven öffentlichen Rechte und ihr Schutz in der deutschen Verwaltungsrechtsprechung, Berlin — Stuttgart — Leipzig 1914

Bullinger, Martin: Staatsaufsicht in der Wirtschaft, in: VVDStL, Heft 22 (1965), S. 264 ff.

Cantner, Walter: Verfassungsrecht der Landkreise, in: HKWPr., Bd. 1, S. 409 ff.

Chester, T. E.: Die gegenwärtige Lage der Verwaltung, die Entwicklung der Beamtenausbildung und der Stand der verwaltungswissenschaftlichen Forschung in Großbritannien, in: VerwArch, Bd. 48 (1957), S. 291 ff.

Dregger: Probleme der Auftragsverwaltung, in: Der Städtetag 1955, S. 190 ff.

Dressler, Horst: Die Organisations- und Personalhoheit der Gemeinden, Dissertation, Tübingen 1963

Drews, Bill: Verwaltungsreform, DJZ 1919, Sp. 361 ff.

Eyermann, Erich, und Ludwig *Fröhler:* Verwaltungsgerichtsordnung, Kommentar, 4. Auflage, München und Berlin 1965

Fleiner, Fritz: Schweizerisches Bundesstaatsrecht, Tübingen 1923
(zit.: Bundesstaatsrecht)

— Institutionen des Deutschen Verwaltungsrechts, 8. Auflage, Tübingen 1928, Neudruck Aalen 1960
(zit.: Institutionen)

— Beamtenstaat und Volksstaat, in: Ausgewählte Schriften und Reden, Zürich 1941, S. 138 ff.
(zit.: Beamtenstaat und Volksstaat)

Forsthoff, Ernst: Die öffentliche Körperschaft im Bundesstaat, Beiträge zum öffentlichen Recht der Gegenwart, Bd. 3, Tübingen 1931
(zit.: Körperschaft)

— Die Krise der Gemeindeverwaltung im heutigen Staat, Berlin 1932
(zit.: Krise)

— Deutsche Verfassungsgeschichte der Neuzeit, 2. Auflage, Stuttgart 1961
(zit.: Verfassungsgeschichte)

— Lehrbuch des Verwaltungsrechts. Erster Band: Allgemeiner Teil, 9. Auflage, München und Berlin 1966
(zit.: Lehrbuch)

Friesenhahn, Ernst: Polizei- und Ordnungsrecht, in: *Loschelder-Salzwedel*, S. 161 ff.

Fröhler, Ludwig: Die Staatsaufsicht über die Handwerkskammern, München und Berlin 1957

Geller, Gregor, Kurt *Kleinrahm* und Hans-Joachim *Fleck:* Die Verfassung des Landes Nordrhein-Westfalen, 2. Auflage, Göttingen 1963

Gelzer, Konrad: Echte und unechte Selbstverwaltung, in: DVBl. 1958, S. 87 ff.

Gerber, Hans: Die Grundsätze eines allgemeinen Teils des öffentlichen Rechts in der jüngsten Rechtsprechung des preußischen Oberverwaltungsgerichts, in: VerwArch, Bd. 36 (1931), S. 1 ff.

v. Gerber, Carl-Friedrich: Grundzüge des Deutschen Staatsrechts, 2. Auflage, Leipzig 1880
(zit.: Staatsrecht)

Giacometti, Zaccariae: Das Staatsrecht der Schweizerischen Kantone, Zürich 1941
(zit.: Staatsrecht)

Gierke, Otto: Das deutsche Genossenschaftsrecht. Erster Band: Rechtsgeschichte der deutschen Genossenschaft, Berlin 1868. Zweiter Band: Geschichte des deutschen Körperschaftsbegriffs, Berlin 1873
(zit.: Genossenschaftsrecht Bd. 1 und 2)

— Artikel „Gemeinde, Gemeindeordnungen", in: Encyklopädie der Rechtswissenschaft, herausgegeben von F. v. Holtzendorff, 2. Teil: Rechtslexikon, 2. Bd., 3. Auflage, Leipzig 1881, S. 42 ff.
(zit.: Artikel „Gemeinde")

Gluth, Oscar: Die Lehre von der Selbstverwaltung im Lichte formaler Begriffsbestimmung, Wien — Prag — Leipzig 1887

Gneist, Rudolf: Die preußische Kreisordnung in ihrer Bedeutung für den inneren Ausbau des deutschen Verfassungs-Staates, Berlin 1870
(zit.: Kreisordnung)

— Selfgovernment — Communalverfassung und Verwaltungsgerichte in England, 3. Auflage, Berlin 1871
(zit.: Selfgovernment)

— Der Rechtsstaat und die Verwaltungsgerichte in Deutschland. 3. Auflage, Darmstadt 1958 (Nachdruck der 2. Auflage von 1879)
(zit.: Rechtsstaat)

Göb, Josef: Verfassungsrecht der Ämter und amtsangehörigen Gemeinden, in: HKWPr., Bd. 1, S. 377 ff.

Göbel, Kurt: Die Verfassung des Landes Baden-Württemberg, Stuttgart 1953
(zit.: Landesverfassung)

— Gemeindeordnung für Baden-Württemberg, Stuttgart 1956
(zit.: Gemeindeordnung)

Gönnenwein, Otto: Zu einigen Fragen des heutigen Gemeinderechts, in: AöR, Bd. 81 (1956), S. 214 ff.

— Gemeinderecht, Tübingen 1963
(zit.: Gemeinderecht)

Görg, Hubert: Zur Frage der Erweiterung der Bundesauftragsverwaltung, in: DÖV 1955, S. 273 ff.

— Bundesauftragsangelegenheiten der Gemeinden und Gemeindeverbände und ihre Pflichtaufgaben nach Weisung, in: DÖV 1961, S. 41 ff.

Gützkow, Horst: Die neue Gemeindeordnung für Baden-Württemberg, in: DÖV 1956, S. 8 ff.

Hamann, Andreas: Das Grundgesetz für die Bundesrepublik Deutschland vom 23. Mai 1949, 2. Auflage, Neuwied, Berlin 1961

Hänel, Albert: Deutsches Staatsrecht. Erster Band, Leipzig 1892

Hartung, Fritz: Deutsche Verfassungsgeschichte, 7. Auflage, Stuttgart 1959

Hatschek, Julius: Die Selbstverwaltung in politischer und juristischer Bedeutung, Staats- und völkerrechtliche Abhandlungen, Bd. II. 1, Leipzig 1898
(zit.: Selbstverwaltung)

— Artikel „Selbstverwaltung", in: WBStVwR, 3. Bd., S. 419 ff.
(zit.: Artikel „Selbstverwaltung")

— Deutsches und Preußisches Staatsrecht, 2 Bde., Berlin 1922/23
(zit.: Staatsrecht)

v. Hausen, Heinz, und Hans-Jürgen *v. d. Heide*: Die rechtliche und funktionelle Bedeutung der Art. 84 und 85 GG, in: DÖV 1958, S. 753 ff.

v. Hausen, Heinz: Nochmals: Die Zuständigkeit des Bundesgesetzgebers aus Art. 84 und 85 GG, in: DÖV 1960, S. 1 ff.

— Zur Diskussion über die Bundeszuständigkeit aus Art. 84 und 85 GG, in: DÖV 1960, S. 441 ff.

Heffter, Heinrich: Die deutsche Selbstverwaltung im 19. Jahrhundert, Stuttgart 1950

Helfritz, Hans: Die Vertretung der Städte und Landgemeinden nach außen in dem Gemeinderecht der östlichen Provinzen Preußens, Berlin 1916

Helmreich, Karl, und Julius *Widtmann:* Bayrische Gemeindeordnung, Kommentar, 3. Auflage, München 1966

Hensel, Albert: Kommunalrecht und Kommunalpolitik in Deutschland, Breslau 1928

Herrfahrdt: Bonner Kommentar (BK), Art. 83 ff.

His, Eduard: Geschichte des neuern Schweizerischen Staatsrechts, 3 Bände, Basel 1920—1938

Huber, Ernst Rudolf: Wirtschaftsverwaltungsrecht, Bd. 1, 2. Auflage, Tübingen 1953
(zit.: Wirtschaftsverwaltungsrecht Bd. 1)

— Deutsche Verfassungsgeschichte seit 1789. Bd. 2: Der Kampf um Einheit und Freiheit 1830 bis 1850, Stutgart 1960
(zit.: Verfassungsgeschichte Bd. 2)

Imboden, Max: Die gegenwärtige Lage der Verwaltung und der Stand der verwaltungswissenschaftlichen Forschung in der Schweiz, in: VerwArch, Bd. 48 (1957), S. 340 ff.

Jansen: Über die Zuständigkeit in staatlichen Auftragsangelegenheiten, in: Kommunalpolitik 1948, S. 6. ff.

Jellinek, Georg: Gesetz und Verordnung. Staatsrechtliche Untersuchungen, Freiburg 1887
(zit.: Gesetz)

— System der subjektiven öffentlichen Rechte, 2. Auflage, Tübingen 1905, Neudruck: Tübingen 1919
(zit.: System)

— Staat und Gemeinde, Vortrag, in: Ausgewählte Schriften und Reden, Bd. 2, Berlin 1911, S. 334 ff.
(zit.: Staat und Gemeinde)

— Allgemeine Staatslehre, 3. Auflage 1914, 6. Neudruck: Darmstadt 1959
(zit.: Staatslehre)

Jellinek, Walter: Verwaltungsrecht, 3. Auflage, Berlin 1931, Neudruck: Bad Homburg — Berlin — Zürich 1966

Jesch, Dietrich: Rechtsstellung und Rechtsschutz der Gemeinden bei der Wahrnehmung „staatlicher" Aufgaben, in: DÖV 1960, S. 739 ff.

— Gesetz und Verwaltung. Eine Problemstudie zum Wandel des Gesetzmäßigkeitsprinzips, Tübingen 1961 (zit.: Gesetz)

Kantel, Willy: Gemeindeverfassung und Gemeindeverwaltung, 2. Auflage, Göttingen 1956

Kitz: Ist die Umwandlung einer „Selbstverwaltungsangelegenheit" in eine staatliche „Auftragsangelegenheit" durch preußisches Gesetz mit der Verfassung vereinbar? In: PreußVerwBl., Bd. 45 (1923/24), S. 250 ff.

Klein, W. F.: Das Problem der gemeindlichen Weisungsaufgaben, in: StuKV 1956, S. 92 ff.

Klinger, Hans: Kommentar zur Verwaltungsgerichtsordnung, 2. Auflage, Göttingen 1964

Koch, C. F.: Allgemeines Landrecht für die Preußischen Staaten, 4 Bde., 3. Auflage, Berlin 1862/63

Koehler, Alexander: Verwaltungsgerichtsordnung, Berlin und Frankfurt 1960

Koellreutter, Otto: Verwaltungsrecht und Verwaltungsrechtsprechung im modernen England, Tübingen 1912

Köttgen, Arnold: Die Krise der kommunalen Selbstverwaltung, Tübingen 1931
— Die rechtsfähige Verwaltungseinheit, VerwArch, Bd. 44 (1939) S. 1 ff.
— Wesen und Rechtsform der Gemeinden und Gemeindeverbände, in: HKWPr., Bd. 1, S. 185 ff.
— Artikel „Selbstverwaltung", in: Handwörterbuch der Sozialwissenschaften, Bd. 9, Göttingen 1956, S. 220 ff.
  (zit.: Artikel „Selbstverwaltung")
— Die Gemeinde und der Bundesgesetzgeber. Schriftenreihe des Vereins zur Pflege kommunalwissenschaftlicher Aufgaben e. V. Berlin, Band 1, Stuttgart 1957
  (zit.: Gemeinde)

Kottenberg, Kurt: Gemeindeordnung für das Land Nordrhein-Westfalen, 6. Auflage, Siegburg 1961

Krüger, Herbert: Rechtsverordnung und Verwaltungsanweisung, in: Festschrift für Rudolf Smend, Göttingen 1952, S. 211 ff.
  (zit.: Smend-Festschrift)
— Das besondere Gewaltverhältnis, in: VVDStL, Heft 15 (1957), S. 109 ff.
— Der Verwaltungsrechtsschutz im besonderen Gewaltverhältnis, in: NJW 1953, S. 1369 ff.
— Allgemeine Staatslehre, Stuttgart 1964
  (zit.: Staatslehre)

Kunze, Richard, und Carl *Schmid:* Gemeindeordnung für Baden-Württemberg, 2. Auflage, Stuttgart 1964

Laband, Paul: Das Staatsrecht des Deutschen Reiches, 4 Bde., 5. Auflage, Tübingen 1911—1914
  (zit.: Staatsrecht)
— Deutsches Reichsstaatsrecht (Das öffentliche Recht der Gegenwart, Band 1), 5. Auflage, Tübingen 1909
  (zit.: Reichsstaatsrecht)

Langrod, Georges: Einige Hauptprobleme der französischen Verwaltung der Gegenwart, in: VerwArch, Bd. 48 (1957), S. 191 ff.

Lassar, Gerhard: Reichseigene Verwaltung unter der Weimarer Verfassung. Zwei Studien, in: JöR, Bd. 14 (1926), S. 1 ff.
— Gegenwärtiger Stand der Aufgabenverteilung zwischen Reich und Ländern, in: HDStR, Bd. 1, S. 312 ff.

Lehmann, Heinrich: Allgemeiner Teil des Bürgerlichen Gesetzbuches, 11. Auflage, Berlin 1958

Lehmann, Max: Der Ursprung der Städteordnung von 1808, in: Preuß. Jahrbücher, Bd. 93 (1898), S. 471 ff.
— Freiherr vom Stein, 3 Bände, Leipzig 1902—1905

Lehmann: Der Weinheimer Entwurf einer deutschen Gemeindeordnung, in: Kommunalpolitik 1949, S. 65 ff.

Leidig, Eugen: Preußisches Stadtrecht. Die Verfassung und Verwaltung der preußischen Städte, Berlin 1891

Lerche, Peter: Verfassungsfragen um Sozialhilfe und Jugendwohlfahrt. Ein Rechtsgutachten, Berlin 1963

Linckelmann, Karl: Zum staatsrechtlichen Lehrbegriff der „mittelbaren Staatsverwaltung", in: DÖV 1959, S. 561 ff. und S. 813 ff.

Loening, Edgar: Lehrbuch des Deutschen Verwaltungsrechts, Leipzig 1884

Loschelder, Wilhelm: Werdendes Gemeinderecht, in: Recht — Staat — Wirtschaft, herausgegeben von Hermann Wandersleb, Zweiter Band, Stuttgart und Köln 1950, S. 413 ff.
(zit.: Werdendes Gemeinderecht)

— Die Entwicklung des Kommunalverfassungsrechts seit 1945, in: DÖV 1959, S. 409 ff.

— Die Gemeindeordnungen in der Bundesrepublik Deutschland, 3. Auflage, Stuttgart — Berlin — Köln — Mainz 1965
(zit.: Gemeindeordnungen)

Loy, Hans: Auftrags- und Selbstverwaltungsangelegenheiten im neuen Staatsaufbau, in: DV 1949, S. 29 ff.

v. Mangoldt, Hermann: Das Bonner Grundgesetz, Berlin und Frankfurt 1953

v. Mangoldt, Hermann, und Friedrich *Klein:* Das Bonner Grundgesetz (2. Auflage), Berlin und Frankfurt 1964

Markull, Fritz: Gemeindeordnung für Schleswig-Holstein vom 24. Januar 1950, Göttingen o. J.

Masson, Christoph: Gemeindeordnung für den Freistaat Bayern mit Landkreisordnung, München 1952
(zit.: Gemeindeordnung)

— Der Rechtsschutz der Gemeinden im übertragenen Wirkungskreis, in: BayVBl. 1955, S. 9 ff. und S. 43 ff.

— Rechtsschutz der Gemeinden gegen Widerspruchsbescheide der Fachaufsichtsbehörden, in: BayVBl. 1962, S. 311 ff.

Maunz, Theodor: Deutsches Staatsrecht. Ein Studienbuch, 14. Auflage, München und Berlin 1965
(zit.: Staatsrecht)

Maunz, Theodor, und Günter *Dürig:* Grundgesetz, Kommentar, Lieferung 1—8, München und Berlin 1966

Mayer, Otto: Deutsches Verwaltungsrecht, 3 Bände, 3. Auflage, München und Leipzig 1924

v. Meier, Ernst: Das Verwaltungsrecht, in: Encyklopädie der Rechtswissenschaft, 2. Bd., 6. Auflage, Leipzig und Berlin 1904, S. 637 ff.
(zit.: Verwaltungsrecht)

— Französische Einflüsse auf die Staats- und Rechtsentwicklung Preußens im XIX. Jahrhundert, 2. Band: Preußen und die Französische Revolution, Leipzig 1908
(zit.: Französische Einflüsse)

— Die Reform der Verwaltungsorganisation unter Stein und Hardenberg, mit einer Einleitung von *Thimme*, 2. Auflage, München und Leipzig 1912
(zit.: Verwaltungsorganisation)

Menger, Christian-Friedrich, und Hans-Uwe *Erichsen:* Höchstrichterliche Rechtsprechung zum Verwaltungsrecht, in: VerwArch, Bd. 56 (1965), S. 278 ff.

Merk, Wilhelm: Deutsches Verwaltungsrecht, 1. Bd., Berlin 1962

Meyer, Georg, und Gerhard *Anschütz:* Lehrbuch des Deutschen Staatsrechts, 7. Auflage, München und Leipzig 1919

v. Mohl, Robert: Das Staatsrecht des Königreiches Württemberg, 2 Bde., 2. Auflage, Tübingen 1840
(zit.: Staatsrecht)

— Die Geschichte und Literatur der Staatswissenschaften, 3 Bände, Erlangen 1855/1858
(zit.: Staatswissenschaften)

— Encyklopädie der Staatswissenschaften, 2. Auflage, Tübingen 1872
(zit.: Encyklopädie)

Muntzke, Hans, und Hans *Schlempp:* Kommentar zur Hessischen Gemeindeordnung, Bad Homburg v. d. Höhe — Berlin 1954

Nawiasky, Hans: Allgemeine Rechtslehre als System der rechtlichen Grundbegriffe, 2. Auflage, Einsiedeln — Zürich — Köln 1948
(zit.: Rechtslehre)

— Die Grundgedanken des Grundgesetzes für die Bundesrepublik Deutschland, Stuttgart und Köln 1950
(zit.: Grundgedanken)

Nawiasky, Hans, Claus *Leusser,* Karl *Schweiger* und Hans *Zacher* (*Gerner,* Erich): Die Verfassung des Freistaates Bayern, 2. Auflage, München 1964

Nebinger, Robert: Verwaltungsrecht, Allgemeiner Teil, 2. Auflage, Stuttgart 1949

Neuwiem, Erhard: Die kommunalen Zweckverbände in Preußen, Liegnitz 1919

Notnick, Günther: Auftragsangelegenheiten — Pflichtaufgaben zur Erfüllung nach Weisung, in: StuKV 1955, S. 135 ff.

Obermayer, Klaus: Verwaltungsakt und innerdienstlicher Rechtsakt, Stuttgart — München — Hannover 1956
(zit.: Verwaltungsakt)

— Grundzüge des Verwaltungsrechts und des Verwaltungsprozeßrechts, Stuttgart — München — Hannover 1964
(zit.: Grundzüge)

Odenbreit, Walter, und August-Wilhelm *Hensel:* Gemeindeordnung, Amtsordnung, Gesetz über Kommunale Gemeinschaftsarbeit und Kommunalwahlgesetz in Nordrhein-Westfalen (Aschendorffs juristische Handbücherei, Band 3), 12. Auflage, Münster 1964

Pagenkopf, Hans: Einführung in die Kommunalwissenschaft (Aschendorffs juristische Handbücherei, Band 63), Münster 1960

Pagenstecher, Wilhelm: Die teutsche Gemeinde-Verfassung und -Verwaltung in einem Umrisse, Darmstadt 1818

Peters, Hans: Grenzen der kommunalen Selbstverwaltung in Preußen, Berlin 1926
(zit.: Grenzen)

— Die neue Gemeindeordnung für Nordrhein-Westfalen, in: DVBl. 1953, S. 38 ff.

Peters, Hans: Lehrbuch der Verwaltung, Berlin—Göttingen—Heidelberg 1949 (zit.: Lehrbuch)

Poetzsch-Heffter, Fritz: Handkommentar der Reichsverfassung vom 11. August 1919, 3. Auflage, Berlin 1928

Popitz, Johannes: Zentralismus und Selbstverwaltung, in: Volk und Reich der Deutschen, Vorlesungen, herausgegeben von B. Harms, Bd. 2, Berlin 1929, S. 328 ff.

Preuss, Hugo: Gemeinde, Staat, Reich als Gebietskörperschaften, Berlin 1889 (zit.: Gemeinde)
— Das städtische Amtsrecht in Preußen, Berlin 1902 (zit.: Amtsrecht)

v. Raumer, Friedrich Ludwig Georg: Ueber die preussische Städteordnung nebst einem Vorworte über bürgerliche Freiheit nach franzöischen und deutschen Begriffen, Leipzig 1828

Redeker, Konrad, und Hans Joachim *v. Oertzen:* Verwaltungsgerichtsordnung, 2. Auflage, Stuttgart 1965

Redlich, Josef: Englische Lokalverwaltung, Leipzig 1901

Reschke, Hans: Bemerkungen zum Entwurf der Baden-Württembergischen Gemeindeordnung, in: DVBl. 1954, S. 413 ff.

Rietdorf, Fritz: Die Grundsätze des neuen Nordrhein-Westfälischen Ordnungsbehördengesetzes, in: DÖV 1957, S. 7 ff.
— Gesetz über Aufbau und Befugnisse der Ordnungsbehörden — Ordnungsbehördengesetz — für das Land Nordrhein-Westfalen vom 16. Oktober 1956, Stuttgart — München — Hannover 1957 (zit.: Kommentar zum OBG)
— Gedanken zum Nordrhein-Westfälischen Ordnungsbehördengesetz, in: DVBl. 1958, S. 344 ff.
— Zum staatsrechtlichen Lehrbegriff der „mittelbaren Staatsverwaltung", in: DÖV 1959, S. 671 ff.
— Die Organisation der Landesverwaltung in Nordrhein-Westfalen, in: DÖV 1962, S. 593 ff.

Ritter, Gerhard: Der Freiherr vom Stein und die politischen Reformprogramme des ancien régime in Frankreich, in: HistZ, Bd. 137 (1928), S. 442 ff.
— Stein. Eine politische Biographie, 2 Bde., Stuttgart, Berlin 1931 (zit.: Stein Bd. 1 und Bd. 2)

Rosin, Heinrich: Souveränetät, Staat, Gemeinde, Selbstverwaltung, in: Hirth's Annalen 1883, S. 265 ff.

Ruck, Erwin: Schweizerisches Verwaltungsrecht, 1. Bd., Zürich 1951

Rupp, Hans-Heinrich: Grundfragen der heutigen Verwaltungsrechtslehre. Verwaltungsnorm und Verwaltungsrechtsverhältnis, Tübingen 1965

Salzmann, Heinrich, und Egon *Schunck:* Das Selbstverwaltungsgesetz für Rheinland-Pfalz in der Neufassung vom 5. Oktober 1954, Kommentar, 2. Auflage, Siegburg 1955

Salzwedel, Jürgen: Kommunalrecht, in: *Loschelder-Salzwedel*, S. 217 ff.
— Staatsaufsicht in der Verwaltung, in: VVDStL, Heft 22 (1965), S. 206 ff.

v. Sarwey, Otto: Allgemeines Verwaltungsrecht (Handbuch des Oeffentlichen Rechts, Erster Band: Allgemeiner Teil, Zweiter Halbband), Freiburg i. Br. und Tübingen 1884

Schäfer, Hans: Die Bundesauftragsverwaltung, in: DÖV 1960, S. 641 ff.

Scheerbarth, Walter: Gibt es weiterhin „Auftragsangelegenheiten" im Land Nordrhein-Westfalen? In: DVBl. 1953, S. 261 ff.

— Baustufenordnungen als Baupolizeiverordnungen oder Ortssatzungen? In: DÖV 1957, S. 470 ff.

— Gedanken zum neuen nordrh.-westf. Ordnungsbehördengesetz, in: DVBl. 1958, S. 83 ff.

Schildheuer, Friedrich Wilhelm: Die Entwicklung des eigenen und des übertragenen Wirkungskreises zu den Selbstverwaltungs- und Auftragsangelegenheiten der Gemeinden, Dissertation, Göttingen 1930

Schmitt, Carl: Der Hüter der Verfassung (Beiträge zum öffentlichen Recht der Gegenwart, Bd. 1), Tübingen 1931
(zit.: Hüter der Verfassung)

— Verfassungslehre, München und Leipzig 1928

Schmoller, Gustav: Das Städtewesen unter Friedrich Wilhelm I., o. O. u. J.

Schneider, Ludwig: Gemeinderecht in Hessen, 4. Auflage, Göttingen 1966

Schoen, Paul: Das Recht der Kommunalverbände in Preußen, Leipzig 1897

Schulze, Hermann: Lehrbuch des Deutschen Staatsrechtes. Erstes Buch: Das deutsche Landesstaatsrecht, Leipzig 1881

Schunck, Egon, und Hans *de Clerck:* Verwaltungsgerichtsordnung, Kommentar, 2. Auflage, Siegburg 1967

Schweer, Dieter: Die Pflichtaufgaben nach Weisung nach der Gemeindeordnung von Nordrhein-Westfalen, in: DVBl. 1956, S. 703 ff.

— Schlußwort, in: DVBl. 1957, S. 12 ff.

Seifert: Karl-Heinz: Das Bundeswahlgesetz. Bundeswahlordnung und wahlrechtliche Nebengesetze, 2. Auflage, Berlin und Frankfurt a. M. 1965

Senger, Richard: Zur Frage der Pflichtaufgaben nach Weisung in Nordrhein-Westfalen, in: DVBl. 1957, S. 10 ff.

Smend, Rudolf: Die Preußische Verfassungsurkunde im Vergleich mit der Belgischen, Göttingen 1904

Spreng, Rudolf, Willi *Birn* und Paul *Feuchte:* Die Verfassung des Landes Baden-Württemberg, Stuttgart und Köln 1954

Stahl, Friedrich-Julius: Das Monarchische Princip. Eine staatsrechtlich-politische Abhandlung, Heidelberg 1845

— Die Philosophie des Rechts, 3. Auflage, Heidelberg 1856
(zit.: Rechtsphilosophie)

Stein, Lorenz: Die Municipalverfassung Frankreichs, Leipzig 1843
(zit.: Municipalverfassung)

— Die Verwaltungslehre. Erster Teil: Die vollziehende Gewalt, 2. Abt.: Die Selbstverwaltung und ihr Rechtssystem, 2. Auflage, Stuttgart 1869
(zit.: Verwaltungslehre 1. Teil, 2. Abt.)

Steinbach, Franz (unter Mitwirkung von Erich *Becker):* Geschichtliche Grundlagen der kommunalen Selbstverwaltung in Deutschland, Bonn 1932

Stern, Klaus: Zur Grundlegung einer Lehre des öffentlich-rechtlichen Vertrages, VerwArch, Bd. 49 (1958), S. 106 ff.

Stiefken, Heinrich: Baustufenordnungen als Baupolizeiverordnungen oder Ortssatzungen? In: DÖV 1957, S. 204 ff.

Sturm, Friedrich: Die Haftung der Länder (Gemeinden, Gemeindeverbände) bei fehlerhafter Verwendung von Haushaltsmitteln des Bundes im Gesetzesvollzug, in: DÖV 1966, S. 256 ff.

Süsterhenn, Adolf, und Hans *Schäfer:* Kommentar der Verfassung für Rheinland-Pfalz, Koblenz 1950

Schwarzenbach, Hans Rudolf: Grundriß des allgemeinen Verwaltungsrechts, 2. Auflage, Bern 1965

Surén, Friedrich-Karl, und Wilhelm *Loschelder:* Die deutsche Gemeindeordnung vom 30. Januar 1935, Kommentar, 2 Bände, Berlin 1940

Thieme, Werner: Die besonderen Gewaltverhältnisse, in: DÖV 1956, S. 521 ff.

— Der Gesetzesvorbehalt im besonderen Gewaltverhältnis, in: JZ 1964, S. 81 ff.

Ulbrich, J.: Das österreichische Staatsrecht (Das öffentliche Recht der Gegenwart, Bd. 10), Tübingen 1909

Ule, Carl-Hermann: Das besondere Gewaltverhältnis, in: VVDStL, Heft 15 (1957), S. 133 ff.

— Verwaltungsgerichtsbarkeit (Verwaltungsgesetze des Bundes und der Länder, Neue Ausgabe, Bd. 1, 2. Halbband). 2. Auflage, Köln — Berlin — München — Bonn 1962
(zit.: Verwaltungsgerichtsbarkeit)

— Verwaltungsprozeßrecht. Ein Studienbuch, 4. Auflage, München und Berlin 1966

Vogels, Alois: Die Verfassung für das Land Nordrhein-Westfalen, Stuttgart und Köln 1951

Voigt, Fritz: Die Selbstverwaltung als Rechtsbegriff und juristische Erscheinung, Leipzig 1938

Walz, Ernst: Die baden-württembergische Gemeindeordnung, in: DVBl. 1956, S. 220 ff.

— Gemeindeverfassungsrecht in den Ländern der süddeutschen Ratsverfassung, in: HKWPr., Bd. 1, S. 235 ff.

Weber, Werner: Wandlungen der Kommunalverwaltung, in: DÖV 1948, S. 19 ff.

— Gegenwartsprobleme der Verwaltungsordnung, in: DÖV 1951, S. 509 ff.

— Staats- und Selbstverwaltung in der Gegenwart, Göttingen 1953
(zit.: Selbstverwaltung)

Wendt, H. (Herausgeber): Die Stein'sche Städteordnung in Breslau. Denkschrift der Stadt Breslau zur Jahrhundertfeier der Selbstverwaltung. 1. Teil: Darstellung, 2. Teil: Quellen, Breslau 1909
(zit.: Denkschrift)

Wolff, Hans J.: Verwaltungsrecht I. Ein Studienbuch, 6. Auflage, München und Berlin 1965
(zit.: Verwaltungsrecht I)

— Verwaltungsrecht II. Ein Studienbuch, 2. Auflage, München und Berlin 1967

Zachariä, Heinrich Albert: Deutsches Staats- und Bundesrecht, 2 Bände, 3. Auflage, Göttingen 1865/1867
(zit.: Staatsrecht)

Zippelius, Reinhold: Verordnungen der Landesregierungen auf Grund bundesgesetzlicher Ermächtigung, in: NJW 1958, S. 445 ff.

Zoepfl, Heinrich: Grundsätze des Gemeinen Deutschen Staatsrechts, 2. Theil, 5. Auflage, Leipzig und Heidelberg 1863

Zuhorn, Karl: Reform oder Kopie? In: DÖV 1949, S. 49 ff.

Zuhorn, Karl, und Werner *Hoppe:* Gemeinde-Verfassung, 2. Auflage, Siegburg 1962

Zurhausen, Guido, und Dieter *Berndt:* Sonstige Rechtsgebiete, in: *Loschelder-Salzwedel,* S. 481 ff.

Printed by Libri Plureos GmbH
in Hamburg, Germany